証言・満州キリスト教開拓村

国策移民迎合の果てに

石浜みかる

日本キリスト教団出版局

装幀　熊谷博人

満　州　地　図

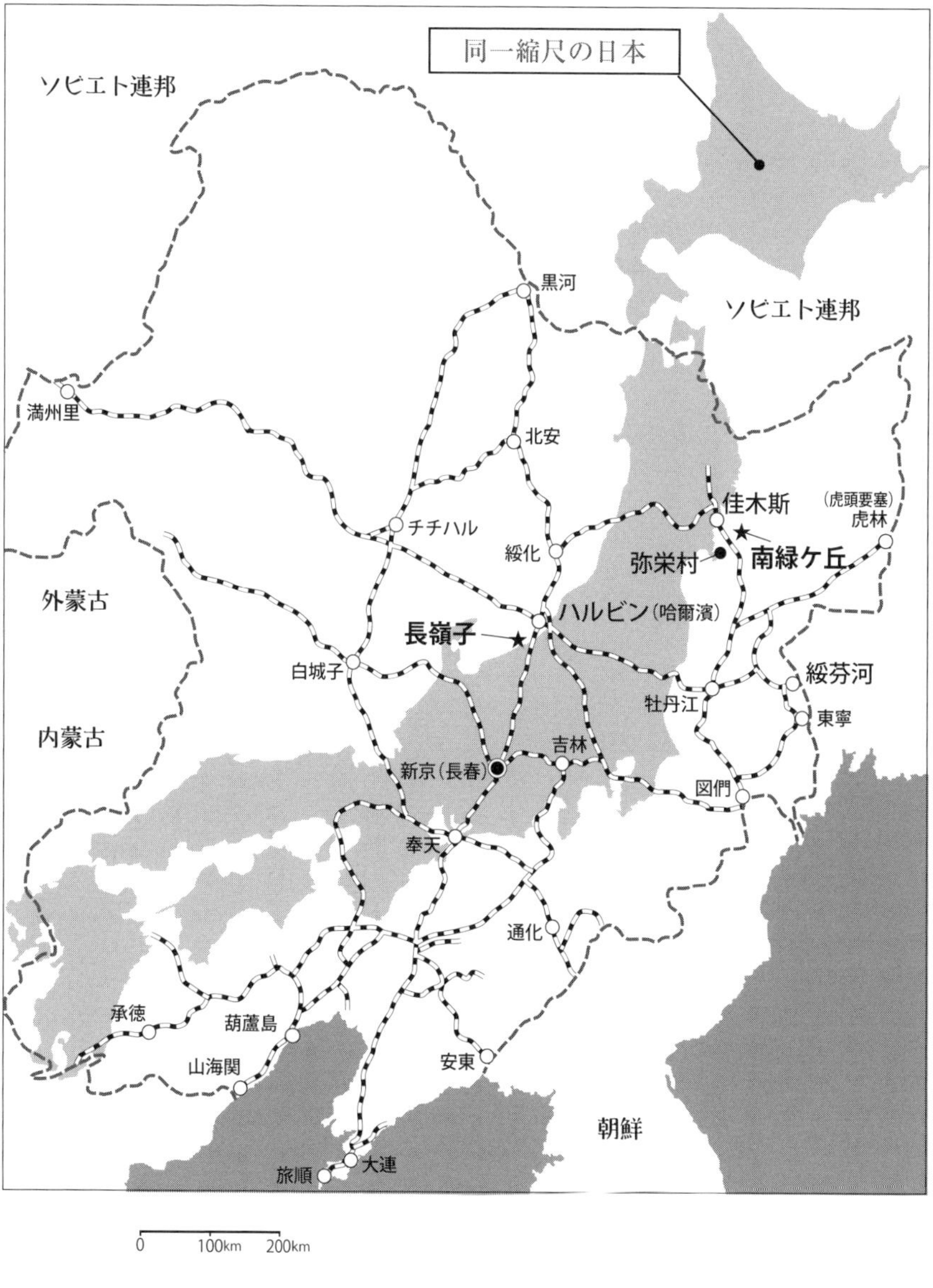

同一縮尺の日本
ソビエト連邦
ソビエト連邦
黒河
満州里
北安
佳木斯
(虎頭要塞)
虎林
チチハル
綏化
弥栄村
南緑ケ丘
外蒙古
ハルビン(哈爾濱)
長嶺子
白城子
綏芬河
牡丹江
東寧
内蒙古
吉林
新京(長春)
図們
奉天
通化
承徳
葫蘆島
山海関
安東
朝鮮
大連
旅順
0
100km
200km

関係年表

一九三一年　九月一八日　満州事変
一九三二年　三月　一日　満州国建国宣言（長春を首都と定め、新京と命名した）
　　　　　一〇月　五日　第一次武装移民団神戸港から出発（試験移民期始まる）
一九三三年　三月二七日　日本、国際連盟脱退
一九三四年　三月　一日　満州国帝政実施
一九三五年　四月二〇日　カトリック（教皇庁）、先駆けて満州国政府承認。国内のカトリック迫害続く
　　　　　一月　　　　満州拓殖株式会社設立（農地取得へ）
一九三六年　二月二六日　二・二六事件
　　　　　八月二五日　広田内閣、満州移民「二十カ年百万戸送出計画」（大移民政策）を国策に決定
　　　　　一二月　一日　満州基督教連合会結成
一九三七年　七月　七日　日中戦争始まる
　　　　　八月　　　　満州拓殖公社設立（満州拓殖株式会社を改組）
　　　　　九月　　　　国民精神総動員運動始まる
一九三八年　四月　　　　十代男子の満蒙開拓青少年義勇軍の渡満始まる。敗戦までの送出総数八万六千名。「大陸の花嫁」の養成始まる
　　　　　五月　　　　国家総動員法実施（全国民戦争協力の制度化）。公布は四月
　　　　　六月　　　　賀川豊彦、満州旅行中に満州拓殖公社総裁坪上貞二より、基督教開拓村設立を要請される
一九三九年　四月一七日　満州日本基督教連盟結成
　　　　　七月　八日　国民徴用令実施
　　　　　九月　一日　第二次世界大戦始まる
　　　　　一一月一二日　日本基督教連盟、第一七回総会で基督教開拓団送出を決定
一九四〇年　八月二五日　賀川豊彦、渋谷憲兵隊に拘引される

一九四一年　一〇月一七日　プロテスタント、諸派合同の決意を表明
一一月三〇日　東京霊南坂教会に、団長（堀井順次牧師）と先遣隊員五名集合
一二月一一日　第一次基督教開拓団先遣隊、満州ハルビン近郊の長嶺子に入植（東京送出・長嶺子基督教開拓団。団員は全国の教会から募集）
六月　日本基督教連盟解散となり、開拓団送出事業は、日本基督教団厚生局・開拓村委員会に引き継がれる（四三年一一月、教団内の東亜局に移管）
一二月　八日　太平洋戦争開戦
一九四三年　九月一三日　第一次開拓団の計画完了が開拓村委員会で報告された
一一月　三日　賀川豊彦、東京憲兵隊本部の取調べを受ける
一一月二四日　教団第二回総会で、陸海軍への戦闘機・爆撃機献納および満州国への第二次基督教開拓団送出を決議する
一九四四年　一一月一一日　東亜局参事会、基督教開拓村花嫁練成の件協議
一一月二一日　開拓村委員会、福島県の本宮女塾（牧師井関磯美主催）を東亜局所管とし、日本基督教団東京教区満州開拓本宮訓練所とすることを決議
一九四五年　三月一〇日　東京大空襲
四月　三日　第二次基督教開拓団先遣隊一〇名東京上野駅に集合し、出港地新潟に向かう（団長室野玄一牧師は先に渡満）
一八日　北満州三江省入植のため佳木斯（ジャムス）に着く（東京送出・太平鎮南緑ケ丘基督教開拓団）
七月　根こそぎ動員（満一七歳～四五歳の男子）
八月　九日　ソ連参戦、満州国に侵攻開始。以後、全開拓村瓦解へ。団員の逃避行始まる
八月一五日　日本、無条件降伏。満州における二つのキリスト教開拓団崩壊。八一世帯、二一六名入植。死者五三名、帰国確認一一六名、不詳四七名
八月一八日　満州国皇帝退位。建国一三年半で満州国滅亡。シベリアに抑留された開拓民は、一九四七年～四九年にかけて帰国

凡例

1 本文においては原則「満州」を使用し、引用・書名などや前後の文脈上必要と思われる箇所は歴史的に使用されていた「満洲」と表記しています。

2 「鮮人」「満人」「ルンペン移民」「北支」など、今日では不適切と思われる歴史的用語で言い換えが難しい場合は当時の表記を使い、時に（ママ）とルビを振っています。

3 地名・人名に関しては原則難読字のみルビを振ります。また満州の地名は当時の日本人の読みを原則採用し、必要に応じて現地語読みのルビをカタカナで振っています。

4 「哈爾濱」は当時の日本人の慣例にならい、「ハルビン」とカタカナで統一表記しています。

5 巻末文献リストに収められている文献に関しては、文中の引用元表記は書名・著者名のみとし、文献リストに記載のないものに関しては書名・副書名・著者名・出版社名・出版年を極力表記しています。

6 西暦表記で統一しています。場合によって満州国の元号を補う場合もあります。

7 その他、表記において、現代語に変えている箇所があります。

証言・満州キリスト教開拓村

はじめに――満州移民の現代的意味

「満州国」は現代の世界地図には存在しません。「日本によって建国された国ですよね。場所はどこでしたっけ?」――と聞かれる時代がきました。中学や高校の歴史教科書に少しは記述されていますが、近代日本がどれほど深い関係をもっていたのか、日本の軍隊だけでなく一般の日本人がどれほど深くかかわっていたのかはもうよくわかりません。戦後八〇年近くが経ち、「戦前」と呼んでいた時代の記憶は消えていくに任されたのです。満州国という「生命線」について語られることは戦後の歴史教育のなかで一度もありませんでした。

満州国は一九三二年に、日本海をはさんだ中国の東北部に日本によって建国され、一三年半存在し、第二次世界大戦の終結時にまぼろしの如く消えた国家です。元首は清国の最後の皇帝《ラストエンペラー》・愛新覚羅溥儀《あいしんかくらふぎ》（一九〇六～一九六七）でした。日本軍が「敬愛をもって」満州国の執政に据え、一九三四年に皇帝に就かせ、満州帝国としていました。あたかも独立国のように見えました。しかし、現実は日本の傀儡《かいらい》国家でした。日本海は大日本帝国の内海となり（すでに朝鮮半島は日本領土でしたから）、モノ、ヒト、カネ、情報が海上を目まぐるしく往来し、日本を環日本海国家へと大発展させました。しかし一九四五年八月、日本が連合国に対して敗北を認めた時、溥儀は「退位詔書」を読まされあっけなく廃帝となり、満州帝国は崩壊しました。

敗戦直後の日本社会には、今は忘却された戦争の、生々しい記憶があふれていました。海外から六三〇万人以上の兵士や民間人が、命からがら日本中の港に戻って来て、それぞれ故郷に向かったからです。しかしその故郷もまた、アメリカ軍による日本本土空襲によって大都会も小さな村も焼かれて焼土と化し、多くの死傷者を出し、状況は混沌としていました。引揚者の体験の記憶は、ジグソーパズルの小片《ピース》のようにバラバラで、日本国家の全体構造の枠のなかのどこに、その記憶の小片をはめ込めば意味が見えてくるのか、記憶の置き場所が見えませんでした。そして一息ついた頃には体験者たちが亡くなっていきました。それぞれの戦争の記憶と痛みを抱きしめたまま……。

もう一つ、戦争体験の系統だった継承に失敗した理由がありました。一般庶民の「油断」です。新憲法の第九条にあるように、日本はもう二度と戦争はしない国になったのだから、子どもや孫にあんないやな思い出話はしなくていいのだとホッとしたのです。緊張感を失ったのは大きな落とし穴でした。

それでも社会的には、「大本営発表」が事実と違っていたことを暴いていく作業は、歴史学者だけでなく、体験者のさまざまな分野での証言によってどうにか進められていきました（今では大本営は忘れられていますが、戦中は天皇に直属する最高の統帥機関であり、その発表の真偽の検証の方法などありませんでした）。しかし、今やせっかく蓄積してきた集合的な記憶そのものがぼやけてきました。「繰り返し振り返る」という地道な作業がおざなりになるのを防ぐ強い意志が欠けていたからだと思います。

満州国の記憶も、ぼやけてきました。万里の長城の北東に存在した多民族の国でした。建国時の人口は約三〇〇〇万人でした。さらに毎年、十数万人から数十万人が周辺諸地域から移住し、子どもも生まれました。流入者の圧倒的多数は北上して来る貧しい漢族でした。日本人移住者は、小樽、秋田、新潟、伏木、敦賀、小浜、境港などから日本海を渡り、朝鮮半島北端の羅津（現在の羅先）や清津で上陸し、南満州鉄道に乗りかえ、あっという間に北満州の付け根の間島に入りました。これが主に兵士と開拓民用の「裏門」航路で、「正門」航路は東京から大連でした。

日本人は建国の最大の功労者でしたから（それは日本人の側の視点であり、現地住民の側からは侵略者でした）、みずからを近代文明をもたらす特権的存在として暮らしていました。もちろん駐屯日本軍の圧倒的な武力がその背後にありました。しかし、戦後の学校教育の歴史教科書には、残念ながらそのような事実は記されていません。また日本の敗戦時には、在満州の日本人はきわめて悲惨な状況に置かれました（現地民が先に悲惨な状況に置かれたゆえですが）。それもまた教科書には書いてありません。つねに「掘り返し」と「振り返り」という作業を繰り返す意志がないと、記憶は継続できません。近代史上の人間たちの移住にともなう傲《おご》りや痛みは、新しい世代の教訓とされることのないままに捨てられてはならないのです。

＊

一九八一年に、テレビで、中国残留戦争孤児であった人たちが肉親を探していることが放映されました。戦後三六年が経って、「満州移民」（戦時には「満蒙移民」と呼びました）が世間一般に広く知られる大きなきっかけとなりました。平和国家日本のお茶の間に、突然「満州国」が入ってきたのです。戦争を知らない世代にとっては衝撃的でした。事情を知っていた戦争体験者は〈疚《やま》しさ〉に心が疼《うず》きました。学者や在野の歴史家による、「満州国」「満蒙移民」「開拓団」などについての地道な研究が一般社会に知られだしたのはその頃からです。

今、世界はめまぐるしい変貌をとげています。歴史の潮流がうねり始めました。グローバルに各地で紛争が起き、民衆が戦乱の渦に巻き込まれ、東へ西へと追いやられています。よく見ると、日本が深くかかわり今は幻となった満州国の一三年半の興亡の時代に酷似してきました。過去の「残像」は今起きている現象の理解を深めてくれます。われらのナショナリズムが、どのような傾向を持っているか、それは危うくないのか——。心を疼かせる痛さがありますが、展望を開く方向へ歩ませてくれるのは、振り返る勇気だと確信します。

＊

日本では二〇二二年一〇月末に、外国人労働者の数は一八二万二七二五人だと発表されました（厚生労働省）。二〇一七年二月には一〇八万人でしたから、急速に増えています。統計には現れない低賃金外国人労働者もいます。皮肉なことに同時進行で、日本人の青壮年層が高度な専門性を生かせるからと、海外に移住しています。「閉塞日本脱出」と言う人もいます。日本政府は「移民政策」（入って来る移民・出て行く移民）に関し明確な方針を打ち出せていません。さらに国際社会には紛争や迫害から生じる難民問題もありますが、日本は難民受け入れは渋っています。この「移住」に対する鈍さと抵抗感はどこからきているのか。直視を避けたまま時は過ぎています——。

一九世紀末から二〇世紀の前半にかけ、日本は異文化の諸国に向けて、国家間相互の了解のうえで、労働者とその家族を「移民政策」を立てて次々に送り出していました。明治維新以後、殖産興業を進め、資本主義を早く発達させようとして人口の増加を歓迎したのですが、人口増加の速度があまりにも早く、初期産業界では吸収しきれなかったのです。「余剰人口の口減らし」をしたのが、海外移民でした。

アメリカ合衆国（ハワイを含む）に向かった日本人労働者が人種や文化の違いで苦境に陥ったのは、二〇世紀の始めでした。しかし日本人より一歩前に、中国人労働者が苦境に陥っています。アメリカ大陸横断鉄道敷設工事のために呼び寄せられた中国人たちです。鉄道ができると一八八二年に「中国人排斥法」が制定されました。白人労働者貧困層に仕事がない不況の時に起きるのです（今も同じです）。あとからやって来た中国人や日本人が白人優位主義的差別の標的にされました。「外国人土地所有及び借地権制限に関する法律」

があちこちの州で成立しました。しかし「一九二四年移民法」の場合は、日本では「排日土地法」と呼ばれるほどまさに日本人が標的でした。分厚いレポート書である『北米百年桜』（伊藤一男）は、アメリカ人となった一般日本人たちが書いた歴史的価値のある大記録です。シアトルを中心としたアメリカ北西部のワシントン州の日本人移民たちが、戦前と戦中に陥った差別による苦境と、戦後にアメリカ社会で国民となっていく姿が綴られています。その奮闘に敬意を表さずにはいられません。

一九四一年一二月、日本の真珠湾奇襲によってアメリカ海軍に大きな犠牲が出た後、一二万人の日系人が敵性外国人・市民として収容所に閉じ込められました。戦後収容所から出された日系市民たちは、ゼロからの再出発でした（カリフォルニアに移り住んでいた筆者の母方の一族も含め）。多民族社会のなかで共に生きるにはどうあるべきかを学び、主張すべきことを理性的にどう主張するかも学び、合衆国政府に公正さを求め、「謝罪と補償」を勝ち取っていったのでした。

日本国もこれから国際社会で生きるかぎり、今よりはるかに多くの移民と難民を、国内の諸地域で受け入れていくことになります。急速に「少子社会」になっているのですから、なおさらです。国家は国策として、受け入れプロジェクトを立ち上げ、実施していかなければなりません。次から次へと新しい市民が誕生していくのです。公正でなければなりません。今後何十年あるいは百年以上続くプロジェクトになるはずです。各地の自治体は、差別や偏見がはびこらない市民社会を構築し、次世代の教育をおざなりにしないことがなにより大事です。住民は隣人としてどのように共に生きていくかが第一の課題です。まなざしは温かいでしょうか。

＊

その〈道しるべ〉は実はすでに、満州国の歴史のなかに蓄積されています。手つかずのままに放置されています。日本（当時は「内地」と呼びました）側は、五〇〇万人（百万戸）の日本人を、満州国に移住させようとしていました。受け入れ側の満州国政府高官も日本人でした。移民の送り出しも受け入れも、大日本帝国の時代に体験済みなのです。ただし、現地民の背中を踏み台にしながら――。背後に日本軍を控えさせながら――。他国の土地で傀儡《かいらい》国家の育成と成長を一気にやりとげようと、独りよがりに突っ走りました。多民族社会のなかで、共に生きるのだという謙虚さを持たず、ただ西欧の後尾に追随しました。アジアで最初に近代化を遂げたのだという誇らしさが傲慢さに変貌したおのれの姿でした。北米・南米への移民は肯定したい、しかし植民地移住や満州移民は直視したくない。これが戦後の日本人の心のなかに隠されてきた〈疚《やま》しさ〉の正体です。

この疚しさの大本を歴史のなかに学ぶ時、日本政府も国民もこれからの進路を見つけていけるのだと思います。満州国と現在《いま》は地続きです。

序章では、戦後日本社会で「恥部を語るな」と抑え込まれていた〈疚しさ〉の流れを見ていきます。第一章では、日本国敗戦時に、なぜ満州でのみ突出して日本人民間人が、とりわけ開拓団が軒並み襲われたのかを、歴史の縦軸をさかのぼって見ていきます。また、日本人の入植により農地を奪われた現地民に関する中国人学究の論文から、居場所を失った彼らが追いやられた先がどこであったかを学びます。同時に日本政府からの強制をはねのけ、「分村移民」を回避する行動に出た、日本各地の村長や指導者たちの勇気ある決断の過程を見ていきます。第二章と第三章では、日露戦争後に南満州鉄道（満鉄）に職を得た二人の日本人農業専門家の移住の事情と満州での活動とその心情の変化をたどると共に、満州国建国後の「移民団」の送り出しが、なりふり構わぬ「開拓団」送り出しへとテコ入れされていく過程を追っていきます。第四章では、一九三七年七月の日中戦争開始後、満州国を支配する日本人上層部のなかのキリスト者たちが、貧しい人の救済と平和運動に邁進してきた著名なキリスト者の賀川豊彦を招いて、キリスト教開拓団の入植を強く求めた経緯を追います。指導者賀川はどのように国策移民迎合者へと変貌させられたのか。その過程に焦点を当てます。続く第五章こそが本論で、二つのキリスト教開拓団の入植から崩壊までの一部始終を、団員だった方たちから筆者が聞き取った貴重な証言をつないで、記録として残しました。終章では、満州国建国後まず最初に送り出された、東京からの「天照園」移民団をとりあげます。「ルンペン《（ママ）》」（もともとはドイツ語。仕事がなく収入がなく住む家がない人たちを当時こう呼んだ）と呼ばれた人たちの移民のいきさつです。現地民との調和のなかに暮らした集団でした。もう一つは、緊迫するソ連との東部国境の村に送り込まれた秋田県の開拓団で起きた、「開拓の花嫁」たちの敗戦時の悲惨で残酷な記録です。軍国日本がもたらした多くの東アジアの女性たちの壮絶な悲劇と重なります。語りがたき悲しみを書き遺した勇気ある女性当事者の、「忘れ去らせない」という強い意志を受け継ぐことの表明として取り上げました。

現代は情報通信技術（ＩＣＴ）の発達によって万人が手書きでなく活字で書ける（印字できる）世界になり、情報量が爆発的に増大しました。他方、歴史上の重要な事実も、吟味されずに十把一絡げに急速に忘却される時代でもあります。しかし東アジアの地勢《テレイン》のなかの、争乱の地に生きた人たちが、「現代という未来」に向けて発信してきたメッセージは意味深長です。忘却の霧によって見えなくさせられていますが、今起きていることの大部分は過去と関係があると、私は思っています。「満州国」と現代日本は紛れもなく連続性があるのです。批判的知識の蓄積が目の前の現象の意味を照らし出してくれます。消えるに任せてはならない、あるいは修正させてはならない重要な記憶として読まれることを願っております。

序章　戦後、忘却された〈疚《やま》しさ〉

第一節　忘却に抗《あらが》う

一九四五年八月、日本は連合国に敗れた。敗戦後の海外からの引き揚げ者は、軍人・軍属と民間人を合わせると約六三〇万人である。当時、日本本土の戸籍法上の日本人は約七〇〇〇万人であった。その一割近い六六〇万人あまりの国民が海外に居住していたのだが、戻れずに亡くなった者、何らかの理由で残留した者もいるので正確な人数は不明であるが、民間人帰国者は約三二〇万人と言われる。ちなみに当時日本は、総人口一億人と称していた。台湾と朝鮮半島の住人も、本土の戸籍法とは区別した台湾戸籍と朝鮮戸籍によって日本人、としていたのである（戦後大きな問題となっていくが、ここでは扱わない）。

敗戦時に満州国に住んでいた開拓団員たちが置かれていた状況は、海外居住者のなかで突出して悲劇的であった。戦後四〇年経った一九八五年に出版された『哈爾賓《ハルビン》物語』の著者杉山公子は、満州においては同じ日本人でも、都市住民と開拓団員とは互いにまったく隔絶した世界に生きていた、天国と地獄の差であったと記している。

「（開拓団員は）関東軍にも見棄てられ、地獄を体験させているのだから、こんな割りに合わない話はない。開拓団、義勇軍関係者は在留邦人二百万《（ママ）》中二十七万人というが、この人びとは近代日本の方策のツケをまるで集中砲火のように浴びてしまったのだ」（一九三頁）

杉山は敗戦時一八歳だった。満州事変の三年前に北満州の中心都市ハルビン（哈爾濱〔ハルピン〕を日本人はハルビンと呼んだ）で生まれた。両親は農機具を商う商店を営んでいた。種の蒔付け作業、除草などの管理作業、さらに脱穀など、満州の土、気候、水温などを考慮した、日本内地の農具とは違う在来農具を扱っていた。満州国建国後の開拓団投入政策によってどんどん売れ、何人もの使用人を持つ親の庇護のもとで、良家のお嬢さんとして豊かに暮らしていた。しかし日本敗戦時、父親は商店の全てを信頼する三人の中国人使用人に贈り、引き揚げまでの家族の暮らしを彼らに守られ、どうにか〝帰国〟したのだった。初めて住む異国が祖国であった。望郷の想い止みがたく、四〇年ののち、心に刻まれているハルビンという豊かな都市の記憶を、あたかも郷土史を掘り起こすかのように書物として仕上げたのだった。商店街の店名まで含め地図付きで詳細に再生した。現代のようにどこにでも西欧の香りのする都市がある時代ではなかった。ハルビンは帝政時代のロシア人が基礎から作った都市であり、突出して西欧文化の香りに満ち、諸民族の交流があり、緑かがやく並木の都市だった。『満洲と日本人』という季刊誌に、杉山は「ハルビンの記――私がそこで見たこと、考えたこと」を寄稿しており、都市住民であった日本人の日常がわかり、開拓団の日本人とは別世界に生きていた現実がよく見える。

日本敗戦により突然、北満州中から日本人避難民が流れ込んで来るまで、ハルビンの日本人の意識に開拓団員が入って来ることはまずなかったのだ。他の都市でもほぼ同様であった。「近代日本の方策のツケをまるで集中砲火のように浴びてしまった」のが開拓団員たちであった。この「集中砲火」ほどに適切な表現は見あたらない。

敗戦時満州国には、約一五五万人あまりの日本人が居住していたと言われる（推計は三百万、二百万と減り、最終的に一五五万人ほどに落ち着いている）。日本国民とされていた朝鮮人一三〇万人は含まれていない。台湾人は数が少ないということで朝鮮人に含んで数えられた。日本人のうちの二七万人が開拓団員だった。後述することになる敗戦時の棄民状況のなかで、大惨事が各地で起きたのだった。死者は約八万人に達した。生きのびた団員たちは内地（日本本土）の港にたどりつき、どうにかそれぞれの故郷へ向かった。しかし、農漁村の家々には牛小屋から馬小屋にいたるまで、都会の空襲で家を失い親戚を頼って疎開して来た者たちが先に住んでいた。どこに割込めばいいのか。「つらかったでしょう」と抱きしめてはくれなかった。それだけではなかった。「外地帰りは日本国家の恥部を語るな」との暗黙の圧力がかかった。話すと拒絶されるという空気が生まれていた。「恥部」「日本の恥」という言葉は今はほとんど聞かれないが、当時は胸を刺す言葉であった。「尽忠報国」「滅私奉公」こそが臣民の唯一の道であると刷り込まれていた。口にだして身の不運を嘆き合えず、内に抑え込みただ沈黙した。それゆえ引揚者たちが沈黙を破って戦時体験の痛みを語りだしたのは、戦後すぐではない。二〇年前後の歳月が経ってからだ。語り始めるにはそれほどの時間がかかったのである。その呻《うめ》きを集めて国家を告発した『墓標なき八万の死者』（角田房子）の刊行は、先駆的でめざましいものだった。

戦後日本国家はじり貧状態からの再出発であった。大日本帝国は〝無条件〟の降伏をした。国家財産も民間財産も失い、スッテンテンだった。最大の目標は、二〇世紀初頭のみずからの経済レベルにまず追いつくことであった。そのためには加工業と貿易こそが命綱であった。軍事的敗北の屈辱を経済的勝利で埋めるかのように、眦《まなじり》を決して国際経済戦争に参戦した。一九六〇年代に入ると、狭い日本本土の、従来の工業地帯以外の田園地帯にも、また沿岸部の新たな埋立て地にも、次々と重化学工業のコンビナート（複合工業団地）を造っていった。しかし内需・外需の向上と引き換えに、空は工場からの排気ガスでスモッグに覆われ、黒い雨が降り、川は処理しないまま工場の下水として放出される汚染廃液で吐き気をもよおす異臭を放った。白い服はすぐ黒くなり、子どもは喘息になった（林えいだい写真集『これが公害だ――子どもに残す遺産はなにか』北九州青年会議所、一九六八年）。幼い日の筆者も大気汚染のひどかった今の北九州市小倉区で、小学校一年生を二回するほどの喘息児童になった。「公害」という新しい「国内棄民」が次々に始まったのである。水俣病――海に排出された有機水銀中毒による神経疾患。四日市喘息――大気中に排出された硫黄酸化物による喘息。イタイイタイ病――川に流されるカドミウムを含む廃液が原因での腎障害、疼痛を伴うカルシウム脱失骨疾患。生活に対する侵略がいたるところで発生した。

被害者たちは沈黙しなかった。人間には一人一人に冒しがたい基本的人権があるのだ、虫けらのように捨てられてはならないのだと、公害対策基本法を成立させた。しかしそこには「防止対策には限界がある」と巧妙に「経済調和条項」が入れられ、さらなる棄民の抜け道が残されようとしていた。新憲法の基本的人権を盾として、患者と支援者は公害裁判に訴えて闘った。粘り強い闘いが、「原因者負担原則」による棄民阻止の画期的な道を拓いたのだった（宮本憲一『戦後日本公害史論』）。泣き寝入りはしなかった。棄民されることに馴らされてきた日本の民衆が、法的に勝ち取った輝かしい「非棄民法」制定であった。公害の被害者たちが国民一般の人権意識を目覚めさせ、日本各地で被害者・加害者を意識化した市民運動、住民運動など社会運動が立ちあがった。国家行為の加害性に目が向きだした頃、満州国の開拓団問題を、加害性の視点から、鋭く掘り下げて追及する書が出た。「開拓団員は確かに被害者だった、しかし団員たちもまた加害者だったのではなかったのか。自らの足が踏みつけていた相手を見ていたのか」と、倫理を問うた。『凍土の碑』（陳野守正）である。辛くても目をそらさないで。もっと構造まで学ぼうではないか、と。一九八一年だった。

この年は衝撃的な年だった。お茶の間でゆったりとテレビを見ていると中年の男女が何人も映り、誰もが中国語で「私は日本人です。私は誰ですか」と訴える日々が続いたのである。戦争孤児たちだった。「戦争中に家族とはぐれました。中国人が貧しいなかで養父母となって育ててくれました。今は日本人の肉親に会いたい。捜してください」。敗戦からの三六年の歳月が、敗戦時に一二歳以下であった少年少女や幼児たちの日本語の記憶を奪っていた。なぜ自分は中国にずっといるのか。日本国家の戦争責任と罪を背負わされて……。助けにも来てくれない……。祖国に向かって、ほんとうに戦後は終わったのですか、と問うていた。

敗戦後の一一月、大日本帝国の陸海軍は占領軍によって解体されていたので、戦後処理の実務は厚生省（現厚生労働省）に移っていたが、置き去り状態だった民間人孤児への対応は、兵士に比べずっと鈍かった。びっくりしたのはテレビを見ていた、戦争を知らない若い日本国民だった。学校の歴史教育において、近代日本の植民史を教えることはなかったから、海外の戦争日本人孤児を初めて知ったのである。「かわいそう……」「親が子どもを置いてきたの、ひどい親……」「養育してくれた中国人の親を、日本の景気がよくなったから、今度は置いてくるのか」。反応はさまざまだった。もう会えないのだとあきらめていた親兄弟は、三六年が経って朧腑をしめあげられた。戦禍のなかで死んだと思っていたあの子だろうか。拾って育ててくれた人がいたのだ！　どのような別れであったか。若いミュージシャンの桑田佳祐《けいすけ》が、子どもを残してきた母親の思い――戦後の長い年月、内に秘めてきた再会を願う心――を歌ったのは（「かしの樹の下で」）一九八三年である。父親が大連で少年期を過ごしていた。父が戻って来れなければ、自分は生まれていなかったとの思いがあって、歌は生まれたのだろう。

その後二〇年あまりをかけて、約二八〇〇〇人が残留戦争孤児と認定された。身元が判明したのはおよそその半分である（もはや日本と関係を持ちたくない者は帰国を求めなかったから、大陸に残してきた子どもたちの実数は不明である）。この時を待ちわびたのに、言葉さえ通じ合わない父母と子と孫。戦後処理はまだ終わっていない。一般国民が国家の無責任さを記憶に留めた出来事だった（山崎豊子は八七年に、「大地の子」の雑誌連載を開始）。

「東京の山手線内の地価でアメリカ全体の土地の時価総額を上回る」と言われる事態が起きたのは同じ八〇年代である。バブル景気と言われた。不動産や株式の価値が実体からこれ以上は掛け離れられないほどにあおり上げられた。東京の銀座の裏通りが、毎夜高級車で埋まり、運転手たちが手持無沙汰に紫煙をくゆらしご主人様を待った。政界官界財界には、唸るほど金があった。戦前の経済レベルを超えた頃から、傲慢《ごうまん》さも再び頭をもたげた。「金満国ニッポン」と揶揄《やゆ》された。その金はどこに投資されるのか。日本はどこに向かうのか。もはや戦後ではなく、疚《やま》しさなど吹き飛んでいた。

もし異国に置き去りにしてきた「少国民」を迎えに行っていたらどうだろうか。日中の国交は一九七二年に共同声明を出して正常化していたのだから、できないことではなかった。もし日本の全県に、言語と文化を学べる居住型の日本語センターを設置し、「中国では日本人」「日本では中国人」という疎外感を持たないで暮らせる、再出発の時間と十分な環境を整えていたなら、帰国者は生きやすかったはずだ。そしてそのノウハウによって今頃日本は（これから日本への移住者を本格的に迎えるのだが）、どのような移住者たちを迎えても、受け入れに前向きでいられる国になっていただろう。しかしついに国家あげてのそのような大きなスケールの対応はないまま、一九九〇年、バブル景気ははじけた。狂乱的躁状態の頂点で、突然黄金期は終焉を迎えたのである。豊かさとは何か。責任者は誰であったのか。問うこともないままに……。世代は移り、国民の忘却が進み、富んでいく者は、棄民され貧しくなっていく者の苦しさと悲しみに無関心になっていった。戦前、ハルビンや大連や奉天の豊かな者が貧しい者に無関心であった頃のように。

第二節　満州領有への野望

1　独断専行

大日本帝国は、日露戦争を終結させたポーツマス条約（一九〇五年）によって、満州《マンチュリア》[1]（中国旧東三省）の遼東半島の最先端部分とロシアがハルビンから大連に向けて敷いた鉄道の南側三分の二及びその付属地[2]を租借地として領有し、「関東州」[3]と呼んだ。あわせても日本の四国の約五分の一という小面積にすぎない。しかしついに、万里の長城の北側に食い込んだのである。その価値ははかりしれなかった。朝鮮半島の統治権を手に入れるめどはほぼついていた。半島南部の農地、北部のさまざまな鉱物資源に加えて、今や大陸の広大な資源と沃野の世界への拠点を得たのである。

ロマノフ王朝になってからのロシア帝国の膨張を制止するものはなかった。その膨張エネルギーはまず中央アジアとモンゴルに向かい、次にシベリアを東進した。アムール河（黒龍江）の北側は「外満州」と呼ばれたれっきとした清国の領土だったが、弱体化していた清国に不平等条約を結ばせ（一八五八年のアイグン条約と一八六〇年の北京条約）、外満州を法的に領有した。これでロシアはモスクワから陸路で太平洋岸に軍隊を送れるのである。清国の北方領土は、黒龍江の南側の「内満州」に限定された。日本の指導層が、その外満州と内満州の両方に熱い眼差しを向け出したのは日清戦争勝利以後だった。すでに「富国強兵」「殖産興業」をめざし、西欧文明の鉄道、工場、兵器などをいち早く取り入れていたが、日本列島には足らないものがあった。鉄鉱石など自然資源の大量産出地である。国土そのものもせまかった。

日本海の向こう側の広大な大陸地帯《テレイン》の沿岸地域にも奥地にも、諜報活動家たちを送り込んだ。現代の先進諸国が血眼で、世界中の地上・海底を問わずレアメタルを探しているのと同じ構図である。自然地理、軍事地理、地質、歴史、文化、考古学などの研究者を総動員した。社会的に公表される研究であれ、軍部への内密の報告書であれ、情報をかき集め分析したのである。「地理政治学《ジオポリティクス》」（地政学）の研究である。陸軍軍人の石光真清（一八六八～一九四二）は教養ある生粋の諜報活動家で、彼が送り込まれたのは北方だった。手記『石光真清の手記』（子息真人によって戦後編集出版）には、ロシアの領土欲と日本の領土欲が宿命的に激突する地域での、二〇年間あまりの諜報作業と探検と冒険の入り混じった見聞が、「外史」として興味深く記されている。(4)

一九一四年に始まった欧州での戦争は年末には終わると誰もが思っていたが（二〇二二年のロシアによるウクライナ侵攻はどう展開するのだろうか）、現実には翌一五年にはかえって泥沼化し、帝国主義国が大量破壊兵器を使って初めてぶつかりあう第一次世界大戦となった。西欧列強が東アジアに眼を向けるゆとりを失った時、日英同盟のもとに対ドイツ戦に参戦していた日本（首相大隈重信）は、「対華二一カ条の要求」を新生中華民国政府につきつけた（一九一五年一月一八日）。一九一二年に清朝が消滅し、新秩序を生もうと必死にもがいている時だった。日本は一〇年に韓国併合を成し遂げ、本州とほぼ同じ面積の朝鮮半島を日本領土とし、勢いづいていた。その要求項目は五号・二一カ条あり、加藤外相→日置駐華公使→袁世凱のルートで提示された（『日本史資料　上』東京法令出版、一九七三年、五七一頁）。

1. 山東省のドイツに与えていた権益の日本による継承と新鉄道敷設権などの四カ条。
2. 旅順、大連の租借期限、南満州鉄道及び安奉鉄道の営業期間の延長、吉春鉄道などの新利権、東部内蒙古での農業共同経営、開放地増設など、南満州・東部内蒙古のほぼ完全な植民地化に関する七カ条。
3. 漢冶萍公司《カンヤヒョウコンス》（漢陽、大冶、萍郷の鉄と石炭の鉱山を持つ中華民国最大の製鉄会社）の日華合弁化に関する二カ条。
4. 福建省沿岸の港湾と島（アモイ島）を諸外国（欧米諸国を指す）に割譲・貸与しないことを宣言することの要求一カ条。
5. 中国政府は日本人を軍事・政治・財政顧問として置くこと、日本の病院・寺院・学校の土地所有権を認めること、中国警察に日本人顧問を置くこと、中国軍隊の一定量の武器を日本から輸入するか、日華合弁の兵器廠からの供給を仰ぐことなどの「希望条件」七カ条。

計二一カ条のうち五番目の七カ条を除いて強引に調印させた。つまり狙っていた軍事顧問にはなれなかったが、日本の権益拡大要求をほぼ飲ませたのである。一般中国人の日本嫌いはここに始まった。「対華二一カ条の要求」は振り返ってみれば、日本の躓《つまず》きの石であった。東洋でいち早く近代化を遂げた日本にあこがれて、中国人を筆頭に数万人の若いアジア漢字文化圏の若者がせっかく学びに来ていたのに、憤り、失望し、多くが祖国へ帰って行った。明治維新前後からの、西欧の書物の日本語文語訳は学徒を引きつけていた。漢文は東アジアの共通言語であったから、文語訳の書物はほぼ読めるのである。日本には、西欧思想や技術学術の諸概念を翻訳した多くの書物が生まれていた。猛烈な勢いで和製漢語を造語したので、はからずも東アジア世界の若者の役に立ったのである。日本へ留学生が来てくれることがうれしく、一般民衆も好意的であった。そこに突然、予期せぬ日本国家の強面《こわもて》を見せられたのだった。露骨な日本至上主義への方向転換だった。あまりにも強引な権益拡張要求だった。日中間の関係は悪化の一途をたどった。すると日本の一般民衆の態度も、中国蔑視へと変わっていった――。

一九一一年の辛亥革命勃発以来の中国は動乱のなかにあった。国民党政府、帝国主義諸国の支援を受けてしのぎを削る諸軍閥、ロシア革命後のソ連の影響を受けて生まれつつあった中国共産党が入り乱れての内戦となっていた。滅亡した清朝の最後の皇帝宣統帝（愛新覚羅《あいしんかくら》溥儀《ふぎ》）は、一九二四年、居住していた北京の紫禁城を軍閥に追われた。一八歳だった。英国はずっと家庭教師を送り込んできていたのだったが、溥儀を引き受けることはなく、次に中国に誕生する政権にいちはやく目を向けていた。日本がお世話をすることになった。まず北京の日本公使館に迎え、汽車で天津に移し、天津駐在総領事吉田茂が迎えた。大事な駒となる日もあろうというものだった。結果的に七年天津で過ごすことになった（溥儀『わが半生　上』）。

関東軍（元々は関東州と満州鉄道付属地の守備が任務だったが、以下に述べる満州事変後は規模を拡大した）一部将校が奉天郊外の満鉄線路に小規模の爆破を仕掛けたのは、一九三一年九月一八日である。のちに柳条湖事件と呼ばれた謀略であった。関東軍は、中国軍の仕業だと発表し、直ちに満鉄付属地（日本の領有地）の境界線を越えて外側に軍隊を出し、事件現場からの距離七〇〇メートルの、張学良の陣地の攻撃を開始した。紛れもない「国外出兵」である。「独断専行は応変の道である」という陣中要務令（一九一四年発令）の綱領を抜け道として使った。新聞が関東軍の公式発表を伝えると、国家行為を疑ったことのない国民は快哉を叫んだ。新聞の売り上げは目に見えて伸びた。満州全土占領の始まりだった。[5]

翌年一月から国際連盟日支紛争調査委員会は、リットン調査団を日本・中国・満州へと派遣した。その調査の真っ只中の三月一日、関東軍首脳部が主導して、東三省を領土とする「満州国」建国を一方的に宣言したのだった。既成事実化を急いだのである。朝鮮のように植民地化したのではなく、新国家の「創製」である。美しい建国物語を日本国民と国際社会に提示した——満州に居住するバラバラの諸族の民衆が協和の独立国を求めて戦い、日本軍はそれを手助けしたのである——と。

ここから「五族協和」「王道楽土」を標榜する「満洲国」が始まる。「五族共和」は孫文が漢族・満州族・蒙古族・西域新疆のイスラム・チベット族の共同をめざして使った言葉だった。満州国の「五族協和」は、漢人・満州人・蒙古人・朝鮮人・日本人の五族である。わかりよかった。しかし国際社会が新国家をすんなりと受け入れるわけがなかった。現地民は言わずもがなであった。

2　星野直樹

関東軍は、二六歳になっていた元清国皇帝の愛新覚羅溥儀《あいしんかくらふぎ》を天津から連れ出して、満州国の「執政」とした（元首ではあるが皇帝ではないので、溥儀は不満だった）。「新満洲国国務院」の総理と閣僚には、軍閥（行財政機関を持つ軍事集団）や馬賊（騎馬武装集団）などの頭目や、新国家建設に共鳴する日本留学経験者たちが諸族からかき集められた。満州社会の有力者の懐柔である。新国家紹介のために、四月には手回しよく日本語版総ルビ付きの、豪華版『新満洲国写真大観』が出版された。首脳一六人の写真もずらりと並べてある。

東京霞ヶ関の大蔵省（現財務省）の、三九歳の若手エリート官僚星野直樹[6]（一八九二～一九七八）ならずとも、首脳部のこの顔ぶれでは新国家は長持ちしないと判断しただろう。いったい誰が近代国家の構造《システム》を作れるのか。迅速に近代法の骨格整備をしなければ空中分解は目に見えていた。天下の大蔵省に辞表を出してまで、まだ将来の見えぬ世界に行くには勇気がいるが、星野は優秀な大蔵官僚を送るべしと提言した。満州国の存廃は、実働部隊となる国務院の高級官僚層が近代的実務に長けているかどうかにかかっている、と。予想通り関東軍から本国政府に、直ちに高位の官僚たちを満州に送ってくれと求めてきた。結局、星野が行くことになった。星野が満州国をおのが居場所と思い定めたその決断の背後には、口先だけの「五族協和」ではなく、それ以上に「東亜和平の揺籃《ようらん》」（星野直樹『見果てぬ夢』三二五頁）となるリアルな新国家を生み出す者になりたいという熱い思いがひそかにあったと言える。(7)当時の日本人官僚の志としては上質であった。「満州国の建国にいたったまでの動きがはたして適当なものであったかはわからないが、いったん新国家ができた以上、呼号しているような立派な国を作り上げなければならないと考えた」と記している（前掲書、一三九頁）。建国にいたるまでの動きが侵略的であったことがわかっていたからこそ、わざわざ書き記しているのだ。星野は大蔵省に辞表を出した。複雑な応用問題であったが、自分こそこの問題を解くのにふさわしいとの自負があったのだろう。

三二年七月、星野は「新天地を民族協和の揺籠《ゆりかご》に！」との夢を共に見る決心をした七人の部下と共に、首都新京の国務院に乗り込んだ。植民地収奪のみの西欧帝国主義国家とはちがう世界を生み出すのだ、と。財政部次長となり民政は一手に引き受けた。腕の見せどころは新国幣の安定であった。租税の収入予算を立てた。関税、塩税、各種租税そして諸専売の収入があった。そのなかに立案中の阿片統制（専売）の収入も合わせた。立案中の案とは、それまでの悪徳業者まかせの野放図きわまりない阿片売買を国家管理とする案だった。国家の制御下に置くのである。その結果、諸官制を作る知恵を働かすことで、業者の儲けから巨額の税が国庫に入る（財政的視点）。さらに売買を厳しく管理することによって、阿片による中毒患者と死者の数を減らし（人権的視点）、労働ができる健康レベルの軽中毒者を満州国内で増やせるなら労働力の拡大にもなる（経済的視点）。一石二鳥にも三鳥にもなるというものだった。先をゆく帝国主義国のむさぼりつくす手法に国策のタガをはめたともいえた（しかし外交のベテランである大英帝国は、インドから中国への阿片出荷の国策を清朝崩壊後の一九一三年に停止していた。新政権に銃口を向けられたくなかったからである）。

3　熱河省と阿片

約二万人の日本軍が万里の長城に接する熱河省への進軍を開始したのは、一九三三年二月二三日だった（H・ビックス『昭和天皇 上』講談社、二〇〇二年、一二九頁）。熱河省を明確に、満州国の軍の支配下に入れるためであった。その背後の要因は、軍の財源となる阿片のもとになるケシの栽培地確保であったと、星野と共に満州に渡った七人の部下の一人である古海忠之はのちに述べている[8]。

おりしもジュネーヴで開かれていた国際連盟総会で、日本は非難を浴びていた――「満州国は住民の自発的意志で生まれたのではない。日本軍の計画が実行されたのだ」と。日本の首席全権は満鉄の副社長から衆議院議員（政友会所属）になっていた松岡洋右だったが、熱河進軍の翌日の二四日、日本軍が熱河での戦闘の真っ最中に、「日本政府は日支紛争に関し国際連盟と協力せんとする努力の限界に達したことを感ぜざるを得ない」とぬけぬけと原稿なしの最終演説をしている。引き続き総会は、満州国承認を四二対一（日本）で否認（日本が元から持っていた鉄道などの満州権益を否定したのではない）、リットン調査団の報告書を採択した。松岡は二〇人の日本代表団を引き連れて退場した。三月になると、四日に日本軍は熱河の省都承徳を占領した。中旬には長城線に達した。そして日本は三月二七日に国際連盟を脱退した。孤立へと進んでいく選択だったが、満州事変の真相を知らされていない日本の世論は、なぜ国際世論は日本を非道扱いするのかと、さらに排外的な方向へと向かっていった。熱河省と河北省での蒋介石軍との激しい戦闘の末、五月に停戦協定が結ばれた（塘沽《タンクー》協定）。熱河省が満州国の領土となり、満州国の総面積は日本本土の三・八倍になった。おまけに万里の長城の南側に非武装地帯を作らせるという大成果を得た。蒋介石軍は台頭してくる毛沢東の率いる共産軍とも戦っており、消耗していたのだ。

満州国誕生から満二年目、国際連盟脱退から一年目の一九三四年三月一日、関東軍は「執政」溥儀を「皇帝」溥儀に格上げし、「満洲帝国」という国名を与えた。清王朝の復活という溥儀の熱望を、形の上ではあるがかなえたのだ。翌年、皇帝溥儀を日本に訪問させた。天皇と国民の大歓迎を受けると、「日満一体」に賛同する溥儀が鋳造されていった。関東軍は扱いにくい国務総理（首相）の鄭孝胥《ていこうしょ》を罷免した。溥儀の忠実なる側近だった。日満一体ではなく満州国の独り立ちをのぞむ発言が命取りとなった。そして扱いやすい張景恵《ちょうけいけい》が国務総理に据えられた（一九三五年五月）。

星野は頭の上で誰が国務総理になっても、その下で財政を握る実質総理であった。了見が狭く高圧的な関東軍の本音を読み、本国の政官財との交渉の根回しを怠らず、満州国の財政を主導し、東奔西走し、八面六臂の活躍をした。財政上の手腕を見せたのは一九三五年の、ソ連所有の北満鉄道（東清鉄道）の買収であった。この鉄道は完全に治外法権の下にあり、建国以来の懸案であった。西の満州里から東へ伸び、ハルビン、牡丹江、綏芬河《すいふんが》まで、一七〇〇キロにわたって南満州と北満州を分断していた。列車は、運転する者も警備する者もロシア人。運賃はルーブル建て。おまけに標準時も満州時間とは二、三〇分違った。国家のなかにあたかも別の国があるかのような頭痛の種だった。新京からハルビンへ行くのさえ外国に行く心地がした。両国外務省間で長い交渉が続けられたが、三五年三月、ついに協定正式調印となり、満州国に譲渡され、経営権が満鉄に移ったのである。星野は、一億四〇〇〇万円の買収代金や概算三〇〇〇万円のソ連側従業員の退職金などの資金調達に知恵をしぼり、円滑な支払をとげたのだった（「満州国史に輝く最良の日」『見果てぬ夢』）。これで満州国は全線を取得し、満鉄が独自に延長してきた鉄道網と合わせると全長は一万七〇〇〇キロあまりになった。同時に、当分はソ連との紛争はないという明るい見通しも得た。

新国家の金融システム整備をやりとげ、満州国を経済的に安定させた星野は、三六年暮れに国務院総務長官になった。四四歳にして満州国行政の実質的頂点に立ったのだ。三七年四月には、前年の一〇月に関東軍、満州国政府、満鉄で協議して決定したばかりの満州産業開発五カ年計画を開始していた。満州国の経済建設に本腰を入れるのである。鉱工業（それまで生産ゼロであった兵器や車両などを含む）、農畜産業、さらなる交通網、そして移民である。大規模な日本の国策「二十カ年百万戸送出計画」（三六年八月二五日策定）にしたがって、農民たちが独身だけではなく家族連れで次から次へとやって来るのだ。広い満州の大地開墾と、ソ連との国境警備のために「民族大移動」が本格化しようとしていた。[9]

4　通州事件と日中戦争

一九三七年七月七日に万里の長城の南側（当時は「北支」と呼ばれた。現在は華北と呼ばれる地域）の北京郊外で、突然日中両軍が小交戦をした。「盧溝橋事件」である。星野は内心穏やかではなかった。全力投入をした満州国が花を咲かせる目処がついたところだった。いったい誰がきっかけを作ったのかわからないままに[10]、事件後、日本の軍隊が朝鮮から北支（ママ）に入った。この増兵は星野には「青天の霹靂《へきれき》」そのものであった。これは大いなる間違いだと直観した。満州安泰のためひたすら不拡大を願ったことが、『見果てぬ夢』から読み取れる。しかし七月二九日に、冀東《きとう》防共自治政府の本部のあった通州（現北京市通州区。冀は河北省の略）で、「有名な通州反乱が起こり、ここにいた日本人数百人が惨殺された」「支那事変（ママ）にまで発展していった事態の推移のなかの、最も重大な一節であった」と星野は記す。

冀東防共自治政府とは、一九三五年末に日本軍が万里の長城の南側に作らせた、ミニ傀儡《かいらい》政権だった。親日・防共を標榜し、日本軍に従属する保安隊（中国人四〇〇〇人）が政権警護に当たっていた。地区面積は九州ほどで、北側が万里の長城、東が渤海湾、南は塘沽《タンクー》、西は北平（北京）に接していた。満州国の貨幣制度を確立した有能な星野は、近代通貨金融政策と租税制度の概要を集中指南するために、半年に三度も乞われて飛行機で出かけていた。蔣介石の全中国の貨幣統一の改革に対抗するためだった。日本内地で、通州反乱は矢継ぎ早に報道された――「日本軍の飛行機が保安隊幹部の訓練所を誤爆し、隊員に死傷者が出たのをきっかけに、保安隊が居留民街を襲撃し、日本人や朝鮮人を二〇〇余人惨殺した」と。ニュースは国民の敵《てき》愾心《がいしん》をあおった。実際は、保安隊はまず政府機関や特務機関や日本軍守備隊を攻撃していた。その過程で燃え上がった敵愾心が住民惨殺に向かったのだった。背後には密貿易や阿片・麻薬の換金の闇ルート争奪も絡んでいた（二〇二二年出版の『通州事件』のなかで著者の笠原十九司は、誤爆事件がきっかけで保安隊が反乱を起こしたという通説は皮相な見方だと指摘し、背景や経緯を詳細に記している）。

星野は、「なんともいえない憂鬱感」に襲われた。八月東京に出かけ、杉山元《はじめ》陸軍大臣に会っている。保定（河北省旧省都、北京と石家荘の中間）で日本軍をとめて話し合う。拡大はしないと、その時杉山は語った。現実には日本軍は保定を突破し南下した。これは明らかな判断ミスだと星野は思った。「われわれ満州にある者としては、もう終わる、もう終わると思いつつ」、産業開発五カ年計画を進めていった。ところが、日本では「八月、早くも五億余円の事変費が支出され、間もなく五十余億円という巨額の事変費が組まれることとなった。満州事変の当初、わずか数百万の金を出すのに苦労していたのに比べると、たいへんな違いであった」（『見果てぬ夢』二五一頁）。事実、第七一回議会特別会で五億余円の事変費が通過、九月に召集された第七二回議会臨時会で臨時軍事費二〇億二千余万円の追加予算が成立している。事変費を含む一九三八年度軍事予算ははねあがり、五九億円を超えて太平洋戦争終了まで膨張を続けた。

「支那《ママ》事変（日中戦争）については、日本側の本心がどこにあるのかよくわからなかった。中枢神経が順調に働いていないのではないか、という感じがはじめからしていた」と、星野は戦後の手記に当時を振り返って書く（傍点は筆者）。星野は、これは極東の小帝国の掌握できる範囲を超えた自己過信による「過剰拡大」であると直感したのだ。満州に渡って来た時の、満州国を「東亜和平の揺籃」にしようとのヴィジョンは、一九三七年なかばに始まった日中戦争によって早々と吹き飛んだ。いかなる打開の道があるのか。国務院総務長官を辞職しない限り、任務は継続する。星野には今辞職をするなど考えられなかった（有能すぎる人間の性《さが》なのか……）。

この八カ月ほど前の三六年一〇月に、東京から「切れ者がやって来る」ともっぱらの評判だった商工省官僚がやって来て、国務院実業部総務司長になった。岸信介（一八九六～一九八七）、四一歳である（戦後、五六、五七代総理大臣）。満州産業開発五カ年計画実施のテコ入れであった。日中戦争開始とともに、産業部次長になった。国務院の掲げる具体的目標は、物理面では二つ、鉱業・工業の振興と食糧増産である。精神面では一つ、「日満一体」であったが、満州国は今や、日本の戦時危機突破のための国家戦略特区となった。

こうなった以上は協力して全力で道を拓くしかなかった。星野たちの出した答えは、「国家総動員法」（勅令一九）の発令であった。一九三八年二月二六日である。日本本土側も追いかけて四月一日に「国家総動員法」を発令した。その第四条に「勅令によって国民を徴用する。ただし兵役法とかちあう時は兵役法が優先する」とある。徴兵されて大陸に渡る「赤紙」召集の兵隊さんはかわいそう、と言いつつも他人事《ひとごと》のように思っていたら、全ての国民が「白紙《しらがみ》」召集の徴用対象となったのである（赤紙には恩給がつく。白紙にはつかない）。まず軍需産業への就労徴用から始まった。財閥系列の諸事業体の生産力が一気に向上した。

日本軍は、華北からさらに華中へと軍を進めた。軍と二人三脚で三井、三菱、住友などが巨人に育っていった。今や華北に北支那開発《（ママ）》（一九三八年）が生まれ、華中に中支那振興《（ママ）》（一九三八年）が生まれ、「軍財抱合」の国策会社がぐんぐんと育っていた。その財閥系組織の傘下の中小企業群で働く日本人が家族を連れて渡って行った。日本敗戦と共に、全てを置いて全員リュックサック一つで帰国したのは、七、八年後のことである。

日本軍は膨大な戦費を使って戦線を延ばした。なぜできたのか。日本は世界一の阿片大国になってきたのである。(11) 戦力を持続可能にさせるために、満州国の重要性はさらに増していった。

5　満州移民から満州開拓民へ

一九四〇年七月一七日、星野に突然、本国政府から即刻帰国の命令が届く。新京の張景恵(12)満州国総理大臣官邸での、食量増産などをめざす重要な「北満州国境地方開発会議」の最中だった。日本に戻り、企画院総裁に就任することを緊急要請されたのだ。星野はそのまま飛行機に飛び乗り、国務院に二度と現れることはなかった（武藤富男『私と満州国』三二六頁）。近衛文麿政府は、満州国の実質的総理大臣を呼び戻し、閣議決定（行政の最高意思決定）に参加する資格のある国務大臣に据えたのである（いわば黒字を出す軌道に乗った子会社の推進役社長を、大赤字の親会社がさらっていったのである）。さらなる一体化による総動員体制に入るためであった。苦しい時の神頼みならぬ星野頼みだった。「満洲開拓政策基本要綱」を日本国と満州国の両政府で共同発表したのは、前年の三九年一二月二二日であった。九月にドイツがポーランドに侵攻し、イギリスとフランスがドイツに宣戦布告し、ソ連がポーランドに侵攻し、再び世界が大動乱期に入った直後である。

帝国日本の国防力をあげるため、日本内地人農民を北満州にさらに投入し、朝鮮半島の朝鮮人を陸続きの満州国にさらに移住させ、現地住民を強引に転住させ、人口大移動による食糧大増産の非常時体制をとるというものであった。「満州国は独立国である」という、「よそおい」はこの時点ではっきりとかなぐり捨てられた。

この緊迫した状況のなかで、第五章に述べることになる、第一次キリスト教開拓団の先遣隊が送り出されたのだった。一九四一年二月の紀元節の日に現地に到着している。北満州中心都市ハルビン郊外である。もとは二年半前に切りだされた話であった。内地人開拓民投入、満蒙開拓青少年義勇隊（義勇「軍」は、満州では義勇「隊」と呼ばれた。刺激的過ぎるからである）投入、朝鮮人開拓民投入、現地農民国内移住の大号令のなかで、キリスト者の開拓団が一つも来ないというのは、在満州日本人キリスト教諸教会（とくに指導層のキリスト者たち）にとって非常に肩身が狭いのだった。

四一年七月、ついにアメリカが在米日本資産を凍結した。イギリスも植民地を含む全英帝国内の日本資産を凍結した。日本も即刻、米英の在日資産を凍結した。内務省外事課は開戦を想定し、帰国せずにまだ日本に滞在している宣教師と家族など敵性外国人の所在確認を急いだ。緊張がエスカレートし日本への石油の全面禁輸措置がとられると、一一月二四日、日本海軍は千島列島の択捉《えとろふ》島の単冠《ひとかっぷ》湾から機動部隊をひそかに送り出し、一二月八日ハワイの真珠湾を奇襲攻撃した。その一時間前に、日本陸軍は英領マレー半島のコタバル海岸に上陸し、対米英戦の戦端を開いたのだった。東条内閣は、日中戦争も含めて「大東亜戦争」と呼ぶ閣議決定をした。その時星野直樹は、内閣書記官長に登用されていた。

明治維新時、日本に「近代文明」なるものを教育してくれたのは主に米英であった。新生日本は、西洋の文明国の唱える「万国の公法」（当時の国際法）を背筋を伸ばして懸命に学ぶ優等生ではあったが、同時に、公法遵守をとなえつつも現実の行動はいささかちがうという、西欧文明諸国の法の背後の悪賢さも素早く読み取っていた。近代国家が繁栄するには軍事的に力をつけ、経済的に強大になり、傲慢《ごうまん》なぐらいに押しが強くなければならないのだ、と学んだのだ（マサオミヨシ『我ら見しままに――万延元年遣米使節の旅路』平凡社、一九八四年、二二八頁など参照）。以後「文明開化」を統一目標とし、統一国家の近代法を整備し、統一軍を立ち上げ（諸藩の連合軍ではなく）、殖産興業に励み、軍事力を駆使して朝鮮や中国から滋養分と活力を吸い上げていった。維新から七〇年あまりが経ってみると、「道義に基づく共存共栄の秩序を確立」すると唱えつつ、アジアを踏み台にして欧米に伍そうとする夜郎自大国家が生まれていた。国民もみずからの道義心を棚上げにしだした。「鬼畜米英！」とヘイトスピーチを口にした。国家の方向性に合致することなら、国家のせいにできた。

大東亜戦争（アジア・太平洋戦争）完遂のために、満州国にさらなる出番がきた。第一は、何がなんでも「出荷報国」だった。食糧供出で国に報いるのである。一九四〇年頃から満州人の農地と開拓団の作付面積は驚異的に増え続けた。水稲増産には朝鮮人開拓団を活用し、日本人開拓団の畑作増産には、中国人を雇い、ノルマを達成していったのである。

第二は産業界の「供出」であった。撫順の石炭、鞍山の鉄などの鉱産物の採掘と供出である。ノルマ達成のために、おびただしい数の低賃金労働者をかき集め、それでは足りないので華北での国民政府軍との戦闘時に、抗日的であった村から強制連行した村人や捕虜たちを作業に投入し酷使した。五味川純平の戦後の著作である『人間の条件』（三一書房、一九六二年）に描かれた姿そのままである。さらに朝鮮半島と満州の森林伐採とその木材の搬出があった。そしてついに第三の供出の時がきた。全満の農民を故郷の農地からひきはがし、はるか遠方の軍用地へ送り、強制労務に就かせるのである。[13]

序章　注

（1）　満州　日本本土のほぼ三倍の広さだが、地政学的には古来だいたい四つの地域にくくれるという（読者には時計の形で想像していただきたい）。①東北は山岳地帯で、古来女真族（満州族）など諸種族が住んでいた（金など）。②東南の地方は、鴨緑江を中心として、朝鮮民族の祖先となる者たちが古来自ら国を作っていた（高句麗、渤海）。③南の渤海湾の西側の地方である大河の遼河流域は、古くからおおむね漢民族の地だった。④西北の興安嶺を中心とした高原地帯は蒙古民族（モンゴル族）が古くから住んでいた（元など）。満州国の国務院総務長官であった星野直樹（後に内地に戻り企画院総裁）は、一九四三年の「満州国の建設」という講演で、そう説明している（『新アジアの雄相』善隣協会編に収録、一九四三年刊）。一六世紀頃の気候変動による小氷期は、日本では食糧生産地の争奪をくりかえす戦国期であったが（徳川家康が統一）、中国では満州北部寒冷地の女真族が南下をはじめ、一六四四年には食糧生産地である中国を征服したのだった。

（2）　南満州鉄道付属地とは、ロシアが一九〇三年に敷設し終わったばかりの南満州支線（ハルビンから旅順）のうち、長春（後の新京）から旅順までの鉄道約七〇〇キロとその線路の両脇の広狭まちまちの（四三メートルから四二七メートルほど）の細長い用地と若干の市街用地を指す。日本国家が所有権と行政権を持ち、行政権は南満州鉄道（満鉄）に行使させた。ロシアから継承した土地のほか、買収した土地、借り入れた（商租した）土地、永代借地などでじわじわと広げていった。

（3）　関東州　帝政ロシアが清国から租借していた大連や旅順を擁する土地のこと。その「租借権」（一八九八年から二五年間だった）を、一九〇六年に日本が得たのである。同年、この租借地には日本内地の法律は適用せず、関東総督府を設けた（一年後に関東都督府と改称）。大連市街はロシア貴族層が常にあこがれていたパリを目指して描いた西欧的都市計画図をもとに、日本人主導で、現地民を使い壮大で輝かしく整えられていった。西欧的建築群の華麗さもさりながら、大連の暮らしそのものが日本人が初めて集団として経験する西欧的奢侈に満ちていったのだった。初代総督（一年後に都督と改称）として六年半統治したのは、長州藩士の子の大島義昌陸軍大将だった。この武闘派の「日本の将軍」の銅像（日本では見ることのない巨大さである）が、その還暦を祝う記念として、直径二一三メートルの円形「大広場」（現・中山広場）に建てられていた。色付きの絵葉書（「陸軍大将子爵大島義昌閣下寿像建立記念」）も印刷された。安倍晋三元首相はその玄孫である（父方の祖母が大島の孫）。日本の敗戦時に現地民によって撤去されたが、山口県とその周辺県の満州関連人脈は古く長く広く太いのである。

（4）石光真清は一八九九年にまず、アムール河（黒龍江）のロシア側のブラゴヴェシチェンスクでロシア語学生になって、ロシア軍人の家に住み込む。日露戦争の前である。以後、刻々と変わる情勢のなかで時に満州側で写真屋となり、時に日露戦で軍人に戻り、時に満州の商人と組んで阿片の精製事業を経営して稼ぎ、七変化の芸当を繰り広げながら、若い祖国の地歩固めのために戦略的要衝の情勢をさぐった。情勢把握のあとは鉱物資源などの探査になっていくが、石光は日本陸軍が国家さえ牛耳る巨大な軍事官僚組織へ変貌する昭和期に入る前に、情熱が冷めたかのように軍界との関係を断った。手記であるから、軍への報告書は入っていない。

（5）大元帥である若き昭和天皇（三〇歳）は知っていたのか。新聞報道からはわからないまま、日本人のほとんどが熱烈に支持した。軍指導部の老獪さと粗暴さの入りまじった独断専行とマスメディア操作の結果だった。長春郊外で日本人に準ずる位置にある朝鮮人の移住農民と現地農民が衝突した万宝山用水路事件の発生が七月、興安嶺での中村大尉密偵中銃殺事件の公表が八月（発生は六月）。柳条湖事件が九月。二〇日後には張学良の軍隊が集まる錦州を空爆した。第一次大戦終結以来初めての都市空爆だった。中華民国は直ちに国際連盟に現状復帰を求めた。日本軍は連盟が動く前に、満州全土を占領した。その後満州居留日本人保護と占領地防衛のために、関東軍は急速に大兵力へと変貌していった。

（6）星野直樹　父の光多は牧師であった（キリシタン禁制時に来日した宣教師J・H・バラから受洗）。直樹の母方の祖父は横浜に居住する貿易商で英国人だった。つまり直樹には他民族の血が四分の一入っていることになる。父光多が近代日本の女子教育の出発点である横浜のフェリス和英女学校の教頭だった時、幼い星野は港の見える牧師館で育っている（『フェリス女学院百年史』一九七〇年刊、参照）。東京帝国大学法学部政治学科をでた青年星野は、社会が比較的開放的であった大正デモクラシー期に、その国際性と優秀さを見こまれ請われて大蔵省に入った。父の妹あい（のちに津田塾長）も母みねも後に妻となる操も、キリスト教学校での英語教員経験がある。星野には、体制一辺倒の価値観を越え、歴史の縦軸も横軸も見える視界の広さがあった。しかし昭和初期になると、日本社会は急速に右旋回し、血統主義の日本主義者が台頭した。バイ・カルチュラルで「非純血」な星野には、もはや日本官僚システムの最高ポストである大蔵官僚の頂点にのぼるめどがないのは見えていただろう。父方の一族は群馬県沼田の豪農で、祖母るいのキリスト教入信により、養蚕・生糸で横浜と深い縁ができた一家だった。開港から、生糸は日本の輸出品第一位だった。

（7）『見果てぬ夢——満州国外史』は、東京裁判でA級戦犯として巣鴨刑務所で長期服役したあとに書いている（出獄後、政界・官界に戻ることはなかった）。その書のなかで星野は「東亜和平の揺籃」という言葉を使っている（東亜は東アジア）。アメリカ合衆国の著名な中国学者オーウェン・ラティモアの著書『満州《マンチュリア》——争闘の揺籃《クレイドル・オブ・コンフリクト》』（英語、一九三二年出版）を渡満の頃にすでに読んでいたことが「あとがき」にうかがえる。歴史上、諸族が流れ込んだ、争闘の場である満州に、近代社会としての法規を作り、その法的な土台の上で和平のゆりかごとなって栄える国を作ろうと挑んだことが伝わってくる。巣鴨刑務所から出獄した時、満州国の土台がかたまってからやってきたかつての部下岸信介が首相への階段の最終段を上っていた。星野は岸を誰よりもよく知っていたはずだがコメントをしていない。「あとがき」の最後には、「自らが在住中の満州国の官場は終始清潔を保ち続けた」と特記し、日本の若い人びとが、純農業国であった満州国を工業国にまで育てあげようとした努力と苦心は、誇りとするに足るものと確信すると記すのみである。

（8）古海忠之「満州国亜片（マヽ）政策に関する陳述、一九五四年七月一三日記述」（『侵略の証言』一九九九年）。古海は国務院官僚として敗戦後シベリアに抑留され、一九五〇年に中華人民共和国の撫順戦犯管理所に移送された。自らの罪を認める（「認罪」）文書を書いている。現代史では隠蔽されているが、戦中の大日本帝国は世界一の麻薬大国であった。内地のケシ主要産地は大阪、和歌山であった（倉橋正直『阿片帝国・日本』共栄書房、二〇〇八年）。朝鮮全土でも試みられたが、ケシ栽培に適した乾燥土壌は少なかった。

（9）「二十カ年百万戸送出計画」　当時の内地の農家戸数は約五六〇万戸を数えた。そのうちの耕地五反以下の零細農家は約二百万戸だった。百万戸はこの半分に相当する（『凍土の碑』三頁）。明治前期には、北海道へ屯田兵や開拓民を送り込んだ（屯田兵は対ロシアの警備と開拓を兼ねて送り込まれた公務員農兵であった）。中期からはハワイ・北米への移民。その後一九二四年のアメリカの移民法により日本人の北米への移民が禁止されると、移民先はブラジルを中心とした南米へと移っていった。逆流現象の現代とは隔世の感があるが、毎年百万人近く増加する人口の口減らしをしたのだった。しかし一九三四年五月ブラジルでも移民制限法が可決された。満州国には土地がある。対ソ防衛を視野に「民族大移動」をさせることにしたのである。本格的に送り出すには予算をつける必要があったが、大蔵大臣の高橋是清は反対だった。

（10）　盧溝橋事件　事件が起きた時誰が起こしたかは不明であったが、「事件を対日戦争へと煽っていったのは中國共産党であった」と、戦後安倍源基（一八九四〜一九八九、当時内務省の警視庁警保局長）は自著で述べている（『昭和動乱の真相』原書房、一九七七年、二七一頁）。安倍は、ロシア革命に刺激された中国のナショナリズムが中国各地で反帝国主義運動を展開した一九二〇年代後半に、いち早く内務省から中国に送られた内務官僚である。日本国家の対処と方向性を展望するためだった。国民党（一九一九年誕生）と共産党（一九二一年創立大会）を徹底的に研究している（『国民党と支那革命——共産党との関係』人格社、一九三〇年）。安倍は、共産党が三つ巴の戦い（日本と国民党と共産党）へ華北の支配をねらう日本を引きずり込み、そのどさくさで勢力拡大をねらっていることが早くからわかっていたのではないだろうか。安倍は、「階級」的に国民をとらえる思想は日本にとっては亡国思想であると確信し、帰国後は、国体を強力に衛護する姿勢をとった。図書検閲からスタート、共産党弾圧、さらに自由主義者や階級思想とは無縁の宗教者の弾圧へといたる思想弾圧の中核となった。安倍は警視庁特高部長であった期間に、小林多喜二や野呂栄太郎その他共産党関係者らを多数死に至らしめたが、警察署での長期留置、たらい回し、拷問などの法の濫用によって、警察は治安維持法を意のままに使えるのだという「恐怖の流布」による国民の心理的萎縮こそがねらいであった。一九四五年の日本の敗戦時には、安倍は敗戦受け入れ内閣であった鈴木貫太郎内閣（四月七日から八月一七日まで）の内務大臣となり、周到に、内務省中枢の地方局行政課（課長鈴木俊一、のちに都知事）をとおして、戦時業務の諸文書の極力焼却を植民地を含む全方面に命じた（閣議決定は一四日）。重点的に廃棄させた文書が何かは不明であるが、見つからない歴史文書から自ずと推測はされる。安倍の生家は、戦後首相となった岸信介や弟の佐藤栄作の生家（佐藤家）のあった山口県田布施町の隣町平生にあり、地縁的つながりが深い。安倍晋三との血縁的つながりはない。

（11）　阿片と麻薬　日本敗戦後の極東国際軍事裁判で東条英機ら七名に死刑判決が下ったが、判決文のなかの「阿片と麻薬」の項目は、「日本は満洲におけるその工作の経費を賄うために、また中国側の抵抗力を弱めるために、阿片と麻薬の取引を認可し、発展させた」と始まり、満州国を土台としたその構造を指摘するなかで、一九三七年以後阿片売買に「関係していたのは、日本の陸軍、外務省、及び興亜院であった。満洲国への供給は三菱商事会社、華中と華南に関しては三井物産会社が扱うことになっていた」と指摘している。全体像の要約は『凍土の碑』から引用した。『続　現代史資料　阿片問題』（みすず書房）に、一次資料として価値の高い公文書の記録がある。熱河省における、阿片の原料作物であるケシ栽培がもたらした現地農民の苦悩に関し、その目で見て具体的に書いているのは中田晃（「激土工作」『燈影荘物語』）である。日本の敗戦色が見え始めると、日本軍発行の軍票は交換価値を失う。ケシの実からとる阿片は少量で交換価値は莫大である。しかも軍用機で大量に運べる。気候条件がよく人目につかない辺境の地のもっともよい畑を使って、強制割当で栽培されたのだった。

（12）張景恵　一八七一〜一九五九。日清戦争時、二三歳で土地防衛の武装自衛団を率いている。中国の近代を生き抜いた軍人・政治家。満州国の二代目国務総理大臣（一九三五〜四五）になった時は六四歳だった。「正式な学問はしていないが知恵のある人で、勇気があって物に動じない」（星野直樹評）穏健な人柄であったという。日本敗戦、満州帝国解体後、シベリアに抑留された。共産主義政党が中華人民共和国を樹立したあと中国に戻され、撫順戦犯管理所で亡くなった。星野は国務院において三年半表裏一体の関係にあったが、その在任中、なにごとにも異議申し立てをすることのなかった張景恵がたった一つ直接嘆いたことがあったと、回想録『見果てぬ夢』に特記している。それは開拓民送り出しの日本の国策によって、満州現地民の土地がむりやり奪われていった農地問題であった。星野も「農地問題は、最後まで満州国の十字架であった」と述べてはいる。しかし二人はこのようにしか出会えなかったのである。

（13）「大東亜共栄圏」とされた地域および日本軍の占領地（東アジアと西太平洋）の広域で民衆に同じことが強要された。これほど現地の民衆を総動員した広域戦争は以後起きていない。

第一章　なぜ開拓村は襲われたのか

第一節　現地住民の悲惨史

満州国において、肉体労働者（以後、労務者あるいは苦力《クーリー》と記す）の強制割り当ての時がきたのである。太平洋戦争が開始されて二カ月後の一九四二年二月に、労働者緊急就労規則が制定された（太平洋戦争が始まる前の三八年にすでに「国家総動員法」が施行されている）。緊急動員命令は中央から各省に、省から各県に、県から各村へと下りてきた。一次、二次、三次と命令が下りてくるたびに、村長は村内各屯（日本の字《あざ》）の長を集め、徴用する人数を人口で割り振っていった。富裕農民は割り当てを免れる手を打ち、最後はその屯の下層の貧しく無力な者たちがかき集められた。対象は一八歳から五〇歳までの男性住民であったが、少年まで送り出された。

中田晃は、満州国最南西に位置する熱河省の村に、「勧導員」（農村自興運動を推進する漢族・満州族・モンゴル族の現地青年）を育成し、農民の生活向上を目指すために、頼まれてやって来た指導員だった。村は万里の長城に張り付くような一帯で、阿片のもとになるケシの栽培・阿片の売買で知られた政情不安定な地域社会であった。中田の人柄はこの上なく謙遜で誠実で、「好人《ハオレン》」であった。京都の宗教的修養集団「一燈園」

の同人だった。一燈園は滋賀県長浜に生まれた西田天香（一八七二〜一九六八）が創めた懺悔奉仕者の集団だった。西田は二一歳で北海道開拓事業に参加し辛酸をなめていた。一二年後挫折して帰郷し、長浜八幡神社の境内で三日三晩断食をしてどう生きるかを考えていた時、赤ん坊の泣き声を聞いた。泣き止んだ静寂のなか、まったくゆだねるという生き方をふっと悟った。同人たちは個人としては無所有であり、報酬を望まず愛の奉仕を捧げる男女である。関西では、掃除道具を持って「便所掃除をさせてください」と家々を訪ね、素手で掃除をし、見返りは一切求めない異色の人たちとして知られていた。

戦後二〇年あまりが経って中田晃は、満州事変以前から日本の租借地であった関東州の、金州（大連から三二キロ）に一燈園が拓いた燈影荘という、現地民と同じ暮らしをする農業共同体の活動と、自らも含めて現地住民と直につながった同人たちの生き方の記録を残している（『燈影荘物語』）。

当時の満州では平凡な農業生活者たちが労務者として、主にソ連参戦に備え南満州地方（南満）から北満州地方（北満）に移送されていた。屯民たちは、労務を割り当てられた者たちの残された家族が餓死しないよう、また屯の畑を放棄して離村しないよう、日当を出し合ってどうにか支え合ったのだった。屯が消滅せず集団としてその土地で存続するための「攤派《たんぱ》」（分担する）という古くからの知恵だと、中田は言う。

貧しい村人たちは、集められ送り出されたそれぞれの身内がどこに居るのかせめて行先を教えてくれと、信頼できる「勧導員」育成指導者の中田に哀願した。中田は、「大東亜の解放のために共に努力しよう」と声に出して慰めつつ送り出していたから、責任を感じた。すでに日本軍支配地の華北からは、労務者が日本本土にも移送されていた。中田は軍に「行先を明かしていただかなければ、今後の労務工作に著しい支障をきたします」とうまく迫り、行先が黒河《こくが》の近辺であると知った。北辺のソ連との国境の街である。県公署（県庁）の労務役と中田は、南満各県の何人かの日系職員と共に、南満州鉄道で黒河に向けて発った。

一九四四年一〇月だった。中田は知らなかったが、直前の九月に「帝国陸軍対ソ作戦計画要領」が決定されていた。北と東でソ連に接する黒河省、東安省、三江省、牡丹江省で対ソ持久戦をおこなうという決定である。

熱河から黒河までの路線距離は一三〇〇キロを超える。日本本土の下関から東京を経由して青森にいたるまでの距離を十分超えるだろう。熱河では冬物コートで間に合ったが、奉天、新京と北上するにつれ寒さは増し、ハルビンで一泊した時には、町中を流れる松花江は流氷が音を立ててもみ合いつつ流れていた。凍結が間近だった。

ハルビンからさらに北上し、最終駅黒河に着くと、広大な黒龍江（アムール河）が完全に凍りついていた。黒河の付近は砂金の採れる所で、砂金取引と賭博場と娼館の町である。業者から取り立てる税金が町の財源となっていた。関東軍が治安と秩序を保っていた。夕闇の迫る時刻、町の小高い丘から眺めると、さえざえとした冬空のもと遥か対岸に、つねに睨み合ってきたソ連領の要塞の町ブラゴヴェシチェンスク（日本人はブラゴエと呼んだ）の赤レンガの家並みに灯りがついていく。一九〇〇年の北清事変時には帝政ロシア軍による清国民間人三〇〇〇人の大虐殺事件が起きた地であり（石光真清『石光真清の手記』で詳細を語っている）、一九一八年の日本のシベリア出兵時には一時皇軍が華々しく入城した都市である。その背後のシベリア極東地方はかつては清国の領地「外満州」だったが、清からロシア帝国に割譲され、今は河そのものが国境である。渡ろうとすれば途中で銃殺されるだろう。

シベリアの大地にはすでにシベリア鉄道が完成していた。必要とあればソ連軍は、いつでも短期間にヨーロッパ戦線から極東の東部戦線に兵も武器も大量輸送できた。それにひきかえ日本軍が駐兵し国防を担う黒河側はどうか。ソ連参戦にそなえる町というのに、道路は馬車一台がかろうじて通れる程度である。雲泥の差であった。一泊した翌朝、一行は軍用列車に便乗して目的地に向かった。工兵部隊がレール敷設作業のために、緊急労務動員をかけて全満州から集めた労務者を叱咤激励しているのを、中田は見た。これで国境線で敵を撃破できるのか。列車を降りた所は荒涼たる草原のなかのバラック兵舎の駅だった。そこは防衛用の軍用道路の突貫工事現場だ。何万という労務者が、一般日本人が知ることのないこの広大な地域一帯に、前々から集結させられていたのだ（軍用緊急動員労務者数は一九四四年に入ると、上半期四万人、下半期三万四千人にのぼった。芳井研一論文「『満州国』総動員体制下の社会変容の基底――農村生活の破綻と労働力総動員」ネット）。

そこからは軍提供のトラックだった。丸半日揺られ、アンペラ（イグサで編んだムシロ）屋根の小屋にストーブを燃やし続けて一泊、さらに半日揺られて大平原の真只中の目的地に着いたのだった。地名さえつけてない場所だった。千人近くの労務者が働かされていた。シャベルを手にして土を掘り、モッコで運び、二〇メートル幅の軍用道路を造っていた。人海作戦である。みな冬装束とはいえ色も形もわからぬぼろをまとい、みすぼらしい姿でよろついている。一人の若者が、家に帰りたいと逃亡しかけ銃殺されたという。厳しい管理下にあることを一瞬忘れたのか。連帯責任のおそろしさと、ふるさとへの千里の道に網を張る憲兵と警察を思ってか、大人たちは動かなかった。中田は、話に聞いた北海道の「地獄部屋」（監獄部屋、通称タコ部屋と言われた）もかくやと思った。明治維新後の開拓使時代から、北海道開拓のために、労務者として奴隷労働につかせた囚人たちへの悪名高い扱いだった。

雨が三日続き、食糧は届かず、アンペラ屋根の雨漏りがひどく、発熱、下痢で寝込んだ者たちが呻《うめ》いていた。監視人たち（朝鮮系日本人が多く、ノルマを課せられていたから厳しかった）の耳に届かぬように中田に向けて発せられる言葉を忘れることなく、中田は『燈影荘物語』に隠さず記している。

「ほとんどの労務者が疥癬《かいせん》におかされています。顔に、手に、肢に、私等が回って行きますと『これを見てくれ！　こんなひどいことになっているのだ！　どうしてくれる。何時帰らせてくれるのか？　どうか大人《たいじん》に頼んでくれ！　このままだと死んでしまう。どうか助けてくれ！』と涙を流して頼みます。……ひょろひょろと立ち上がって裸になって全身を見てくれといいます。よく見れば全身血だらけの疥癬です。思わずその悲惨さに顔をそむけずにはいられませんでした」

「大人」とは偉い人という意味であり、内地からの日本人はそう呼ばれた。疥癬は疥癬虫が皮膚にトンネルを掘って寄生する伝染性皮膚病である。その伝播力は強烈だった。日本人軍医には薬湯の硫黄浴がいいとわかっている。しかし資材がない。現状改善の押し問答をする相手さえ現地にいない。顔を見たこともないはるか遠くからの上意下達があるだけである。東京の大本営か、新京の関東軍司令部か。現地事情に無頓着のまま「道路完成を急げ」との督励と叱咤だけが来る。徴発されていた幾万という労務者は、このような工事現場で人格なき道具として管理され、栄養失調と過重労働と劣悪な衛生環境で重い皮膚病にかかっていた。

次々と死んでいく。草原の只中に埋められていく。墓標なき死者である。逃亡すれば殺される。そぞろ故郷恋しく、病床で涙を流し、中田をおがむ農民たち。これが私が要請を受け、送り出しにかかわった農民の労務なのか。中田には慰める言葉もなかった。中田の父は朝鮮忠清南道で金鉱を経営していたので、中田は過酷な坑内作業をいやがる坑夫たちを知っていた（中田が、懺悔・奉仕・無所有の修養団体である一燈園に入った理由も、経営者が人間を取替え可能な部品のごとく扱う発想への嫌悪にあったのではないかと、半世紀前に中田と出会った筆者は推察する）。その中田から見ても常軌を逸した使役の姿であり、民衆を敵にまわしているも同然であった。超悪環境での残酷な超過重労働。現地責任者は日報（日々の報告）を書いて中央組織へ連絡する。

それは状況改善の相談のためでもある（ビジネス用語である報連相とは、元は軍隊の用語である）。はたしてその日報にリアルな姿が書かれただろうか。そんなものを読んだら上官が当惑するだろうとの忖度《そんたく》が働きはしなかったか。さらにははるか離れた関東軍上層部は、命令したことさえ忘れていたかもしれないのだ。

視察隊一行は後味の悪い調査を終え、言葉もなく帰途についた。中田は車中で身体が痒《かゆ》くてたまらず、ハルビンで下車し赤十字病院で診察を受けると、疥癬に間違いなかった。まさに〝今日は人の身、明日は我が身〟であった。それは敗戦時の日本人たちの姿の予兆としての「我が身」に相違なかった。中田の記録には、熱河の村で待ち受ける農民家族にどう話したかが記されていない。「大東亜の解放のために元気に頑張っていますよ」とは言えない。やがて黒河から農民たちが戻って来れば、真実は必ず見える。中田に語る言葉はなかっただろう。しかしこの記録そのものには大きな価値がある。日本人が農民本人の身になって、悲鳴をそのままの言葉で書き残した希少価値の高い記録は、この中田の真摯な記録以外ないのではないだろうか。徴用者を指揮した日本人は大勢いたはずだが。

第二節　「満州国」の終焉

そして翌四五年八月九日、近代兵器を装備したソ連軍が空と陸から攻め込んで来た。北は、ブラゴエから黒河一帯へとアムール河（黒龍江）を越えて南下し、ハルビン方面へ。東北からは、松花江沿岸を遡って佳木斯《ジャムス》方面へ。東は、ソ連領ウスリー州（沿海州）側から、一瞬にして虎林、綏芬河《すいふんが》、東寧へ。北西は、満州里からハルビンへ。西は蒙古から興安省（内蒙古）に入って白城子へ。ソ連軍は興安軍（日本軍子飼いの内蒙古軍）と連絡をとっていたのだ。南西からは承徳へ。どの進入路にも、防衛用に開拓団が置かれていたが、肝心の男たちは根こそぎ召集されていた。残された家族たちは、精鋭の関東軍が現れて救い出してくれると信じていた。しかし、その幸運はこなかった（日本軍と日本人官吏の家族への連絡はすばやく、いち早く満鉄の長い編成の列車で南下する幸運があった）。

日本のポツダム宣言受諾は一四日であった。全軍の統帥者である大元帥、四四歳の裕仁昭和天皇が、レコードに録音した詔勅で、ＮＨＫラジオを通して内地及び外地の国民に敗北を告げたのは、一五日正午である。ソ連軍の蹂躙にさらされていた満州の開拓団にはそれさえ届かなかった。一八日に、皇帝愛新覚羅溥儀《あいしんかくらふぎ》が退位し、「満州国」は消滅した。その瞬間から敗戦国民の日本人の後ろ盾となってくれる何物も存在しなくなった。そして中心的諸都市の市民であった日本人と、開拓団員との運命は大きく開いていく。

北辺の広大な大草原の地名さえない一帯で、中田晃が出合った、軍用道路の突貫工事に携わっていた満州人労務者たちが、すぐそばの黒龍江国境で日ソ戦が始まったことを知ったのはいつだっただろうか。満州人はソ連軍から逃げなかった。ソ連軍の標的は日本人であり、自分たちではないことはわかっていた。この時疥癬にかかって全身血だらけの労務者たちは労役から解放されたはずである。放り出されるように。勝手にせよ、と。

強制労働と病のなかで生死が決する地獄部屋は終わった。抜けるように青い北満の夏空を仰ぎ見る労務者たちの、左の眼からは荒野に朽ち果てた仲間を思う痛哭の涙が吹き出ただろう。そして右の眼からは、かろうじて生き延びた己の運命に、歓喜の涙がほとばしり出ただろう。

家に帰ろう！　生き残ったのだ。這ってでも帰ろう！「ファンゴライ！」（天地がひっくり返ったゾ！）。それぞれの故郷に帰り、奪われたそれぞれの田畑を取り戻そう。労務者たちは黒河省の南の北安省あるいは龍江省に陸続と入っていったはずだ。海原を渡って日本本土へ連行された朝鮮人や中国人の労務者ではない。陸路である。歩いて帰れるのだ。農民たちがまずなによりも望んだのは、空腹を満たすことだっただろう。

　北安省だけでも、優に一〇〇を超える日本人の開拓村、青少年義勇隊の開拓村、訓練所あるいは報国農場が並んでいた。倉庫には食糧と衣類と農機具が少なくとも一年分は備蓄されていることを、現地民は嫉妬の眼で見ていたはずだ。また一七歳から四五歳の男性が「根こそぎ召集」されていたことも伝わっていたはずだ。開拓村にはほぼ女、子ども、老人しかいない……。リーダーを立て食糧と衣料を分けてほしいと頼むこともできたはずだ、と現代人は思う。だが、立場は今完全に逆転したのだ。屈辱が憤怒と共によみがえり、復讐心を抑えることはできなかっただろう。飢餓感はさらに人間を苛立たせたに違いない。しかし、最初にあちこちの開拓村を襲ったのは、開拓団の近隣に追い出されていた農民たちである。龍江省の、ある開拓団は二〇回以上も襲われている。満鉄斉北線（チチハル経由で北上）の西側の龍江省甘南県三合屯にあった愛知県東三河郷開拓団に育った、当時七歳の少年だった筆者の縁者の市川哲司は、二〇一六年八月七日、豊橋のキリスト教会（日本バプテスト連盟）での平和礼拝で、広い平原に建つ砦のような開拓団本部に緊急避難していた時に受けた襲撃の回数を、五年生だった兄の敏明と照合し、「暴徒」が銃器なしの場合は投石で撃退、銃器武装の場合は開門し略奪黙認、と区別したと証言している。

　二昼夜にわたって襲撃され続けた開拓村もある。耐え切れず一七日の夜、集団自決を選んでいる（高橋幸春『絶望の移民史――満州へ送られた「被差別部落」の記録』毎日新聞社、一九九五年）。既墾の耕作地と家屋を二束三文で強制買収され、他郷へと立ち退かされた現地の農民たち。日本人の所有となった自分の農地で、苦力《クーリー》となって働いた者たち。強制離村によって流浪死寸前の農民たち。日本の敗戦は、彼らに光明をもたらしたのである。さまざまな背景を持った者たちが怒りを爆発させ、入り乱れたのだった。もし現地農民の立場に立っていたならば筆者も、醜悪であるとか、残酷であるとか、考えはしなかっただろう。

逃げて行く日本人から荷物を預けられた現地の住民も襲われた。作家だった宮尾登美子は若き日に、新京の近くの吉林省九台県飲馬河に入植した大土佐開拓団（高知県諸村の分村移民）の開拓団国民学校教師として赴任した夫と共に入植した。終戦直後、絹の衣類などを五つの木箱に入れて学校手伝いであった人に預けたが、その一家が「暴民」にねらわれたのだ。根こそぎ持って行かれただけでなく死傷者さえ出た。宮尾は戦後五〇年余が経って訪満した時、遺族からいきさつを聞き、大迷惑をかけてしまったと記している（「旧満州紀行」『週刊朝日』一九九八年一一月二七日号）。

北辺の荒野で放り出された労務者たちの南下の流れも、東辺の要塞建設現場からの労務者の流れも、その混沌のなかにあったはずだ。ソ連軍爆撃機から投下された爆弾が、帰郷途上の満州人を誤爆したこともあった。さらに国民政府軍と共産党軍の国共合作は崩壊し、覇権をめぐって内戦を繰り広げだしてもいた。

送り込まれた作業現場から故郷へ向けて逃げ出す前に、日本軍に殺された労務者たちもいた。東部の間島省琿春《こんしゅん》県はソ連との国境県だったが、その地一帯にも陣地構築のため全満各地から現地民が狩り出されていた。第一次キリスト教開拓団団長の堀井順次牧師の召集は一九四五年七月一九日だったが、にわか仕立ての戦闘員として琿春（日本海から一五キロ）の部隊に送られた。激戦地となる密江峠へのルートを通過したのは八月一一日だった。堀井たち日本兵の行軍を、「地獄の穴を覗き見る」ような暗い目で見つめていた苦力《クーリー》小屋の窓いっぱいの労務者たちの表情を、堀井は書き留めている。彼らはソ連軍戦車がやって来る前に日本軍に射殺された（堀井順次『敗戦前後』一一七頁）。

日本の敗戦時に厖大な公的文書（永年保存対象文書）が、前述したとおり内地の中央官庁から外地の末端の役所や軍関係機関にいたるまで、焼却された。しかし民間人が止むに止まれぬ思いで戦後書き留めた諸記録が、あちこちの図書館に寄贈され、まだ今も読まれるのを待っている。ジグソーパズルのピースのようにはめこんでいくと、必然の流れとして何があったか、事実と構造が浮かびあがってくるのである。

第三節　「民族協和」の幻想

満州事変の前年の満州（当時の行政区分は奉天省、吉林省、黒龍江省の三省のみ）の総人口は、推定二九五七・五万人、ほぼ三〇〇〇万人であった。重工業は言うまでもなく軽工業もほとんどなく、その住民の約九割が農民であった。北満州には手付かずの地も少なくなかった。もし建国後にこの未開発地に「日本内地人」を入植させたのなら、現地農民への影響はおさえられたはずだ。しかし、現地農民が耕地として使っている既墾地に入植させたのだった。現代の眼から見れば、その理不尽さが大きな社会的影響をもたらすことは容易に想像がつく。しかし農地確保にあたった満洲拓殖公社や満洲国開発総局は、軍隊を後ろ盾とした帝国主義国家の先兵であったから、現地農民が今現実に耕作している既墾地を超廉価で買収したのである。ここから彼ら農民の境遇の悲惨史と忿怒の蓄積が始まる。

中国東北地域の地方行政区画の変動は、日本の幕末から明治にかけての行政区画の変動に比べると、はるかに複雑である。国家体制そのものが清国、中華民国、そして満州国、中華人民共和国と推移したからである。その間、省界も県界もめまぐるしく動いた。

以下に語る日本人開拓団入植による、現地農民の玉突き的移住に関しては、「事例1」から「事例8」までは、劉含発氏の「満洲移民の入植による現地中国農民の強制移住」（『現代社会文化研究』二〇〇一年八月、ネット）を重要参考資料として使わせていただいた。そして、各開拓団の日本内地の送出県、現地への入植年、終戦時の在籍数、応召数などのデータは、『満州　1945年』（木島三千男編）に依拠した。在籍者数から応召者数を引いた数が、敗戦時に入植地に取り残された団員と家族の合計人数である。関東軍がどれほど無責任に、終戦時に、兵籍のある中堅男子をほぼ全員徴兵し、無力な老人と婦女子を棄民したかが見えるのである。

事例1　後に入植地が「弥栄村《いやさか》」と呼ばれることになる、第一次試験移民団が日本本土から送り出されたのは、一九三二年秋である（送出県は東北関東一一県、終戦時の在籍者数一二九四名、応召数は不明）。集団移民の先がけの「武装移民」だった。在郷軍人（兵役を終えて民間にある軍人。つまり男性のみ）から選抜され、予備役将校の佐官級の長に率いられた。奉天での合流者を加え、総勢四九三名だった。小銃のほか機関銃や迫撃砲の重火器で武装して、一九三三年二月、三江省・樺川県・永豊鎮・孟家崗《モンチャガン》に入植した。省都である佳木斯《ジャムス》からほぼ五〇キロ南である。この地方は昔から森林と豊富な地下資源で知られていた。永豊鎮一帯には砂金の採掘所が何ヶ所もあり、七〇〇〇人からの労働者が採掘作業に従事していた。「移民団が入植した孟家崗には、もと百戸ほど中国人が住んで付近の森林を伐採したり砂金を採取して生活していた」（森本繁「高粱の縫針——中国東北地区日僑難民救済の記録」季刊『満洲と日本人』三号、一九七六年、三九頁）。用地として買収したのは四五〇〇町歩だった。そのうちの既耕地は約七〇〇町歩だった。現地住民九九戸、約五〇〇人が長年暮らしてきた土地を追われた（劉論文、三六二頁）。劉の調査と一九七六年の森本の記述は符合している。弥栄村は結果的に林業に活路を見出していく（今井良一『満洲農業開拓民』六九頁）。

事例2　後に「千振村《ちぶり》」となる、集団第二次試験移民団も武装移民だった（送出県は一六県、同一八四一名、同五〇〇名）。一九三三年五月、弥栄村の南側の三江省・依蘭県・湖南営（のちに樺川県に編入）に入植した時には、東亜勧業公司が買収した用地の総面積は弥栄村の倍の広さで、既耕地が、その七一・二％を占めていた（劉論文、三六二頁）。この数値を記憶に留めていただきたい（六九頁参照）。湖南営はそのおよそ三〇年前に、はるか離れた長江の中流域（中国中部）の湖南省から移住して来た人たちが開墾した、耕作に適した平坦な沃地だった。事例1と2のこの地域を日本人の移民地に選んだのは、満洲国軍政部顧問だった東宮鉄男大尉である（一九二八年の張作霖爆殺に深く関与）。先住者たちの抵抗は激烈で、襲撃が続いた。一九三四年、在地地主で人望の篤い謝文東と農民が蜂起し、千振地区を包囲した「土龍山事件」はよく知られている。死者が出て、退団者が続出した。

事例3　一九三六年三月、第四次開拓団として、東安省・鶏寧県・哈達河《ハダホ》に入植したのは「哈達河開拓団」である（送出県一道一都二八県、同七八六名、同一〇四名）。「既耕地には三千人ばかりの中国人と朝鮮人が住んでいた」（中村雪子『麻山《まさん》事件』一九八三年）。追い出された現地住民は、西隣にある開拓団（事例4）との間の小高くて狭隘な土地に移住させられた（劉論文、三六二頁）。東安省とソビエト連邦沿海州との間には長い国境線が続く。ソ連参戦時、哈達河開拓団は、現地住民とソ連軍に挟まれた。四百数十名の婦女子を非召集の男子団員が「殺してあげる」という、壮絶な集団自決が起きている。『麻山事件』（中村雪子）はそのいきさつを、帰国者たちへの周到で詳細な取材で具体的にあぶり出した、著者入魂の記録である。国境に沿った鉄道の東方面の終点は陸軍主要拠点の虎頭要塞であり、西方面は関東軍の対ソ大要塞地帯が約三〇〇キロ南の東寧まで続いていたから、開拓民の危機意識は皆無だったのだ。

事例4　東安省・鶏寧県・哈達河《ハダホ》開拓団の西側二〇キロの地区にすでに入植していたのは、「第二次城子河開拓団」である（一道一都一四県、同三〇〇名、同三四名）。事例3で現地住民が移住させられたのは、この二つの開拓団の中間にある小高い哈達崗《ハダカン》だった。その移転方法には、工夫が凝らしてあった。事例2の入植時に現地住民の抵抗があまりにも激しかったので、土地買収時に買戻証明書を与え、例外的に彼らが土地を買うことつまり土地の私有を認めるという慰撫工作をしたのである（劉論文、三六三頁）。

事例5　一九三六年に、事例3と同じ第四次開拓団として東安省・密山県・永安屯に入植したのは、「永安屯開拓団」である（混成、同一二一三名、同一七二名）。入植時の地域内の現地住民（満州人と朝鮮人が混住）の人口は五五二六名であった（農業、商業、その他）。総戸数は九〇四戸にのぼり、そのうちの農家は六〇四戸。初め現地農民は、入植したばかりの日本人の小作人あるいは雇用人として働いた。やがて開拓団の自作面積が拡大すると、新開拓地の建設及び営農などに必要な現地民のみを残し、他の農家は他の土地へ転住させられていったのだった（劉論文、三六八頁）。

事例6―1　吉林省・舒蘭県・水曲柳鎮・岡街屯で暮らしていた地主の安永泉一家は、一九三七年の「水曲柳開拓団」（長野県、同一一〇六名、同一一六名）の入植によって、広大な耕地と四軒の家屋を廉価で売却させられた。その代金をもって他所に移住せざるを得ず、自作農生活を始めた。地主から自作農への転落の例である（劉論文、三六三頁）。

事例6―2　吉林省・舒蘭県・水曲柳鎮・錦徳屯・林家油房の林権の一家は、同じ水曲柳開拓団の入植により、自作農から小作農に転落した（劉論文、三六三頁）。

事例6—3　水曲柳開拓団が入植する前は、岡街屯の地主安永泉の雇用人として暮らしていた柴国清は、地主が自作農に転落したので、開拓団の入植後は、日本人開拓団員沢柳の雇用人になった（劉論文、三六三頁）。

このようにそれまでの居住地を追われた者たちは、その後どう動いたのだろうか。

関東軍と満州国政府は初め開拓団にばかり配慮し、現地住民の被害を一切考慮しなかった。当然、現地民たちは農地の強制買収と移住に反対して闘い始めた。まず陳情である。そして裁判、しびれを切らしての武力闘争であった。しかし、買収阻止はできなかった（劉論文）。

満州国政府が、自らの農地を失い移住を強いられた現地民に対する政策と助成にようやく腰をあげたのは、一九三九年度である。日本人のために強制的に買収したあとに残った、いわば余りものの農耕地があった。また、未利用の空地があった。それらの農耕地及び空地を、政府の指定によって分配し、補助金も出そう、というものであった。それが「県内開拓民」である（しかし実際には書類上の話であり、ほぼ無援助のままの移住であったことが、四六年後の一九九一年に行われた生存者たちへの聞き取り調査でわかっている）。問題は、「政府の指定」にある。現地農民たちの多くが、同一県内ではなく、北の黒龍江近くへと移住させられている。黒龍江をはさんでソ連に接する地域である。日本人開拓団と青少年義勇隊は開拓と国防を兼ねて北安省などに送り込まれたが、実はそれよりさらに北の三江省や黒河省内に、現地農民たちは送り込まれたのである。

事例7　一九三八年に三江省・樺川県・七虎力に「七虎力開拓団」（中国地方の五県、同六八一名、同一二九名）が入植した時、七虎力に住んでいた四五〇戸二二五〇人の現地農民は強制移出され、三江省内の嘉蔭県に内国開拓民として送られた。嘉蔭県は北上する松花江が黒龍江に合流する一帯（つまりソ連との境界地）で、現代的意味ではまさに辺境の地であった。提供された入植地が県内のどこであったかは不明（劉論文、三七三頁）。松花江を飲み込んだ黒龍江はさらに北東に流れ、ソ連領のハバロフスクの手前で烏蘇里《ウスリー》江と合流する。いわば最果ての地の国境監視的な配置であったといえる。地域一帯には、生産と暮らしを河の幸である豊かな鮭に依存する少数民族がすでに住んでいた。魚皮を靴にも服にも利用した。はたして玉突きによって彼らをさらに追い散らすことになったかは不明である。

事例8　一九三九年に三江省・方正県・大羅勒密に「大羅勒密九州村開拓団」（長崎を除く九州各県、同三八〇名、同四九名）が、そして一九四〇年に同じ方正県・伊漢通に「伊漢通開拓団」（鹿児島県大島郡と沖縄、同六七一名、同一一八名）が入植した。合わせて三〇〇〇人あまりの現地住民が家を追われ、耕地を放棄させられて追い出された。玉突きで挑灶溝（「挑灶」は灶《かまど》を破るの意。溝は谷間の意）という悪条件の所へ移され、七つの内国開拓の部落を作った（『中国農民が証す「満州開拓」の実相』一二九頁）。開拓民だった四人の証言によると、まだ雪がとけない厳寒のなか、先遣隊として一〇〇名の丈夫な移住者を組織した。木を切って家屋建築の材料を用意し、同時に開墾の準備をした。雪解けを待って、家族を呼んだ。一棟に三つ部屋があり、二家族を押し込めた（凍死しないよう左右の部屋にはオンドルがあり、真ん中を通路とし、入口と奥の便器おけを共用する）。一九四〇年に着工して四三年に完成した。部落の周りに高い塀を張りめぐらし、東だけ門を残し、警備を設け、通行人を検問した。部落のなかは警察管理だった（劉論文、三七五頁）。

　このような部落は「集団部落」と呼ばれた。治安対策である。「部落」外の者を宿泊させてはならなかった。囲い塀のなかには警官と憲兵が駐在した。軍事「討伐」時には、不発弾掘りや糧食担ぎなどの労役を課した。全東北地区（旧満州国）で「集団部落」制度による移住で被害を受けた者は五〇〇万人以上に及んだと、ブックレット『抗日こそ誇り』（「中国東北地区における指紋実態調査団」）は調査結果を述べている。

事例９　神奈川県津久井郡青根村の場合は、送り出した日本側の様子がよくわかる。神奈川県津久井郡津久井高等学校社会部刊『青根「満洲」開拓団』（ブックレット）、『青野原「満洲」開拓団』（ブックレット、一九八一年）及び細谷亨氏の論文「工業県における『満洲』農業移民の展開と行政村の対応」（『村落社会研究』第一八巻第一号）を使わせていただいた。

神奈川県は東側半分が関東平野の西端の平地であり、横浜・川崎には近代産業の中枢が立地し、工業県として発展していた。相模川をはさんで西側半分は丹沢や箱根の山岳地とその麓の傾斜地である。農山村は工場労働者の供給地であり、深刻な過剰人口問題はなかった。満州移民割当て指令が各県に送られ、「分村移民」（後述する沖縄を参照）の歯車が回り出したのは、日中戦争が始まってからである。数値目標を立てた拓務省はついに、工業県の神奈川にも送出を「期待」し、割当ててきたのである。県は足柄上郡の三保村、寄《やどりき》村、津久井郡の青根村と青野原村など、横浜から遠い丹沢山地の山村や、山地の北側の道志川沿いの村を選んだ。農村再編成をタテマエとし、あからさまにいえば農地狭小の農家を満州へ送り出してしまおうというのだ。青根村の場合、一戸当たり平均耕地面積を割り出すと、五反二畝であった（貧農とされる五反以下の農家がこれによってあぶりだされる）。適正規模は平均一戸七反五畝とされ、村内包容戸数は一二六戸となる。そして八〇戸（家族二九〇名）が過剰農家となる。その農地狭小農家を満州に送る。満州では一戸当たり一〇町歩（約一〇アール以上）、現状の二〇倍以上だぞ、と誘う。

一九四一年四月にまず「青根開拓団」の先遣隊が送り出された。農民なら誰しもせめて一町歩欲しいと思っただろうが、率先して未知の外地に行きたい者は少なかった。後に送出計画は五〇戸に減じられたが、その五〇戸という県の割当てさえとうてい到達できなかった。縁故者や県外者らをかき集め、ついには村長が団長になって、先遣隊は福井県敦賀港に向かった。日本海を渡り朝鮮の清津に上陸し、汽車で満州東部の牡丹江省穆棱《ムーリン》県下城子村仁里屯に入植した。四二年の春に第一次、四三年春に第二次が続いたが、第二次には三四歳の村役場の開拓民募集担当者自身まで含まれていた。入植者を一戸でも増やすために、分村実施の責任をとったのである。分村移民の実施は現代からみれば驚くべき強引さであり、人権侵害である（古代に、西国警備のために東国でかき集められ北九州へ送り出された防人《さきもり》たちもかくやと思われる）。渡満した合計三六戸、一五六名が敗戦時の悪夢に巻き込まれていくのである。

仁里屯は牡丹江市から穆棱線で東に向かい、三道河駅で降りて穆棱江を船で渡った場所だった。ソ連国境から五〇キロもないまさに前線だった（ほぼ隣接する「青野原開拓団」も同様であった）。「東満の黒土帯」と言われる肥沃な土地だった（平安時代に日本と交流のあった渤海国の広大な国土の一部である）。日本人用にはすでに現地住民の家屋を買収してあったから、新築する必要はなかった。中国人三五〇人、朝鮮人三〇人、そして青根分村の日本人一五六人が、土塀に囲まれた村のなかに混住した。住民を全部立ち退かせたら仕事のやり方がわからなくなるから半分ほど残し、他を山際の傾斜地の耕地に追いやったのである。「どうやって立ち退かせたかは開拓団の人達はわかりませんでした」（青根開拓団国民学校教員、女性、敗戦当時二四歳の証言）。日本人用に確保された耕地面積は一四七町五反あった。「全部既耕地ですから開墾の必要はありません」（『青根村開拓団の栞』一九四四年）。日本人用耕地はあまりにも広く、各戸自営では営農しきれず、結局現地住民の雇用労働に頼った。貸付もした。

生産物は大豆、燕麦《えんばく》（飼料作物）が多く、次が粟、麦、米だった。蔬菜《そさい》、ジャガイモ、トウモロコシ、コーリャンとなんでも作った。水田を担当していた朝鮮人はきちっと小作米を供出した。現地民も内地人開拓民も黙々と食糧増産に励んで黙々と供出したのだった。多民族混住の村人たちは「とくに対立したようなことはありませんでした」と、当時一四歳の少年だった男性は、聞き取りをした津久井高校の生徒たちに語っている。少年の耳は、忍従のなかから発せられる言葉が聞きとれなかったのではないだろうか。破綻の波は足の下を洗っていたのだが……。

一九四一年一一月、太平洋戦争勃発の直前に、満州国政府は「満洲開拓政策基本要綱」にもとづく「開拓農場法」を公布している。すでに十万五千人になった内地人開拓民に、「農地の永代世襲制」を認めた画期的な法令であった（『東京朝日新聞』一九四一年一一月一〇日号）。農地が家産となるのである。開拓民は喜び、現地民は絶望憤激した法令だった。青根開拓団第一次入植はその翌春である。

中国人（漢族であったり、満州族であったりした）と朝鮮族とそして自分たち日本人混住の複雑な村を、日本人の村長が頂点に立って采配を振るう。それが期待された姿であったが、穆棱青根開拓団の団長はあまりにも慣れないことで病に倒れた。元青根村長の井上友太郎（視察団で満州を見た村長）が覚悟を決めて渡満し団長（村長）に就任した。しかし四五年、戦局の悪化と共に、現地住民の態度は反抗的になった。そして八月九日、ソ連軍が侵攻して来た。団長は避難のために団員・家族を送り出し、自らは「此処で果てるも本望」と村を動かなかった。かろうじて帰国できた団員のうち一五名が三五年後に、津久井高校生たちの詳細な聞き取りに応じた時、団長は射殺されたともズタズタにされたとも語っている（本人が見たのではなく、他の団員から聞いた）。逃避行中、多くの子どもたちが栄養失調と発疹チフスで死亡した。少なくとも五人は中国人にもらわれている。生かすためにもらってもらったのである。一五六名中死亡は八八名、行方不明一五名、生存は五三名であった。

以上のように、良地を日本人に渡し、玉突きで追い出された現地住民は、食糧増産のための耕作や開拓団の用水路整備などの手助けとして働かされたのち解雇されたり、いくつかの集団に分けられ辺境の地に移住させられた。あるいは未開墾地の開拓作業をさせられたり、耕作とはまったく違う森林伐採や鉱石から金を採る採金作業に投入された。分村移民で家族と共に入植したある日本人少女は、今まで共に働いた中国人が突然消えたので、「あの中国人はどこに行ったの」と大人に聞いたら「わからない」と首を振ったと、中年を過ぎてから語っている。曖昧な返事をした大人は、頭のどこかに疚《やま》しさを持っていただろう。また少女はなにか理不尽なことがあったのだと苦痛を感じたから、記憶したのである。三五年経っても忘れなかったほどに。

日本で戦後多くの回想録が書かれたが、敗戦時に「暴民、暴徒に襲われた」と記されたものが少なくない（ちなみに「暴徒」とは明治政府が、地租減免を求めて一揆を起こして抵抗する民衆に、悪者集団だと張り付けたレッテルである）。しかし形勢は逆転したのだ。現地住民たちはなによりもまず、強制買収された「自分の土地」「自分の家」を取り戻さずにはおられない強い欲求があったはずである。奪われたものを取り戻しているうちに怒りが爆発し、自制心の防波堤が切れた者もいただろう。人間の怒りの大きさや質には、それぞれが生きてきた世界が織り込まれている。まして戦時である。「暴民」「暴徒」という言葉は、けっして十把一絡げにはできない。

「暴民」「暴徒」に襲撃されることなく、平穏に敗戦を迎えた開拓団もあった。幸運にも未開墾地に入植したのである。

事例10　関東軍が満州農業移民一〇〇万戸移住計画を作成したのが一九三六年の五月であったのは、二・

二・二六事件で二月末に高橋是清蔵相が暗殺されたことに大いにかかわっていた。高橋は満州移民政策に反対で、予算をつけなかった。その頑固者が消えたのである。八月に広田弘毅内閣は関東軍の計画案を骨子として「二十カ年百万戸送出計画」を確定した。ついに国家構造に組み込んだ「民族大移住」政策に、予算がついたのである。国家主導である。それまでのような希望者の集団を国費で送るのとはわけがちがうのだ。担当官庁の拓務省は、二〇年を四期に分けた。まず翌三七年から五年間を第一期とし、一〇万戸を送出する実施要領を作成した。県ごとに村長たちをまとめてまず視察に送るのだ。三八年にはさらに具体的な国策が作られた。黒字を出している農家と出せない農家（生産性が低く、国家に貢献できない農家）を分類し、貧しい側を「過剰農家」として満州に送るという流れであった。「分村移民」である。正式にまず先遣隊が送られ、決められた入植地で本部事務所の位置を決め、仮住居を作り、あとから来た者たちと公共施設（診療所や校舎など）を仮設しながら、個別住宅を作っていくのである。

秋田県からも、一九三八年から本格的に、先遣隊、第一次、第二次と渡って行った。「竜王廟秋田開拓団」の入植地は、北満州のヘソであるハルビンから南東に延びる鉄道拉浜《ろうひん》線で一〇〇キロあまりの五常駅の東側である。地形は原生林威虎嶺を背負った未開発の丘陵地帯だった。平坦地には、先行入植した青森・岩手や九州一帯からの開拓団がすでに入っていた。日本の山村地帯のように、登り降りがある。単位ごとに散在して、二二集落ができた（終戦時在籍九二八名、応召五三名）。

秋田県大曲の安藤仁一郎に率いられたグループは、三九年秋にその浜江省五常県竜王廟の矢留部落に入った。地形や土壌をよく考え、まず大豆、小豆、養鶏、養豚、養蜂を選んだ。背後の原生林では製材、製炭ができた。満州の人口は急増していたから、家を建て炭を使う。木材の需要はうなぎのぼりだった。さらに数本あった川を灌漑して開田すると、米の自給自足ができた。労働力不足は苦力《クーリー》で補ったり、現地農家に小作を頼んだ。幸運にも彼らの土地を接収したのではないから、摩擦はなかった。四五年になると集団経営を個人経営に移行した。やがては一戸平均所有地が二〇ヘクタールになるだろう。申し分ない豊かさの約束だった。もう一つの幸運は、「安藤を部落長とするこの部落は他の部落と全くその生活態度が異なっていた」点である（『とこしえの徴』ブックレット、一九九七年、五一頁）。安藤は「部落訓」を作って、全員に徹底させた。「日本人も満《ママ》人も等しく同じ人間なのであるから、お互い審くことなく尊敬し合うこと。この尊敬の印として、いかなる人をも呼び捨てにしないこと」という一項が含まれている。村人も安藤も現地住民に気持ちよく受け入れられた。安藤は「廟《みょう》さん」（神様の意）と呼ばれるほど親しまれた。友好の鍵は入植が未開発地であったこととと、「人間同士の敬意」であった。安藤たちの振る舞いは現地の村人の面子《めんつ》をつぶさなかったのである。

安藤仁一郎は秋田県大曲字開谷地《ひらきやち》という集落の貧しい小作農家の長男として一八九六年に生まれた。義務教育（四年）は常に一番で通した。卒業してすぐ小作人の息子として田に降り立った時、働いても働いても搾取されるという、地主による際限のない搾取に強い疑問を持った。青年期には農民運動に身を投じ、小作争議に駆け回った。大正末期から昭和初期、秋田県では多くの小作争議が発生した。関東以南のような町工場もなく、小作人の足元を見た地主たちは、米のみの物納による小作料をむごいほどに取り立てた。自らは安全地帯に立ちながら、農民と警官・暴力団を衝突させる大争議もあった。阿仁《あに》前田では多くの流血者をだした。法廷闘争もあった（野添憲治・上田洋一『小作農民の証言』ほか）。安藤は迫害される労農党（労働農民党の略。非共産党系）の指導者たちをかくまったりした。見つかればお上に村をつぶされると村人は恐れ、安藤は村という閉塞空間で村八分にされた。村も裏切れぬ、党員も裏切れぬ。この世の一切が「赦し難い」のだった。憤激と困惑のはて自死を思い村を出た秋の一夜、大曲の街で「大曲日本基督教会」と書いた提灯を見た。なかに入って若い牧師荒井源三郎に一言、「教会は人を助けるか」とぶつけた。その夜の「赦す自由」についての白熱の問答ののち、聖書を読みだした。しかし農村の風習のままに妓楼で遊興も続けた（それでいて牧師に、「なぜここに来て福音を伝えないのか」と手紙で迫った）。やがて洗礼を受けた。まぎれもなくあの秋の夜が、その後の生き方の起点となったのだ。

一九三二年、三六歳の時、キリスト者の賀川豊彦・杉山元治郎・藤崎盛一らが開催していた農民福音学校（兵庫県西宮）に参加した（寄宿舎一麦寮。食費半額のみ本人負担）。賀川は次々に啓蒙小説を出版し、その印税を社会運動に投入していた。農民と共に小作争議も闘ってきていたから、安藤の語る秋田の事情もよく理解していたと思われる。賀川は、「立体農業」を提唱していた。平坦地の少ない日本の林野地を、クリ、カシ、トチなどの樹や畜産で立体的に設計利用する複合的農業である。農学者ジョン・ラッセル・スミスの書いた『Tree Crops（樹木の作物）』に深く共感していた（内山俊雄と共に翻訳している。『立体農業の研究』恒星社、一九三三年）。安藤は講義のあと白熱した討議をするという一カ月間で大いに啓発された。米のみの供出による小作料に縛られてきた農家経営と、閉塞的な農村社会の改造への光明を見出して戻った。しかし現実には、米穀商人を兼ねていた地主は米しか受け取らない。警察権力を背にしてびくともしない。

開谷地集落は水源が不足し、小作米のために小作どうしが「弱者相食む」、激しい水争いをする土地であった。「過剰農家」と分類された困窮農家（安藤家も含む）の先頭に立ち、共に満州に分村入植して活路を開く、との安藤の決断は、そのような厳しい背景からきていた。他方、分村移民政策には、改革を唱えるうるさいやつらを内地から外に出すという、見過ごしてはならない一面もあったのだった。

四五年八月九日、ソ連軍の満州国への進軍が始まった。関東軍が子飼いにしていた満軍（満州人の満州国軍）は首都新京でもハルビンでも反乱軍となった。同時に民衆の蜂起が始まった。だが矢留部落は現地民の襲撃を受けなかった。しかし他地区の日本人開拓団員たちが続々と避難して来た時、他地区の現地住民が襲撃にやって来たのだった。

五常は新京や奉天に向かうソ連軍の進路からはずれていたが、八路軍（共産軍）と重慶軍（国府軍）の内戦の戦場となった。軍規がしっかりと保たれた八路軍に対し、重慶軍は極端に乱れていた。拉致されてゆく日本人女性たちを取り戻すため安藤は奮闘した。その救出が成功したのはひとえに満州人の助力によってだった。翌年の引き揚げ時、四九歳の安藤は引き揚げ部隊の一中隊長だった。四五歳以下の男子はシベリアに抑留されていたから、残された村人たちを引き連れて満州を南下した。途中で多くの無念の死があった。九死に一生を得て帰国した安藤は、一九四六年末、大曲の火の気のない大曲日本基督教会の片隅で一人祈りを捧げた。七年ぶりにその姿を見た荒井牧師は胸を突かれた。なんと年老いたことか……。

みんなの「居場所」をこの内地に見つけなければならなかった。GHQ（連合国最高司令官総司令部）の「農地解放令」に後押しされて、不在大地主の所有地である神代村の柏林（現田沢湖町柏林）への入植許可を忍耐の果てに得た時、安藤はついに精根尽きた。もはや精神の過労に耐えられなかった。開谷地から柏林間は直線距離でたったの二〇キロあまり。新たな郷土への満州経由のあまりにも遠い道のりだった。しかしこれが安藤の選んだ神の愛のうちに生きる存在のしかたであった。鍬入れ式に出席することもかなわぬ衰弱の身だった。一九四七年一〇月、牧師に見守られ、感謝しつつこの世を去った。農民引揚者でこの柏林集落へ入植する者は当時自発的に洗礼を受けた。牧師の支えを得、キリストの教えを軸に暮らし始めた。信仰が求心力となったためずらしい村として知られる（『とこしえの徴』より）。今なら新幹線角館駅から田沢湖方面に向けて在来線一駅の生田《しょうでん》駅からそう遠くはない。

第四節　国家の方策に抗う

国家の方策を疑う力を養うこともまた重要なのである。人間には権力にすり寄る癖《へき》があるが、疑ったがゆえに村人を満州に送り出さず、棄民に加担しなかった村長と村人もいた。

事例1　開拓団には様々な形態があった。「分村移民」もその一つだが、場合によっては村民の半分近くを、「過剰農家」として満州に送り出した村もある。送り出し強制促進のための国や県からの助成・補助は厚かった。長野県下伊那郡では、約四〇人の村長たちが満州移民の視察に送り出された。天竜川中流西岸の大下条村（現阿南町に含まれる）村長・佐々木忠綱（一八九八～一九八九）は樺川県の千振村を見学した時、国家的な力で現地農民を追い出した耕地に日本人がすっぽり入植した形跡を嗅ぎ取った（先に述べた事例2には確かに、千振村のために既墾地の七一・二％を買い取ったとある）。また佐々木は、どこの開拓村を視察しても、入植農民たちの現地住民への態度と言葉が侮蔑的であまりにも見下していることにも不快と不安をおぼえた。人間としての自らの徳はどこへやった。彼らはほんとうに「五族協和」に共感し、望んでやって来た農民なのか？　農地狭小は日本の農村の常である。分村移民を強く勧める地域権力者への忖度《そんたく》が働き、なりゆきでやってこざるをえなかった者が、国家の威光を笠に着てふんぞりかえっているのではないのか。大下条村の村民ならどうか。佐々木は視察のあと帰国するまでの間に、分村移民について否定的な思いがつのっていった。帰国後、誰にも話さなかった自らの疑問を妻に語った。妻は「身内を行かせたくないような所に、人を送れないのではありませんか」と村長の責任を踏まえて答えた。佐々木は分村移民をしない決意を固めた。

すると役場の村長室に、翼賛壮年団が国策遂行を迫って乗り込み、「なぜ分村しないのだ」となじった。のちに大八浪泰阜《やすおか》村（三江省樺川県）に分村入植していく下伊那郡の泰阜村を初め他の村では国策に従っていたからである。しかし佐々木は「分村するなら国内」の信念を変えなかった。

敗戦後佐々木は、「過剰農家」を満州に送らず犠牲者を出さなかった決断をしたことで、村民に感謝された。長野県では分村入植によって多くの犠牲を出したからである。その後日本軍がGHQによって解体された時、広大な軍用地が払い下げられた。「国有地払下げ」の情報を得ると、佐々木は率先して村民一三〇戸を静岡県の富士西麓の広々とした土地に入植させる決断をした。共に忍耐したあとの、命を失う者を一人も出さない生活基盤の安定施策だった。母村の整備も進んだ。

佐々木は「五族協和の幻想」に引きずられなかった。その精神を支えたのは何か。「自由大学である」と佐々木は答えている。二〇代の後半に、社会運動としての民間の成人教育に参加したのだ。実利とは無縁の人間形成教育である。飯田での「伊那自由大学」の初講義は、生物学者山本宣治の「人生生物学」だった（山本はのちに初の普通選挙〔男子のみ〕で衆院議員に当選したが、治安維持法改悪に反対し、一九二九年に右翼に刺し殺されている）。気鋭の学者を次々に講師に招いた。一講座数日に及び、ひざ詰めの議論も交わした。講師たちが高圧的な姿勢から解放されていたから、受講者も低姿勢のへつらいから解放された。視野を広げると共に、疑問を持つことの重要性を学び、察知する能力を鍛え、やがて国策に協力しないという、身の危険もありうる覚悟さえしたのである（『朝日新聞』長野版、「国策を拒んだ村長」『土の戦士』シリーズ全一〇回、担当記者田中洋一、参照）。

南の島、沖縄県の分村移民はどうであったのか。

事例2　沖縄県からの分村移民団は七つである。送出総戸数でいえば六一〇戸（内三七戸は他府県から団に加わった）。沖縄からの送出者数は二〇五九名。開拓団の在籍者数は二六〇三名（途中入団八四名、団での出生三八九名、敗戦時の避難所での出生五二名、出生場所不明一九名を含む）。現地召集三五〇名。「沖縄女性史を考える会」の集計作業により調べがついた引揚者数一一八七名。残留成人一八名、残留小人六一名、シベリア帰還復員一九〇名、引揚経路不明二五名、引揚不明二二名である（「沖縄女性史を考える会」の作成表、『沖縄と「満州」「満州一般開拓団」の記録』）。

右記の本に分村移民に関しての募集要項のコピーが添付されている。満州の日本人開拓農村の農作業、小学校、放牧などの魅力的な写真が印刷されている。その要項によると、募集締切りは二回ある。日中戦争開始の翌年の一九三八年一〇月一〇日の一七県と、一一月一〇日の東京府を含む二九府県である（沖縄は後者であった。北海道は記載されていない）。沖縄本島のほぼ中央部の国頭郡《くにがみ》羽地村《はねじそん》（現在の名護市北西部、羽地ダムがある）は、その近隣の今帰仁《なきじん》や恩納《おんな》、そして沖縄島南部の南風原《はえばる》と共に分村する計画があった。四村の村長たちは満州の現地視察に送り出されている。ところが満州行きの希望者はあまりに少なく、三九年一一月には、先に開拓村へ入植し家族を迎えに戻った者たちから、現地の話を聞く懇談会が開かれている。四〇年二月になると、計画の実行を促進する目的をもって県経済更生課の係官がわざわざ梃入《てこい》れにやってきて、趣旨普及の懇談会を開いた。どうにか四〇名（戸数は不明）が先発隊に参加することになった。農林省は三月に、満州分村計画樹立実行助成金として、各村に百円交付した。羽地村では、村長平良政勇の長男・平良政文（元上等兵、騎兵）が中心指導者となり、他の三村（今帰仁、恩納、南風原）の指導者三名と共に那覇港をたち、まず本土の茨城県の内原訓練所（加藤完治所長）で二週間の訓練を受けたのち、満州へ視察に発った（『沖縄日報』四月三日、『琉球新報』四月一一日）。しかし羽地村の先発希望者は減り続けた。今帰仁、恩納、南風原の先遣隊は五月一二日にどうにか出発しているのに、羽地村からの送出はない。他の三村の先遣隊員は二〇日に北満州のチチハルに到着、龍江省龍江県のそれぞれの入植地に入った。一九四一年の二月には、沖縄県社会課が県内各地で「拓殖移民及び義勇軍奨励のための講習会・映写会」を開いている。新聞記事によると羽地村もその日程に入っている。しかし四二年に羽地村の記事はない。誰も動いてないのだ。食糧増産は喫緊の課題となっているのに、四三年も動きがない。四四年一月、県はついに三万戸を満州に送るという大計画を発表しているが、結局羽地村は送出していない。

『沖縄と「満州」「満州一般開拓団」の記録』によれば、戦後になって平良政也（平良政文の従兄弟）が、「先に現地調査をしてきた私の従兄がいて、彼は行かない方がよいというので、結局羽地からの渡満は中止された」と自著『わたしの履歴書』で述べているとある。県からの圧力はそうとう強かったと思われるが、村長とその息子はそれぞれに現地視察をしたのちの判断で、村人を満州に送ることはなかったのだ。

戦時の国家はどの国であれ国民に、それぞれの立つ位置での服従を強く迫る。その圧力のなかで、服従と非服従を往き来しつつ〈実行しない〉、この粘り腰はどうか。羽地村村長親子だけのものではなく、東アジア交易のかけひきなどの歴史のなかで、琉球列島の何割かの人びとに培われてきた察知力かもしれなかった。具志頭《ぐしかみ》村（沖縄島南部、今は八重瀬町具志頭地域）も、満州分村をしなかった村である。県農務課から課長や係員が「幾度となく」泊りがけで出かけて来て、皇国の農村としてのあるべき姿を説いた。新聞（『毎日新聞』一九四三年八月二七日）も、具志頭村は「自分の作物は自分で食って何ら国家に貢献するところがなく、決戦農民としての重大使命を十分に果たし得ない」狭小な農地面積なのだから、三分の一の農家を満州に分村すれば食糧生産戦に貢献できるではないか、と圧力をかけている。国家は県に、県は村にと、まことにあらわな「官尊民卑」ぶりなのだった。御用ジャーナリズムの追従ぶりも気恥ずかしいばかりである。村長は堪え切れずにか、自分が職を辞してでも行きますと言明はしたが、結局、村長と村民は国や県の鼓吹に乗らず、分村の道をとらなかった。

勝連《かつれん》村（中頭《なかがみ》郡。一九八〇年町制で勝連町へ。二〇〇五年近隣自治体と合併し、うるま市となる。沖縄島中部東）では、一九四三年後半に、役場で分村計画懇談会が開かれている。各字《あざ》に送出人員を割り当て、その達成を字の長の責任としたのだ。「村当局より推薦のあったものは事情の如何に拘らずよろこんで先遣隊に参加すること」（傍点は筆者）と決議している。しかし計画は遂行されなかった。一九九九年、「沖縄女性史を考える会」のメンバーが事実検証のために勝連町で面会した長老たちは、計画そのものを「知らない」と言ったとのことであった。圧倒的武力で勝利し、占領軍として乗り込んで来たアメリカ軍は、勝連半島の先端部にホワイトビーチと名付けた在日米海軍・陸軍の大重要港湾拠点を造成した。原潜入港可能である。以後軍用地料は地元経済を潤している。隣接地に日本の海上自衛隊の分屯地もできている。「何も知らない」というのは意味深い答えであるかもしれない。幾重にも重なる歴史のヒダがあるのだろう。

具志川村（中頭郡にあった。具志川市からうるま市へ吸収）は、一九四三年五月二日の『毎日新聞』によると、分村計画指定村に入っており、四三年度に五団体から一二〇〇戸を編成することに決定したとある。しかし検討はされたが分村としての送出はしていない。対アメリカ軍の沖縄防衛の刻が迫っていた。陸軍第三二軍（沖縄守備軍）の創設が四四年三月であった。「長期持久に適する」陣地を構築する労務者として県民が使われだしたのだ。満州での敗戦は迎えずにすんだ。しかし四五年の沖縄の悲惨を想像できる者はいなかった。

敗戦直後の満州の実情報告資料（『満州　１９４５年』のデータ＆マップ）によれば、四五年八月九日のソ連参戦によって、満州国北部の龍江省龍江県全県一斉に、チチハルへの緊急避難命令が出たのは八月一一日であった。大元帥天皇による日本降伏の放送は満州でも一五日にあったが、ソ連軍は歯牙にもかけずに南下を続けた。「戦車部隊を先頭に歩兵を乗せたトラックが、延々とチチハル市めざして侵駐して来たのは、八月一九日だった」。九月に入ると、奥地の開拓団からの避難民たちが、引率者に連れられ、何百人、何千人とチチハル駅に到着した。身ぐるみはがれ、麻袋（大豆用）をまとった痛ましい姿だった。（三上綾子『匪賊と共に』）。

「沖縄女性史を考える会」の資料によれば、龍江省龍江県に入植した今帰仁団は在籍二七七名（その内一四名退団）、恩納団は四五一名（二六名退団）、南風原団は二四七名（一三名退団）だった。恩納村を例にとって死亡者の詳細を見ると、団での死亡三四名、避難所での死亡八三名、戦死八名、移送中死亡一五名、死亡場所不明も六名とある。入植者のうち三人に一人が亡くなっていた。しかし、命からがら沖縄本島にたどりついた者たちは、四人に一人が亡くなり破壊しつくされたふるさとの惨状を見ることになった。

大日本帝国は消えたが、沖縄に終戦はなかった。アメリカによる軍政が始まっていた。

第二章　海外移民と満鉄時代

第一節　満鉄と農業

1　満鉄経済調査会

手元に「極秘」と書かれた文書がある。一九三三年に制作されている。

「満洲農業移民方策」

立案調査書類第二編第一巻第六号（続一）

と表題にある。このなかに「長嶺子」というハルビン近郊の移民地の記載がある。後述することになる、日本からの第一次キリスト教開拓団が一九四一年に入植していく地域である。三三年の時点で、もし現地住民がこの文書を見る機会があったなら、何年も前から自分たちの知らないところで自分たちの土地をこんなにも調べ上げて入植計画を立てていたのか、と驚愕すると共に気味の悪い思いがしただろう。制作者は「南満洲鉄道株式会社　経済調査会」と記してある。「満鉄経調」である。

日露戦争後の一九〇六年に設立された南満州鉄道株式会社（満鉄）は国策会社であり、鉄道経営が本来の仕事であったが、翌年に調査部を作った。この満鉄調査部は、その後大日本帝国の地歩固めの一翼を担う調査機関《シンクタンク》へと成長する。満州とその周辺の歴史、地勢、石炭や鉄など資源の有無、農業の開発可能地域など、目立たぬように情報収集・分析・活用方法研究をしたのである。一九三二年に満州国が建国されると、調査機関から政策立案機関へと変貌し、すぐに内部に経済調査会が立ち上げられたのだった。冒頭の移民方策の文書は立案の一つである。日本人が満州に登場し、入植するまでの道のりはあまり知られていない。

2　清国滅亡

ユーラシア大陸東端の東アジアで、ツングース系北方民族の満州族が支配層として君臨した清国が斃れたのは一九一二年だった。一六四四年に北京を都とした「東洋史上最後の大統一」（宮崎市定「東洋的近世」『アジア史論』）もついに終焉の時を迎えたのである。西欧列強による領土蚕食はすでに一九世紀なかばの阿片戦争に始まっていたが、一九〇〇年の「北清事変」（義和団事件、西欧側は「中国戦争」と呼んだ）で清国は敗北し、莫大な賠償金をむしり取られたのが致命的ボディブローであった。漢族の男性たちは強制されてきた弁髪《べんぱつ》を競って切り、歓喜の意思表示をした。ユーラシア大陸全体を俯瞰すると、巨大王家がつぎつぎに打倒された時代だった。ロシア帝国のロマノフ王家一族処刑（一八年）、ドイツ帝国の全ての領邦の君主制崩壊（一八年）、オーストリア・ハンガリー帝国の大ハプスブルグ王朝の解体（一八年）、トルコではオスマン王朝の終焉の時が来ていた（二〇年）。旧秩序の大崩壊である。すぐには新秩序確立にはいたらない。世界的規模で並外れたスケールの、「人間たちの移動」が発生した。難民、植民、出稼ぎ、そして国家による棄民。

満州族の巨大王朝であった清朝は、その建国の故地である東三省（満州）及びモンゴル人の居住する内蒙古《モンゴル》への漢族の移入を禁じる「封禁」政策をとってきたが、清朝が倒れ封禁が無効になると、堰を切ったように漢族が東三省にも内蒙古にも毎年数万、数十万、時には百数十万となだれ込んでいったのだった。もはや誰も止めることができない人口移動であった。

明治維新期以後、日本からも小商人や大陸浪人から商社まで様々な職種の民間人が、政情不安定をものともせずあるいはチャンスとして、大陸の経済活動へと食い込んでいった。ハワイやアメリカへの移民（後述）が行き詰るなか、日本の指導者が公式に大陸への「移民政策」を主張したのは、日露戦争勝利のあとである。元台湾の民政長官であった後藤新平は一九〇六年に満鉄初代総裁となっていたが、〇八年に朝鮮・満州両地に五〇万の日本人を移民として送ることを主張している。あたかも両地がすでに日本の占領地になったかのようなコメントであった。〇九年には外相小村寿太郎が、二〇年という時間をかけて満州に一〇〇万人の移民を送ることを第二五帝国議会で提言している（易顕石『日本の大陸政策と中国東北』）。施政権はまだ清国にあったというのに……。

日露戦争後から一九三一年の満州事変勃発直前までの日本人居住者数は、約七万人から約二〇万人に増えている。しかし「日本が満州に移民させた総人口はわずか二〇〇〇人あまりであった。移民が少ない原因としては、農地をふくむ土地の租借権問題がまだ解決できなかったからである」（易顕石前掲書、三一一頁）。農業移民は、南満州鉄道の鉄道守備隊を満期除隊した兵の入植を含めても、達成数値は極端に低かった。日本人農業者はわずか七四〇戸だった（小林英夫「満州農業移民の営農実態」『日本帝国主義下の満州移民』龍渓書舎、一九七六年）。後述することになる満鉄嘱託の千葉豊治も、三二年刊行の『満洲移植民論』のなかで、満州事変までの農業移民の数値を約七〇〇戸（戸主と家族）と記している。農業移民は土地の獲得なくしては成り立たないからである。

最初の日本人農村設立は一九一五年（大正四年）であった。関東州大連の北方三〇キロほどの金州城の北の一帯に、関東都督府の福島安正都督（一九一二年就任）の計画で「愛川村」が作られた。関東州は日本の租借地であるから、土地獲得問題はないのだった。山口県から一八戸、新潟から一戸の小作農家が選ばれ、モデルケースとして一九戸四八人が「水田移民」として送り込まれた。農具も貸与しての共同耕作を始めたが、収穫は不成績で失敗に終わった。水田は目配りの要る手間のかかる農業である。最大の困難は灌漑用水の不足であった。降雨量が少ないのだ。つまり計画を立てたお役所が研究不足で杜撰であったとしかいえない。気候風土に合う耕作をするためにはまず現地民に謙虚に学ぶべきであるが、支配者の優越感が邪魔をするのだった。はやばやと一六戸が落伍し、内地に帰還あるいは転業してしまった。補充、補充であとをつないだが、入植農民は自らが農作業の先頭に立つのではなく、いつしか背広姿の農場主になって苦力《クーリー》を使っていったのだった。一番近い都会である大連に住む日本人たちは、並外れて裕福な姿をしていた。日本内地の農村から直接来た者たちにとっては想像もできない、日本人征服者の贅沢な暮らしぶり。現地民を使う時の圧倒的優越感に充ちた態度。影響を受けないはずがなかった。

赤字経営のこの愛川村の事業立て直しを依頼されたのが、第一章で述べた一燈園の西田天香だった。大連などに講演で呼ばれて来ていた。依頼したのは、金州民政署長西山茂だった。愛川村ができて約一〇年後のことだった。西田は一燈園の同人たちと相談し、山崎寿と一〇人ほどの同人を金州に送り込んだ（中田晃は遅れて入植した）。苗代を作らず直播で植え付けに成功した。無事収穫期を迎えたが、その成功の事実がすでに入植していた村人や農業指導員たちの嫉妬と反感を呼んだのだった。一燈園は争いを避けることを旨としていた。山崎たちは無一物ですみやかに愛川村から身を引いたのだった。金州民政署長は償いの意味も込め、黄塵《こうじん》（黄色い土煙）が何万年も堆積した、人の手の入っていない荒廃地を無償で払い下げた。復興を図ってもらいたい、と。百町歩あります。ただし資金も資材も住宅も農具も家畜も労力もそちらもちで、お願いします、と。ここに燈影荘が生まれ、植林が始まり現地民との調和が始まった。

3　皇産と蒙地

関東州は租借地だが、東三省は他国の領土であった。清朝の封禁は機能しなくなってはいても、外国人には土地の購買や永代借地は厳しく禁じられていた。しかし現実には、清朝皇室の私有地である「皇産」や、清朝の支配下にあった土着モンゴル諸王侯の「蒙地」は払い下げられ、買いあさられだしていたのである（江夏由樹「中国東北地域における日本の会社による土地経営：中国史研究のなかに見えてくる日本社会」『一橋論叢』一三一（4）一橋機関リポジトリ、「コメント5　近代中国東北地域における土地調査事業：「皇産」「蒙地」の問題から」大阪大学リポジトリ、参照）。見えないように金銭を出せば、買えたのである。割り込んでいかない手はなかった。南満州鉄道沿線付属地という「線」を可能な限り広い「面」へと広げ、次に点在する面をつないでいく、という構想が具体化していく。満鉄も民間日本人も表立っては買えないので、中国人を代理に立て土地争奪戦に参入していった。西欧で第一次世界大戦が勃発し、諸帝国の眼は東アジアに向いていなかった。この土地の不正売買によって土地の租借権は錯綜し、複雑怪奇によじれていき、その後の抗日意識をさらに助長していったのだった。

第二節　農業スペシャリストの引き抜き

1　札幌農学校卒の宮部一郎の場合――朝鮮半島経由

満鉄がそして関東軍が、将来の満州経営を視野に入れて、諸分野（商業、鉱山業、農業、地理、歴史、調査、その他諸々）の研究と実務ができる優秀なスペシャリストを、日本本土でまた海外に移住した日本人のなかから引き抜きだした時期は早い。

「きみ、満州に来て農場をやらんか」

と、宮部一郎（入江一郎、一八八八〜一九九〇）が声をかけられたのは一九一四年（大正三年）、二六歳の時だった。

奉天城外にある広大な北陵の付属地が売られるという。北陵は清朝皇帝の二代目ホンタイジとその皇后の陵墓で、奉天（一六四四年に北京へ遷都する前の清国の都、現・瀋陽市）の北にあるので北陵と呼ばれていた。遼東新聞（大連）の記者・榊原政雄が満鉄から資金を借りて買い取り、その一部で農場を始めることになった。ついてはその榊原農場で農場長として農場経営をやらないかという誘いであった。

宮部は埼玉県北埼玉郡（現・羽生市）の、地主兼自作の農家入江家の長男だった。一七、八町歩を持ち、約二〇〇〇坪の家屋敷、水田、桑畑、野菜畑、鶏舎、豚舎などがあった。やがて家業を継ぐ者として、幼い頃から農民たちとびっしりと汗をかいて農作業全般を身につけていった。一七歳で北海道の札幌農学校予習科に入学したのは、機械を使ったアメリカやヨーロッパの農業を学んで普及したかったからだった。クラーク博士の「少年よ、大志をいだけ」で知られる農学校で新鮮だったのは、西欧の農業の諸知識だけではなく、キリスト教の人類同胞主義の考え方とその倫理的・精神的な教えだった。内村鑑三（キリスト教伝道者）・新渡戸稲造（農業経済学者）・宮部金吾（植物学者）など、第二期卒業の先輩のキリスト者たちが社会的に活躍していた（のちに入江は、宮部金吾の娘の重代と結婚し、宮部姓となる）。明治期知識人へのキリスト教倫理の精神的影響は大きかったのだった。

札幌農学校が改名された東北帝国大学農科大学で農政経済学を専攻して卒業した。東海散士の『佳人之奇遇』や宮崎滔天の『三十三年之夢』など冒険心に満ちた政治小説や体験記は、青年たちの好奇心をかきたて、その目を海外に向けさせたのだった。海外雄飛の機運が満ちていた時代だった。根性のある宮部は親に、ブラジルへ行きたいと言ったが、あまりにも遠いと反対され、やむなく朝鮮興業株式会社に見習い就職をした。一九一二年、二四歳だった。朝鮮興業は一九〇五年に韓国統監府（朝鮮総督府の前身、統監・伊藤博文）が置かれるとほぼ同時に朝鮮半島に経済進出した会社だった。土地価格は日本本土に比べ驚くほど安かった。会社だけでなく個人経営の大農場も次々と登場し、現地民の小作人を千人単位で使う日本人大地主も生まれていた。

宮部は現地に渡り土地測量を担当した。しかし、四カ月で辞めた。現地小作人から収穫した大豆を小作料としてとるのを横で見ていると、日本人職員が桝に大豆を大盛りにしてそのまま余計に取るのだった。「出鱈目ではないか」と宮部は現場で指摘した。農作物の搾取そのものである。「なに、これがこの国の習慣だ」と恥ずかしげもなく答える。農家の長男として農作業で汗を流した身としては、その傲慢さに腹が立ち、会社の上司に「朝鮮に来て仕事をする以上、正義人道に則ってやらねばならぬのではないか」と訴えた。しかしさっぱり反応がないので義憤を感じ、嫌気がさし、さっさと辞めて本土に戻ったのである。兵役義務はいずれ果たさなければならなかったので、一年志願兵で麻布の歩兵第三連隊に入隊し、「苦痛の一年半」を過ごした。

その後、一九一九年に朝鮮で三・一独立運動が起きた。日本は武器と兵隊を使った強烈な弾圧によって運動を鎮静化させたが、宮部には起こるべくして起こった不満の爆発だとわかった。民衆に多くの犠牲者が出た。根本問題は日本人による合法的農地収奪であった。「従来、自ら耕すべき田畑を有して居た朝鮮農民が之を失って了った為めに、今耕すべき田畑なきものとして日本内地や満州方面に放浪しなければならないようになっている」と、弁護士布施辰治（一八八〇〜一九五三）は「朝鮮農村と農民問題」（『新朝鮮』第三号、一九二七年）で鋭く指摘している。朝鮮農民が田畑なきものとなる理由として、移住日本人なり日本の民間会社なりが農場経営をする場合、より多くの収穫を挙げることを目的として大農地化するため、「種々の口実で之（小農地）を奪っていった」ことを挙げている。のちに「満州国」が建国されると、朝鮮総督府は直ちに「満鮮農事会社設立計画」を作成した。目的は「朝鮮人の生活安定のため」となっていたが、毎年二万戸、一五年間に三〇万戸の、食い詰めた朝鮮人を満州に移住させる計画であった。朝鮮に渡って来た日本人地主の生活安定こそが目的である。ちなみに布施辰治は「生きべくんば民衆と共に、死すべくんば民衆のために」を信念とし、差別される朝鮮人を徹底して支援した宮城県出身の弁護士である。

宮部が請われて満州に渡ったのは、兵役を終えたあとの一九一四年六月だった。前年に日本人の榊原政雄が経営し始めた奉天城外（北陵）の榊原農場の農場長の職に就くためであった。榊原は中国人の地主と広大な農地の租借契約を結んでいた。二六歳の宮部が農場長に就任して実際に農場で働き出すと、ここでも土地問題が最大の課題だった。広大な農地を見てまわる宮部個人と小作人たちとの関係は良好であったが、それとは別個の土地の所有権問題で、さまざまなトラブルに直面させられたのだった。「この土地はまだ清朝皇室の財産（つまり「皇産」）である」と主張されたり、「われわれの私墾地だ」と地元民に迫られたり、大陸浪人と呼ばれる日本人のなかのゴロツキ日本人におどされたり、軍閥の首領・張作霖が支配する奉天省政府の官僚にからまれたりした。法的手続きを経て租借していたので法的落度はないのだったが、新旧諸勢力が混在し、利権構造が複雑にからみあう無秩序時代のど真ん中にはまったのだった。

日本側は一九〇六年に奉天に日本の総領事館を設置していたが、如何に対処するかに関して、強硬論（関東都督府つまり関東軍→一切を力で抑える）、慎重論（日本の総領事＝官僚→法規で抑える）、妥協論（満鉄→経済力で抑える）が飛び交ったのだった（『回想　宮部一郎』）。腕っ節（力）の軍部、頭脳（法）の官僚、実力（経済力）の満鉄の「三頭トロイカ方式」であった。しかし、日本の大陸政策の肥大化や矛盾を調停するブレーキ装置がそれぞれになく、「大陸策」という肝心要の馭者がいないのだった！（参照：経済学者城島国弘の小説『大連港——ありし都の物語』大阪書籍、一九八六年）。

一九一四年八月四日、第一次大戦が始まった時日本は最初中立宣言をしたが、結局日英同盟を口実に二三日には連合国側に立ってドイツに宣戦した。そして一五年一月に新生中華民国の新政府に対し「対華二十一カ条要求」を突き付けたことは前述のとおりである。中国人の抗日ナショナリズムに火をつけてしまった。榊原農場の問題解決はさらに困難になり、一六年一〇月やむなく閉鎖することになった。宮部は満二年間、毎日馬に乗って見回り、丸腰で地元農民の指揮をとり、小作人と共に働いた職を去った。満鉄地方部地方課は宮部のような農業のわかる人材を求めていたから、次の勤務先はすぐに大連の満鉄本社と決まった。

農業関連スペシャリストとして宮部をリクルートした満鉄は、当時、在来品種の改良、適種の導入、優良品種の普及奨励を進めるために、専門家を本土から招いて基礎調査を進めていたのだった。初代満鉄総裁・後藤新平（在任期間〇六年一一月〜〇八年七月）の方針が受け継がれていた。先に台湾総督府において民政長官だった後藤は、農業に関しては徹底的な現地調査事業をもとにして成功していた。台湾でまず、サトウキビとサツマイモの改良と普及を成功させたのは、札幌農学校出身の農業経済学者で同じ岩手出身のよしみもある新渡戸稲造を招聘し、最適の栽培農産物をさぐらせたからだった。

2　満鉄・農務課

宮部が配属されたのは、農耕・牧畜・林業の振興と育成を業務とする地方課（後の農務課）だった。農務課の主たる仕事は、満鉄沿線に広がる敷地内での農業経営である。宮部の任務は、鉄道守備隊の満期兵や除隊兵たちのなかから希望者を組織して、満鉄付属地で農業につかせることだった。自警農村を作るのである。自給自足的経営をしつつ、満鉄付属地の管理や諸施設の警備をするのだ。二一年にはさらに東蒙古方面の「農業・牧畜・林業」の適地踏査隊にも参加した。誰もまだ、近代的な視点で実地調査をしたことのない地域であった。このようにして満鉄がこつこつと蓄積していった経営基盤関連の諸措置が、のちに満州国の形成時に役立っていくのである——宮部は、やがて一つの国家が誕生するなどとは想像もしていなかったのだが。

二四年に農務課長代理に昇進すると、家畜の伝染病の予防・根絶のために奉天獣疫研究所の創設を実現した。しかし常に心にわだかまりがあったのは、土地買収のやり方の強引さだった。人間形成期に札幌農学校での倫理教育を受けた者としては、人種を超えた普遍性が重要だとの思いがあった。どう見ても公正ではないのだった。もう一つのわだかまりは、現場で働いているスペシャリストたちの、多種多様な専門知識や躍動的な考えが上層部になかなか採用されない点だった。東大、京大法科出身者たちが政策の最終決定者であったが、彼らは政治的な判断や保身で動いた。満鉄誕生から二〇年が経ち、組織の拡大と共に官僚化が進んでいた。現場の貴重な意見を軽視し、適切な判断を下せない上司など、宮部としては腹に据えかねるのだった。

宮部が健康不良で事務所を休むことが増えた矢先、内地で保養してはどうかねと肩たたきにあった。構造的閉塞感に嫌気がさしていた宮部は、よき転機ととらえ新婚の妻重代とさっさと東京に引き上げた。大連の西南約八キロの星ケ浦水明荘という高級住宅地に建てた家もさっと売ってしまった。

第三節 「革命か、社会改良か？」

1 ソビエト社会主義共和国連邦の出現

実は宮部はその前に、ロシア革命まもないソビエト社会主義共和国連邦（ソ連）を見るという貴重な体験をしている。一九二三年に開催された「全ロシア農業博覧会」への政府招待の視察団のなかに、中堅満鉄職員も諸分野から八名ほどが参加したのである（八月半ば過ぎ出発の視察旅行中の九月一日、日本では関東大震災が起き、すぐ帰国した者もいた）。

一九一七年のロシア革命によって、ユーラシア大陸の北部で、世界のどこにもモデルのない無産階級（プロレタリア）が支配する社会が誕生したという。労働者階級が天下を取り、全世界を支配している近代資本主義体制の一角を崩したという。マルクスの理論のなかの社会主義が現実化したという。君臨していた王家の一族は処刑されたという。ロマノフ王朝は一六一三年以来約三〇〇年、厳しい農奴制を土台にしてシベリアまで領土を拡大した国家であった。ロシアから小麦などを買っていた西欧諸国は、資本と利権で旧体制と深いつながりを持っており、反革命軍（白軍《はくぐん》）支援の軍隊を送った（日本もシベリアに出兵した）。しかし、共産党が率いる革命軍（赤軍）をつぶせなかった。貧富の差を解消する社会変革は「革命」によって成し遂げられるのか、あるいは「社会改良」によるのかという命題は、長らくヨーロッパの知識層を大いに刺激してきた重大関心事であった。ロシアにおいては、血を流す革命によって旧体制が倒され、ロシアの貴族階級は欧米諸国に亡命したが、東方の満州に逃れて来る者も少なくなかった。その姿を目の当たりにした満鉄社員たちは、新国家がどのようなものになるのかに誰しも関心を持ったのだった。宮部は新国家の農業改革政策に特に強い関心を持った。農奴制は悪名高かった。革命によって農奴たちはほんとうに楽になっていきつつあるのか。楽になる展望が本当に見えているのか。

一〇〇日にわたる視察旅行は驚くことばかりであった。一行二〇数名はハルビンから西方に向かい満州里からロシア帝国に、いやソ連に入った。革命と内乱でずたずたになったという線路は修復されていたが、一〇数日間もシベリア鉄道に揺られると、まずその国土の広さに圧倒された。停車する駅で物を売りに来る人たちの民族が次から次へと変わっていくのである。しかし、モスクワに到着するまで延々と車窓を流れる沿線の光景は、八月後半というのにあまりにも荒漠としていた。民家は煉瓦造りではなく木造だったが、手入れの行き届かないその荒廃ぶりに冬が思いやられた。モスクワでは市内をうろつく大勢の戦争孤児を見た。道行く人に物乞いをし、疎んじられる幼い姿に胸を突かれた。国内動乱の犠牲者だった。日本の戦争は日清・日露共に国外の戦闘であったから、戦争孤児の存在など想像もしていなかったのだった。

協同組合的形式による機械を使った集団農場のコルホーズというものを見たかった。またソフホーズという国営農場も見たかった。革命後に旧大地主から広大な土地を取り上げ一切を公的所有とし、ゆくゆくは農民が機械化農業を経営するというのだ。人類が見たことのない世界だった。「見てください！」というほどの前向きな応対を待っていたのに、なかなか見せてはもらえなかった。できれば機械化された農場で、笑顔で元気に働く農民を見たいのだった。やっと見る機会を得ると、電力も乏しく大農場用の農機具製造工業も軌道に乗ってはおらず、着手したかどうかさえあやふやで、どのように経営するのか聞けるレベルではなかった。実践に移す困難さは想像していたものの、何かよくわからないままに新体制に落胆したのだった。何かがおかしい。宮部たちが訪問していた頃、革命の指導者レーニンは、自分たちがあまりにも前のめりに集団化を急ぎ過ぎたと反省し、ネップと呼ばれる新経済政策へと転換した。一定規模の市場経済を一時的に復活し、農民に経営の自由を与え、余剰農産物の自由販売（独立採算）を認めたのである。しかしレーニン自身は病に倒れ、革命一〇年後を見ることさえなく、一九二四年一月に五三歳で死去している。その後、民衆の次世代の教育の徹底的普及によって、農奴意識からの解放が徐々に進み、農業技術の改良もあって集団化された農業は一時躍進した。しかし、その体制は本来の社会主義の概念からは遠かった。スターリンの大国主義やモスクワの中央官僚たちのノルマ重視の集団化方策では、農民の耕作への意欲を継続させられなかった。革命から七四年ののちの一九九一年一二月、ソ連の最初で最後の大統領となったゴルバチョフが、社会主義国家ソ連の終焉に署名した。皮肉なことに欧米社会はその間に、ソ連体制の最底辺層を掬い上げるプラス面に刺激を受け、社会政策改善に活かし福祉を向上させたのだった。

2　社会改良を選ぶ

大連に戻った宮部は、コルホーズやソフホーズなど集団農場の話をピタリとしなくなった。埼玉、北海道、朝鮮半島、満州、そしてソ連と各地のそれぞれの農業事情を見て、腰を据えるべきは本土であると、家を売り帰国した。選んだ道はまずは東京大学での経済学と法学知識の補強深化であった。以後、宮部は社会改良の道を選び、社会改良路線をとる「産業組合」を職場とした。産業組合法（一九〇〇年成立、アジアで最初の協同組合を規定した法律）にもとづいた中小生産者・農民の非営利組織だった。企業ではなかった。目標の第一は、買い叩かれないこと、搾取されないことだった。産業組合を通して生産資材を買う、繭などの農産物を売る、というシステムを日本の農村に広め、中堅層を作りだそうとしていた。ただ、構成員の中心がほぼ上層中層農家であった点が弱点だった（零細農家には自発的加入の力はまだなかった）。一九世紀に欧州で始まり世界各地に広まった協同組合は、国家とは一線を画し、参加者は一人一票で平等に水平的につながる組織だった。日本では法的制限を受けたので、ゆるやかな改良というよりさらに漸進的ではあったが、心意気は揺るがなかった。宮部は調査部を選び、嘱託として働き出した。なんと一九三一年の満州事変が起きる四カ月前だった。〝戦争前夜〟である。翌一九三二年には、政府の強権が動き、政府主導で全農家の産業組合への加入が実施された。タテマエは恐慌対策の五カ年計画であったが、現実には産業組合を使った全農家の強制組織化であった。農業界の戦時体制構築の始まりだった。産業組合は自らの発意力を奪われ、全国に六〇〇〇万の組合員農家を有する、ピラミッド型序列構造の巨大組織になっていく。

一九三七年七月七日に盧溝橋事件が起き、日中戦争になった。中国においては九月に第二次国共合作が成立し、国民党と共産党が抗日統一戦線を結成した。何十年でも戦い続けると、本腰を据えたのである。

日本本土から大陸へ兵士が送り出された。奮い立つ若者もいただろうが、都会でも農村でも、夫や息子が兵役適齢期の家では、召集令状が今日来るか、明日来るかと、顔には出せないままに恐れた。反骨の詩人金子光晴は、都会の蕎麦屋の若い主人が兵士として駆りだされ、閉じざるをえなかった店の寂しい印象を語っているが（『絶望の精神史——体験した「明治百年」の悲惨と残酷』光文社、一九六五年、一七二頁）、農家の場合も寸分変わりはなかった。まず農家が精一杯生産した食糧や馬糧が、「軍国の急に応ずる」ために軍需用品となって大陸に送られた。産業組合の序列構造が、迅速な命令の下達と効率のよい物資輸送を可能にしたのだった。次に農村は若い働き手をつぎつぎにむしりとられ、労働力を欠き、一九三九年を境についに生産量が減少状態へ転じた。また子どもの出生数も減少した。少子化対策として四一年には、人口政策確立要綱が閣議決定された。五人は産もう、と。

月刊『家の光』は、一九二五年（大正一四年）に発刊された産業組合が出した総合家庭雑誌だった。農村文化の向上を目的としていた。農事や生活に関する情報と共に娯楽読み物があり、農村の親にも子どもにも月に一度届くのが待たれた雑誌だった。賀川豊彦の連載小説の『乳と蜜の流るゝ郷《さと》』は楽しみながら学べると大好評で、昭和一〇年代の毎月の売り上げ部数を数十万部に伸ばす大貢献をしていた。ところが一九三七年の盧溝橋事件直後発売の九月号は、あたかも軍事広報誌と化していた。表紙を開けば、陸軍省新聞班長の秦彦三郎陸軍歩兵大佐（敗戦時には関東軍総参謀長・中将）が、「反満抗日の徒輩《やから》の活動暗躍を絶滅するは、東亜平和のため、欠くべからざる要件である」と断言している（「北支事変の《ママ》認識　痛棒一喝は大慈大悲の鞭」）。ページをめくれば、産業組合の頂点に立つ千石興太郎までも、「戦時となれば金融も産業も、全ての経済活動は、国家の強力な戦時体制下に統制せらるべきは当然であって、国民は一切の利害を超越して、挙国一致いかなる難局をも乗切るの、決意と勇気をもたなければならぬのである」と檄を飛ばしている（「皇国のために挙国一致せよ　粉骨砕身すべき秋《とき》来る」）。千石は札幌農学校の卒業生であり、資本主義でもない社会主義でもない、西欧の協同組合主義的な経済社会の実現を信念とし、青年時代から諸種の協同組合の母体構築に獅子奮迅の働きをしてきた人物だった。しかし、逃れる道はないのだった。農村の家庭への『家の光』、都市の女性層への『主婦之友』、大衆雑誌『キング』の三大雑誌は、軍事的メッセージの宣伝メディアへと急速に変貌していった。

三八年六月には、日本政府による「分村移民計画」が作成された（第四章参照）。翌三九年一月には、「花嫁一〇〇万人送出計画」が拓務・農林・文部の各省協力によって樹立された。若い女性たちを満州に「投入」するのである。出産による人口増加のための官製の「婚活」である。「男性作家なら菊池寛、女性作家なら吉屋信子」と並び称された大衆小説家吉屋信子は、『主婦之友』一九四〇年一一月号に開拓団訪問記を書き、開拓の花嫁たちをぜひ応援してほしい、と熱く読者に呼びかけている。

産業組合中央会は、国際協同組合連盟（ＩＣＡ）に加盟していた。平和主義を掲げる国際ネットである。英国の本部から国際電報が届いた。「協同組合は平和主義の団体であるはずである。日本の産業組合は、直ちに、中国への出兵反対運動を展開すべきだ」とあった。日本軍が中国の内陸部へとまっしぐらに進軍している最中である。日本国内は南京陥落の大勝利に湧いていた。出兵反対運動など展開すれば即刑務所行きである。返電は「支那（ママ）（中国）の根拠なき報道と無責任な宣伝の為《た》め、貴国において反日本運動が起こらんとしつつあるはわれわれの深く遺憾とする所である。（略）事態を静観せられんことを熱望する」というものだった。日中戦争は延々と終わらず、ＩＣＡとの電報合戦が続いた。皮肉なことに数度にわたる電文のやりとりの日本側の起草者は宮部一郎だった。総務課長になっていた。苦悩は深かった。

皇紀二六〇〇年とされた一九四〇年になると、「大政翼賛会」が結成された。満州国で練り上げられた、全世論掌握のための「協和会方式」の官制国民統制組織である。「大東亜共栄圏」ののろしがあげられ、西欧との関係を持つ全団体は、宗教団体であれ、農業団体であれ、〈自発的〉に関係を絶つよう〈要請〉された。〈要請〉とは命令であった。「一億一心！」。すでに成立していた「国家総動員法」には、罪を犯した帝国臣民に適用する罰則があった（第三二条から第四九条）。何が罪かは国家が決めるのだ。産業組合中央会が国際連帯を切るのは理念の放棄であったが、ついにＩＣＡから脱落した。「脱退」の通告文をＩＣＡに送ると同時に、東亜協同組合協議会（のち東亜協同組合協会）を創立した。東亜（東アジア）は大東亜戦争と共に東南アジアも南アジアも含む大広域アジアへとふくれあがっていった。

日本の敗戦時、宮部は五七歳になっていた。新憲法のもと、産業組合は一九四七年一一月一九日に成立した農業組合法によってもはや翼賛機関ではなくなり、国家から独立した農業協同組合（農協。現ＪＡグループ）に組織替えしていた。しかしながら地主層を含む六〇〇万農家を抱える大組織のままだった。内部から自発的に「民主的かつ自主的組織」に変革する力は湧かず、ＧＨＱが農地の構造改革に動いた。地主階級は消滅し、小作人は自作地を得、経済状態は改善された。ＩＣＡへの再加盟が実現したのは、日本が独立国家になった五二年であった。宮部は戦時からの一連の出来事を省みて、「いまにして思えば、まことに恥ずかしい事件だった」との一文を『組合史の一断面』に記している。

宮部は戦後長く、農業関連の雑誌・書籍を出版する「家の光協会」の会長を務めた。多様な活動のなかでとりわけ力を注いだのは、発展途上にある国々の農業協同組合組織との交流と、日本に学びに来る若き農業関連留学生への支援だった。戦前の日本がアジアの盟主になろうとした権威主義を反省し、民主的で水平的なつながりを創っていった。戦中の国策への屈服行為のつぐないであっただろう。宮部はまた、農村女性の意識改革と地位向上を大いに応援し、丸岡秀子（一九〇三〜九〇）らの社会活動を雑誌に取り上げ、その書籍を出版した。丸岡は戦前産業組合中央会の調査部に勤め、全国をまわって農村女性の実態調査をしていた。「もう夫を主人と呼ぶのをやめようではありませんか！」との演説の言葉は、女性の自立運動の先駆者の一人であることを語っている。家の光協会では賃金も労働条件も男女まったく平等だった。ちなみに筆者は若き日に、七七歳の宮部会長のもとで一年間秘書の一人として身近に働く機会を作っていただいた。日本の農業界の大きな構造と農業共同体の実像を見る目を育てていただいたことを深く感謝している。

第三章　移民と「満州国」建国

第一節　アメリカの移民制限の影響

1　ジャーナリスト千葉豊治の場合――カリフォルニア経由

千葉豊治《とよじ》（一八八一～一九四四）は、第五章で述べることになる、日中戦争後のキリスト教開拓村開設に深くかかわった。実は早くから満鉄嘱託として満州移民事業そのものの、満州側の中心的存在の一人であった。若き日に渡米してカリフォルニアでジャーナリストとして活躍中に、移民・農業分野のスペシャリストとして満鉄に引き抜かれたのだ。千葉は宮部より七歳年長である。宮部が満州を去ってすぐやって来た千葉は、満州国崩壊の前年に亡くなるまで、農業部門をつぶさに見た人物である。『満州人名辞典』（下巻、一一三九六頁）には、千葉の略歴が写真入りで次のように紹介されている。

関東州庁方面委員、同社会教育委員、満鉄調査部第一調査室事務嘱託、亜細亜貿易（株）取締役、満州農業団体中央会、満州農事協会、満州棉花栽培協会各理事　【出生】明一四・一二宮城県古川町　【本籍】同上【続柄】愍治三男　【学歴】明三八早大政経科卒　【経歴】明治三九年渡米加州大学に農業経済学を専攻後ち日米新聞社編集従事各産業組合の組合長理事等たり大正一〇年帰朝渡満一一年満鉄嘱託となる【特記】「排日問題梗概」外著書数種【趣味】園芸【宗教】基督教【家族】妻弘子（明二一東京府弘田長妹）長男皓（明四二外務事務官）外一男二女【住所】大連市水明町一一四電四―九六三二

宮城県古川町（現古川市）の材木商の三男として生まれた千葉は母を亡くしたあと、一五歳で単身植民地台湾に渡っている。日清戦争後、台湾が日本領になった直後である。官費で教育を受け教師になれる台湾総督府国語学校を入学先に選んだのである。国語学校は、一八九六年に植民地統治のために設立されたばかりの学校で、日本語のみで小学校一年生から授業をする技術を持つ日本人教師の集中養成の場であった。現地民学童にいかに速く「聞く・話す・読む・書く」の日本語能力を自然に習得させるかが、植民地経営の成否に深くかかわっていた。しかし、父危篤の知らせを受け一七歳で帰郷し、仙台の宮城県立農学校に入学した。在学中に仙台日本基督教会（長老派系）で洗礼を受けている。一九〇二年に上京して早稲田大学政治経済学科に入学した千葉は、郷里古川の先輩で敬愛する吉野作造（一八七八～一九三三）の影響で本郷教会（組合教会系）に通い、活発に奉仕活動をしている（吉野は政治学者となり、天皇制のもとでの民主主義として「民本主義」を主張し、大正デモクラシーのうねりを起こしたが、マルクス主義が浸透し始めると、先鋭的青年たちには古いと言われ、台頭する軍国日本には睨まれ、挟み撃ちのなかで体質的に虚弱であったこともあり神奈川県逗子の湘南サナトリウムで亡くなった）。

当時の本郷教会の牧師は、海老名弾正（一八五六～一九三七）だった。設立初期の同志社で学んでおり、「政治的主権者である天皇を宗教的主権者・絶対者にしてはならない、天皇はあくまで人間であって神ではない」と一度は主張している（關岡一成「海老名弾正と天皇制」『キリスト教と歴史』土肥昭夫教授退職記念論文集編集委員会編、一一四頁)。千葉は海老名の姿勢に心酔した。しかし、日露戦争前後から、天皇の「神」性を強調し、日本国家至上主義をとなえる「日本主義」の潮流が勢いを得ていくなかで、海老名の主張は国策率先遂行のキリスト教に変貌していった。

千葉は日露戦争の始まる一九〇四年に召集を受けたが、まったく幸運に数日で帰還を命じられ、無事早稲田大学政治経済科を卒業している。日露戦争勝利のあと、狭い日本を飛び出す機会が生まれたと思った。満蒙か朝鮮半島、でなければアメリカだった。〇六年に千葉は渡米した。千葉がアメリカを選んだ背景には、「今はアメリカへ行ってもうひと勉強してきたらどうか」との、早稲田の教授であったキリスト教社会主義運動家安部磯雄の、落ち着いた気性の千葉を見てのアドバイスがあった(木村健二「戦前期の海外雄飛と思想的系譜――千葉豊治の足跡と著作をめぐって」)。二五歳だった千葉はカリフォルニア州立大学で農学を研究し、サンフランシスコの日米新聞社(社長・安孫子久太郎)で記者となった。カリフォルニアをフィールドとして、農事記事、社説、産業、経済欄へと担当を広げ、日本人移民の暮らしの状態と心情を知っていったのだった。妻の弘との間に子どもたちも生まれ、順調な記者生活であった。

日本からの労働者は他国からの労働者に比べ、「勤勉で約束事を守り誠実な者」が圧倒的に多く、大農場の白人雇用主たちから信頼を得ていた、と千葉は記す。しかし、働き過ぎるほどの勤勉さが、白人の移民の職を奪う者として警戒もされた。欧州では近代資本主義が栄えれば栄えるほど農民は農地を奪われ、やむなく綿工業の労働者になった。しかし手工業は急速に機械にとって替わられ、労働者は職を失っていった。そんな人びとが飢餓への恐怖から大西洋を渡ってアメリカに来ていたのだ。白人移民が建国した国家で優先されるべきは白人労働者であるとの思いは強かった。独身の日本人たちが自分の写真を日本に送って、着々と「写真花嫁」を呼び寄せるという現象が目立ちだすと、彼らのいらだちと警戒心はさらに強まった。

2　アメリカの移民制限

一九〇七年、米国移民法改正に基づいて日本人は「帰化不能外国人」と規定された。一般的な差別意識だけではなくついに法律ができたのである。一世の市民権（国籍）獲得は不可能となった。しかし、アメリカは出生地主義（日本は血統主義）であるから、アメリカ生まれなら市民権を得られる。市民権があれば土地を所有できる。日本から写真花嫁がさらに呼び寄せられ、子どもがさらに生まれだすと、反日感情はますます高まっていった。一九一三年、カリフォルニア州で「外国人土地所有法」が可決された。標的は日本人である。

一九一九年に、後藤新平（当時、拓殖大学学長）と欧州視察団の一行が帰途カリフォルニアに立ち寄っている。干拓事業や実験農場の視察の案内をしたのは千葉だった。続いて松岡洋右（のちの満鉄副社長・総裁）も農業視察に立ち寄った。三〇〇年続いた清国が一九一二年に滅亡してまだ日は浅く、大陸経営政策など五里霧中の時代であった。後藤にしろ松岡にしろ、頭の中はどんな満州設計をするかでいっぱいだったのである。松岡は山口県瀬戸内海沿岸の、江戸時代から影響力のあった熊毛郡室積浦の廻船問屋（長州一派として貢献）の四男で、オレゴン大学を首席で卒業していた。ベルサイユ講和会議からの帰国途中であった。千葉は米作地帯の大型組織である「ユニオン米作会社」に連れて行って、松岡が想像さえしていなかった、飛行機を使ったカリフォルニア米の直播を見せた。支配人を務めていたのは日本人だった。松岡が述べた感動の言葉を、千葉はしっかりと書き留めている。千葉の心のなかで、満州が浮上したのはこの頃である。

「アメリカで邦人が大発展するのも必要だが、俺は外交官となったばかりの時分に、関東都督（のちの関東庁。関東軍司令部が軍事部門を、関東都督が民生部門をつかさどった）の外交課長をして色々研究した。満州はどうしても日本の生命線で日本人に依って開発せられなければならない所だ。このアメリカで排斥せられて居る日本人の優れた農業的技術は満州開拓に大いに役立つ（傍点は筆者）」（伊藤卓二『天開の驥足《きそく》』三二六頁）。

一九二〇年一一月二日、「排日土地法」（正式には直接立法二〇件の第一号案）の賛否がカリフォルニア州の州民に問われた。大統領改選と同日投票だった。投票総数八九万五六九票のうち、排日という差別に反対する票が四分の一あったことは特記すべきだが、法律は成立。日本人は土地を借りることさえ「三年」と期限を切られたのだった。さらに一九二一年、ワシントン州も外国人土地法制定。テキサス州も土地法実施。ネブラスカ州も土地法実施。一九二三年、オレゴン州も外国人土地法実施と続いた。日本国内では、アメリカは「外国人労働者」に対し差別的だ、と民衆の怒りをあおる風潮が急速にたかまった。日清・日露戦争で若い兵士として勝利を味わった世代が、社会の中堅になっていたのだ。朝鮮併合をなしとげた一九一〇年には、在郷軍人会が形成されていた。勢い付く世論を反映し、指導者層も変容、一九二二年のワシントン軍縮会議で、日本は西欧列強と同数の主力艦八隻建造を求めた。しかし六隻に制限され、大いに腹を立てたのだった。そこにアメリカの一連の対日移民制限が重なった。そして一九二四年、アメリカの大統領と連邦議員選挙の年がまた巡ってきた。

アメリカ全域で「一九二四年割当移民法」（Quota Act of 1924）が制定された。割当ての基準年度が日本人の移民がまだ少数だった一八九〇年とされた。しかも許可率が二％だった。年間たった一四六人の割り当てに制限されたのである（『天開の驥足』三五八頁）。日本人移民のみを対象にした法律ではなかったが、在米日本人は「排日移民法」だと断定し、この措置に強く反発した。失望と怒りから日本内地や外地（関東州も含む）

や南米へ再移住する者さえ出た。しかし大多数は残留したのだった（彼らは第二次大戦中強制収容所入りとなったが、戦後の忍耐強い闘いによって差別への謝罪と賠償を獲得している）。

日本のキリスト教界はアメリカに好意を抱いていただけに、この新移民法に衝撃を受けた。プロテスタントの諸教派で構成される日本基督教連盟は一九二三年に生まれたばかりだったが、「米国民の反省をうながしたい」と強く反対を主張した（高橋昌郎『明治のキリスト教』吉川弘文館、二〇〇三年、二一三頁）。しかし一般日本国民のまなざしは、「日本主義」の高まりによって、この時から東方のアメリカ経由のキリスト教への敬意も薄まり、西方の満州を見つめだしたのである。

3　「排日法」の衝撃と千葉豊治の渡満

千葉は一六年間暮らしたアメリカに見切りをつけた。連邦議会が決定的な可決をする前に帰国し、妻とアメリカで生まれた四人の幼い子どもたちをつれて二二年に、関東州の大連に渡った。四一歳だった。

大連はロシアが東洋のパリにしようと都市設計をした都市だが、日本軍が日露戦争に勝利し、日本の租借地になっていた。日本の勝利に酔ってさっそく渡って来た日本人たちが、勝手にちまちまと家を建てだした時、ロシアの残した市街設計図をいかして中心街を建設していったのが西欧的都市大連であった。大広場から十条の大通りが光を放つように放射していた。日本人の居住区と中国人の狭い居住区との間に大きな隔離的公園が置かれた。大連港建築労働者としてあるいは家事労働者として、何千人という中国人労働者を使った。毎日中国人男女が日本人居住地にやって来たが、彼らがどこに住んでいるか日本人は関心を持たなかった。

千葉は家族に対しても知人に対しても仕事の上でも、一貫して謙虚で献身的だった。日本本土から海外へ渡る日本人の足場造りにも誠実に取り組んだことが、『天開の驥足』から読み取れる。しかし、アメリカで日本人への差別の理不尽さに憤慨したほどには、大連では日本人による対中国人への差別に憤慨はしなかった。

千葉の南満州鉄道での肩書は、満鉄社長の嘱託だった。当時の社長は第七代・早川千吉郎だった。以後一〇人の総裁（社長）に仕えることになる。千葉の移民・農業面の調査力と行動力は抜きんでていた。英語のほかに「支那語《ママ》」も堪能だった。企画の才能もあり、カリフォルニアでは、生産した苺を東部の市場まで新鮮なまま汽車で送る方法を編みだし販路を開いている。大連に居宅をかまえると、直ちに全満州と内モンゴル東部で農業適地と自然資源探しの調査をしている（時には馬に乗り、時にはのちに外交官になった息子を伴い命がけで）。この「適地」探しがのちに移民居住地計画策定に生きてくる。

「日本の人口食糧問題と対満蒙策」（一九二三年）、「寒地農業資源開発論――日本の食糧問題と極東北部大陸の開発」（一九二五年）などを、年一度刊行の『満蒙』『新天地』『農業の満州』などの農業誌に掲載し、満州でいかに農業を発展させるかを熱く語っている。千葉は実践家でもあった。満鉄系列の移民会社である「東亜勧業株式会社」は土地改良・資金貸付・物品供給・農産物の加工販売・委託販売を請け負う会社であったが、千葉は嘱託となり、大型農業経営を志す者たちを強くサポートし、五〇名余の出資で新規大農園としてリンゴ栽培の共同果樹園も作っている（大連リンゴとして戦後も大連産物となっている）。

満鉄農務課に勤務していた奥井博治（一八七六〜一九七三）は、共同果樹園の出資者ではなかったが、千葉に支援されて大農園の経営者になった一人だった。千葉と同じ大連組合教会の教会員だった。札幌農学校を卒業して道庁勤務後、多くの卒業生と同じように四年間アメリカで農事研究をし、請われて満鉄農務課に勤務したのだった。在勤時の一九二一年に、四五歳ですでに満鉄勤務の蓄えで大連市星ケ浦の丘陵地帯に約四万坪の土地を買っていた（千葉による個人的支援分もあり、元利をきちっと返済に行った）。千代田農園である。中国人労働者を雇い自分も率先して働いた。四年後に満鉄を退職し、果樹（リンゴ、ブドウ、ナシ、サクランボ）、野菜、牧畜（牛、馬、豚）など多角経営に没頭している。リンゴはアメリカからデリシャスの苗を仕入れて育てた。主に大連のヤマトホテルに卸していた。一個二五銭だったが、それはリンゴの袋かけに雇う近隣の中国人の女性労働者の日当と同じ額である（おそらく一日分の家族の生活費だろう）。夏は夕方になると、海水浴場があり別荘が建ち並ぶ星ケ浦地区から、いわゆる白系ロシア人が新鮮な果物や野菜を買いに来た。ロシア革命から逃れた帝政ロシア時代の政府の高官や富裕層だった（二〇一四年一一月一四日、ご子息の奥井清さんより所沢のご自宅にてお話をうかがった。清さんは大連三中出身、日本基督教団教会員、当時九六歳）。

一八七六年に近代農業指導者養成施設として開校された札幌農学校は、場所はそのままで東北帝国大学農科大学と名称を変更された。さらに北海道帝国大学農科大学から北海道帝国大学農学部と改称されたのは一九一九年である。卒業生たちは先端的農業の専門家であったから、満鉄農務課の中核的存在として、農業の発展に貢献する者がいたのは当然といえた。満州国建国当時には七〇名から八〇名いたという（蝦名賢造『札幌農学校』復刻版）。現地民の側から見れば植民地化あるいは侵略であったとしても、当人たちの感覚としては北海道開拓の延長線にあったのではないだろうか。北海道開拓も、先住民であったアイヌ民族の側から見れば、彼らの大地《モシリ》の植民地化だったのだが（桑原真人編『開拓のかげに――北海道の人びと(1)』三省堂、一九八七年）。

第二節　東アジアに新国家出現

1　満州事変と「満州国」建国

昭和天皇の即位の礼（内外に皇位継承を示す儀式）は一九二八年（昭和三年）一一月であった（二六年暮れに、二五歳で践祚《せんそ》している）。国内では二七年から二八年にかけて、不況下での生活苦のなかから労働争議が頻発し、経済基盤の弱さを露呈していた。また、日本の権益と化していた中国の山東省へは蒋介石の北伐軍が北上していた。日本は三度出兵した。激しい戦闘行為があり、反日感情は急速にたかまった。そして二八年六月四日早朝、張作霖（一八七五〜一九二八）を爆殺した。馬賊からのしあがった奉天派軍閥の首領だった。反ソ反共で日本と気脈を通じ、北満州でソ連の動向を見張ることで日本に恩恵を与えていた。日本軍の支援を得て北京に進攻し大元帥を名乗ったが、北伐をめざす南京国民政府の蒋介石軍に敗れ、列車で奉天に引き揚げる手前で専用車が爆破されたのだった。犯人は誰か。日本軍による張作霖爆殺事件として知られているが、今ではソ連が関与していたのだという説も主張されている。満州は諸国家の権益が渦巻く争闘の地であった。張作霖の死後、跡を継いだ息子の張学良（昭和天皇と同年の一九〇一年生まれ）はもはや日本に与《くみ》せず国民政府に忠誠を示した。日本は対ソ連の緩衝装置を失ったのである。関東州と満鉄付属地の警護が基本的任務の、まだ小規模な関東軍を反ソ反共の最前線に立たせるために、軍隊の大規模化を急がなければならない。田中義一内閣が緊急勅令で治安維持法に極刑の死刑を導入したのは、この六月末である。緊迫する経済状況や軍事状況を前にして政府の政策に反対の社会運動や思想運動が高揚するのを抑えるためだった。七月から思想取締りのため、各県警察部に特別高等課を設置し、朝鮮半島を含む全土に配置した。

満鉄首脳は後日に備えて「大連農事株式会社」を速やかに設立した。一九二九年である。満鉄資本で、日本人農民をまずは関東州と満鉄付属地にできるだけ多く受け入れるためである。

「日本帝国の存立を確保する上に緊切不離の関係を有する満蒙の開発を促進達成すべき重要なる一方策として、まずその経済的策源地ともいうべき関東州ならびに満鉄付属地等租借地内に堅実なる邦人農家を移植する」（満鉄総裁山本条太郎。満州開拓史刊行会編『満洲開拓史』同会出版、一九六六年、一一〇頁）

満鉄総裁室付から新会社の常務取締役として加わった千葉は、同僚と共に大型農業のできる土地を物色して、関東州内を州境方面までかけめぐったが、計算どおりにはいかなった。さらに、アメリカの株価大暴落から世界大恐慌が始まり、買収計画は足止めされた。

関東軍はじれったさに堪えられず、三一年（昭和六年）九月一八日、日本の権益である満鉄の奉天北郊の鉄道線路を爆破した。柳条湖事件である。張作霖の息子の張学良軍の仕業だと偽り《フェイク》の発表をし、直ちに軍事行動に出た。満州事変の始まりである。すでに満鉄調査部には抜かりなく、「満蒙に於ける占領統治に関する研究」（日付は一九二九年九月）が出来上がっていた。部隊の輸送から情報の収集まで、満鉄は関東軍に全面協力をしたのだった。

事変の結果満州を占領した関東軍は三二年に、清朝最後の皇帝・愛新覚羅溥儀《あいしんかくらふぎ》を天津から連れて来て「執政」とし、民主共和制の「満州国」を誕生させた。国名は「満州国」、政治は「民本主義」、元首は「執政」、国旗は「新五色旗」、年号は「大同」、首都は「長春」（のちの「新京」）、領地は満州と内蒙古東部である。「その面積はドイツ、イタリア、日本本土を全部ひっくるめた広さ」だった（半藤一利『ソ連が満洲に侵攻した夏』

一六頁）。人口三〇〇〇万人の多民族の新国家である。関東軍は、「一九三一年の満州占領時一〇万の兵だったものが、（一〇年後の）一九四一年には一〇〇万の兵からなる軍隊に変貌した」と、アレクセイ・A・キリチェンコは『知られざる日露の二百年』（二四〇頁）で述べている。一〇〇万ではなかったが、四一年七月に満州に結集した日本軍はフル装備の、七四万の大兵力であった。六月二二日にドイツ軍によるソ連攻撃が開始された直後である。もし日ソ中立条約がなければ日本は北進し、ドイツと日本でソ連を挟撃していたかもしれなかった。現実には日本は一九四一年七月二八日、南部仏印（仏印＝当時のフランス領インドシナ）に南進した。日本国民は国家の動きを把握できないまま、世界を相手の泥沼に足をとられていったのだった。

「政治、行政機関は満日高級官吏の二重組織を採った」と、星野直樹と共に海を渡った高級官吏の古海忠之は、『忘れ得ぬ満洲国』のなかで満州国の行政の構造を述べている（四〇頁）。すなわち「国務院」の首脳部頂点に満州人を飾りとして置き、次長は全て日本人を置いたように、地方の県にいたるまで頂点には満州人を置き、実質の政治・行政は日本人が担当したのだった。古海は、満州国の歴史は侵略的事績と民族協和の理想国家建設の事績が縄のように絡み合ったもので、成立の時から相矛盾する二つの要素を内包していた、と顧みている。二つの要素を持っていたことは否定できないが、農地関係を中心とした土地問題に焦点を当てると、侵略的事績がどれほど圧倒的であったかは一目瞭然である。

日本側から見れば今や、満州国建国によって、あれほど困難をきわめた土地買収の障害であった商租権（土地関係諸権利）問題が一挙解決したのである。日本本土の場合、明治維新直後の近代法による「地租改正」が解決の鍵であった。「誰でもどこでも、村の境界を越えて土地を買える」というものであった（江戸幕府は禁じていた）。村の境界を越えて弱者の土地が売買され、新大地主たちが生まれ、資本主義国家に向けて富（資本）の蓄積が始まったのだった（丹羽邦男『土地問題の起源』）。新たに国家権力を握った指導者たちは、近代法（出来立てほやほやだが）に則《のっと》っているという点を切り札とし、日本各地の反対騒動をなんとか押さえきった。土地を失った者たちは近代産業の労働者となって、「殖産興業」の下部構造となっていった。では、この新国家「満州国」ではどうだろうか。満州人側はどうなっていったのだろうか。

2 「満洲農業移民方策」満鉄経済調査会作成（一九三二年）

三二年、満鉄調査部に、経済調査会（経調）が作られた（第二章第一節1に記した満鉄経済調査会である）。満鉄の内部機関であるが、それは隠れ蓑であり、関東軍の「立案部隊」（小林英夫『満鉄調査部』七四頁以下）であった。その経調は五部から構成されたが、その第二部が、産業、移民、労働を担当した。満鉄経調は、関東軍（それは日本軍であり、日本国家であった）の意向を容れながら、満州国における開拓移民地の配置と初期グランドデザインを描いていったのである。極秘であった「満洲農業移民方策」のプランが文書となって周到な姿を現したのは翌三三年である。

そこには、農地の取得方法、農場経営、警備用兵器を含めた農場諸施設、農場の採算、入植者の採算、関東軍・拓務省・外務省などの連携が、詳細に記されている（ちなみに、入植者は東北人がよい、気候が似ているし、気質に粘着性があると細かいアドバイスまである。事実、最初の武装開拓団の構成員たちは主に東北出身である）。満鉄設立以来の、農業関係スペシャリストのリクルートの価値はここにもあったのである。中心的な文書作成者たちのなかに、一九三二年一二月に『満洲移植民論』（満州文化協会刊、一九三二年）を刊行した千葉豊治がいたことはほぼ間違いない（伊藤卓二『天開の驥足』）。

経調のこのプランは地域で分けてある。その（一六）「哈爾浜《ハルピン》付近日本人移民実施計画案」では、当初の予定として、ハルビン近郊に四つの移民地が設定されている。個別移民地内の田畑や建物の配置に関して、具体性のある図面さえできているのは驚きである。地形や地質学的特徴はとっくに把握されていたのだ。村の本部内に神社を建立することも記してある（日本人の精神的支柱の神社は常に建てられるべきなのだ）。では、各移民村に持たせたい特徴は何だったのだろうか。表現はおどろくほどあけすけである。

イ　長嶺子移民地（図面によると、ハルビン市の南西の方向、松花江に隣接）

本農地には内地人のみを集結。在来満州建物の長所を生かす。松花江岸には堤防を築き高水位に備える。水田経営および蔬菜《そさい》栽培に重点を置く。最少面積経営を実地に研究する。

ロ　楊姑屯移民地（図面、ハルビンの東にほぼ隣接）

本農地の経営は天理教移民団に為さしむ。最少の資本投下で最大の効果を挙げる方法を研究する。住居は在来農家の建物に改良を加えた程度の安価なものを建設する。水田経営、蔬菜を主とし、用地内の新駅付近に「市街」経営を実施。

「たとえば、土地商租に当たりても、法外の安値を以て満洲人の反対を押切り強制商租をなし、その代わり一定年限間の原地雑居を許し、水田耕作に巧みなる朝鮮人をいれて未墾草原の開墾を行い、表面日鮮満三民族の渾然融和する理想農園の創設を標榜しながら、如何にすれば速やかに満洲人農民を用地内より体裁よく放逐し内地人および朝鮮人が割り込み得るかを研究し、併せて内地人の宗教的団結力の効果如何を見る」（『天理教青年会史　第四巻』には、実際の満州天理村建設がどうであったかを誠実に反省的に記した約六〇頁の記録がある）。

ハ　黄山移民地（図面、ハルビンの北東、松花江隣接、楊姑屯移民地の北側）

本農地には、内地人とともに朝鮮人を相当数収容し、水利組合の組織化をめざす。将来市街地とする丘陵地は農耕上の価値は少ないが、監視上必要である。将来は公園か別荘地に最適。

二　趙家移民地（図面、楊姑屯移民地のさらに東側）

本農地はハルビンより比較的遠距離であるが、南面に傾斜するので農地として良好。全地を挙げて日本内地人向けとする。水田、畑作、畜産、造林の経営をし、模範農場とする。各分野の篤農家を網羅し、移民指導者訓練所とする。

筆者の手元には、イの「長嶺子移民計画書」がある。長嶺子は東西の長さは約一二キロ、南北の最大幅が五キロ、両端が狭く、最小幅二キロの土地であった。この軍・満鉄・拓務省・外務省などの連携によってお膳立てされた長嶺子移民地に、日本のプロテスタントの第一次キリスト教開拓団が、千葉豊治の大いなる肝いりで入植するのはまだ先の一九四一年である。今千葉の目の前で起きようとしているのは、在郷軍人会の肝いりで選ばれた、営農経験のある三〇歳未満の退役軍人たちが、武装してやって来ることであった。

3　千葉豊治のジレンマ

武装移民は、千葉には大いにためらわれるところであった。『満洲移植民論』で、千葉は「国防移植民（または治安移植民）計画」との項目を立てて、「武装移民」に関し冷徹さと苦渋の混じった記述をしている（筆者による現代文）。

「（満州国建国後の治安状況においては）武装移民を入れるよりほかに道はないだろう。従って軍部に於いて武装移民を考えるのは自然である。しかしながら左手で機関銃を持ちながら、右手で農耕をやるというのは決して容易なわざではない。（略）それゆえこのような移植民計画は軍部が主になって実行すべきであって、其の他の機関が取り扱うのではうまくいくかどうかは疑問である。（略）仮りに農業経営において好成績を挙げえなかったとしても、一方国防なり治安維持なりで効果があれば、目的の大半は達せられるわけである」（二一〇頁）

「満州には三千五百万町歩の可耕農地があるけれども、無住の土地はおそらくほとんど無いはずである。従って先住者に受容されない限り、寸尺の土地といえども入手することはできないだろう」（「結言」三四頁）

満州移民の絶対的使命は、広大な農地を使って農業経営をし、満州を食糧の大供給地にすることであるとの美しいタテマエに対し、「仮りに農業経営において好成績を挙げえなかったとしても、一方国防なり治安維持なりで効果があれば、目的の大半は達せられる」というのは、あまりにも率直な発言で時局柄もはや非国民的であった。千葉が満鉄の常務取締役をみずから退いたのはこの頃である。三三年第一次武装開拓団が渡満して来た頃、千葉は一燈園同人たちが関東州の金州に拓いた燈影荘を訪ねている。多くの農業関係者が見学に訪れていた。武装開拓団ではない「もうひとつの道」の可能性を模索する日本人は千葉ばかりではなかったのだ。

燈影荘の同人たちが黄塵《こうじん》の地にニセアカシア（目標五〇万本）を植樹し始めたのを見て、周辺の村の満州人たちが労賃はないのに率先して共に植樹作業をし始めていた。永住の隣人になっていく覚悟と公正さを読みとり、仲良く協力する意志を示したのである。『燈影荘物語』（中田晃著）のなかに、千葉が書いた「燈影荘の生活」（約二〇〇〇字）と題する訪問感想文が掲載されている。移民はこのようであってほしい、との祈りがにじんでいる。

> 満州移民として独特の型を出している一燈園同人経営の燈影荘の実績は、独り移民計画者の参考たるのみならず、今後満州の天地に何等かの仕事を為さんとする人達に種々の啓示を与える。（略）先住民多き土地に邦人が移民せんとする時、最も大切なことは彼等と如何に経済的に共存し、精神的に親善を計るかと言う事である。……「人と人の和」を得る事こそ日満関係の最も大切な要件である。荘同人は誠に意義ある生活をしていると感ぜざるを得ないのである。

しかし、千葉にはまだよく見えていない構造があった。満州の天地で仕事をしにやって来る日本の諸企業は、経済的共存など歯牙にもかけてないという一点である。例えば搾取のほんの一例であるが北満州では膨大な量の巨木の伐り出しが始まったが、植樹することもなく、日本本土を始め各地に送り出していった。

4　武装せる移民団送り出し

日本本土の側を、時間をすこし遡ってたどってみると、深刻な国内事情があった。一九二九年の世界大恐慌に襲われたことによって、都会の企業では大量の人員整理・賃金不払いなどが起き、路頭に迷う労働者が続出した。彼らにはすでに戻るべき故郷がなかった。農村では凶作が重なり、口減らしのために娘を（テレビドラマの「おしん」のように）子守奉公に出すだけでなく、「女郎屋《（ママ）》」に売るほどの窮乏状態に陥っていた。

満州駐屯日本軍としては、内地の過剰人口の移住は、人手の足りぬ国境防衛、都市防衛、農民ゲリラ対策となるのだった。

試験移民が送り出された。第一次武装移民団員が、東北北陸関東などの一一県で選ばれた。四二五名のほぼ全員が元兵士である。青年たちは武器使用の再訓練を受け、一九三二年一〇月三日、東京の明治神宮外苑に集合した。在郷軍人会本部によって選出された最高指揮官・隊長市川益平（陸軍歩兵中佐）と六人の幹部が引率した。身分は拓務省嘱託である。二重橋で皇居遙拝ののち列車で南下し、途中伊勢神宮に参拝をして、神戸で大連航路のバイカル丸に乗船した。大連で下船、南満州鉄道に乗り北上した。奉天経由時に、六八名（ほぼ山形出身）の現地退役兵士たちが合流した。

ハルビンからは汽船に乗船して松花江を下流に向かって北上し、のちに弥栄《いやさか》村と名前をつけることになる入植地（三江省樺川県永豊鎮、第一章第三節事例1）に近い都会佳木斯《ジャムス》で上陸した（桑島節郎『満州武装移民』）。銃を装備した約五〇〇名が隊伍を組んで進む姿を見た現地住民や周辺住民は、どのような思いを抱いただろうか。武装移民団は一九三六年まで続いた。

5　加藤完治と東宮鉄男

この農業移民には象徴的な推進者がいる。一人は「開拓の父　加藤完治」であり、もう一人は「開拓の母　東宮鉄男《とうみやかねお》」である。共に「移民の父」とも呼ばれた。

東宮（一八九二〜一九三七）は陸軍大尉だった。満州の治安確立のためによく働いた関東軍将校として知られている。建国以来執拗に展開される現地民の抗日武装闘争に関東軍は手を焼いていたのである。東宮の名はもう一つの理由によって記憶されている。既述のように奉天派軍閥の大元帥・張作霖の乗った列車が北京から奉天に戻ろうとした時、爆殺のスイッチを押したとされる現場指揮者である（東宮はその後日中戦争で三七年に戦死し、死後大佐に特進した）。東宮は最初は朝鮮から朝鮮籍日本人を入植させることを考えたが、内地の日本人を主体にするべきだとする加藤の案を受け入れている。

加藤完治（一八八四〜一九六七）はキリスト者だったが、神道的日本精神に目覚めて棄教の道を選んでいた。茨城県内原（現・水戸市）に、満蒙開拓青少年義勇軍内原訓練所を作った中心的教育者である。義勇隊員は全国の小中学校の現役・引退教師を使って大募集された。どの村でも「先生」は一目置かれていたからである。対象は一四、五歳からの健康な青少年男子であったが、一三歳の少年もいた（陳野守正『先生、忘れないで！』）。訓練者に注入する精神的基軸は、明治期から練り上げられた国家神道であった。天皇陛下「ばんざい」の代わりに「いやさか」を三唱させ（神道学者筧克彦が提唱した）、「興亜教育」（禊《みそぎ》、祝詞《のりと》、教育勅語、軍人勅諭、義勇隊綱領など）を叩き込み、軍事基礎訓練を受けさせ、約八万六千名を満州各地に送り出したのである。送り出された少年たちは現地でどのように暮らしていたか。陳野守正は『凍土の碑』のなかに、「満州移民と加藤完治」という大きな項目を立て、その全体像の問題点を詳細に指摘している。

一九三八年一一月に満州の旅をした三七歳の文芸評論家の小林秀雄は、ハルビンから満鉄で一七、八時間ほども北上して黒河《こくが》でアムール河を見たあと、三時間あまり南下して粉雪の舞う孫呉の満蒙開拓青少年義勇隊孫呉訓練所を見学している（随想「満洲の印象」『改造』一九三九年一月号）。五箇所ある訓練所の一つである。一四〇〇名あまりの一六歳から一八歳の少年たちが、五月に到着して半年、満州で初めての冬を経験していた（小林は、もっと年下の少年たちが義勇隊にいたことを知らされていない！）。一一月上旬ですでに零下二二度である。まだ防寒外套がなく、防寒靴がないのだった。少年たちはすこしもはつらつとしていなかった。小林は、ここにあるのは訓練ではない、物の欠乏が精神の訓練を装っているにすぎないと書き、満拓公社という上部の官僚的組織と実際の現場との間に決定的な齟齬《そご》がある、と強く指摘している。『改造』の読者のなかには、送り出しにかかわった教師たちもいただろう。どう思っただろうか。

他方、整備された国内の内原訓練所は発展した。満蒙開拓青少年義勇軍の訓練だけでなく、開拓団指導者の訓練にも生かされた（第一章第四節事例2の沖縄の場合も参照）。後述するキリスト教開拓団の団長となる、堀井順次（第一次）と室野玄一（第二次）も訓練を受けている。

東宮と加藤は、磁石のようにお互いに吸い寄せられていき、相乗的推進力となった。彼らの名前は輝いた。若者のあこがれとなった。二人を先頭にしてその背後に、無数の推進者たちが生まれた。関東軍、日本政府、満州国政府、大資本の企業や半官半民の団体まで一つの意志を持ったネットとなって、移民事業を熱烈に推進していった。募集は内地だけではなかった。東宮が初めに考えたように、朝鮮総督府も朝鮮籍日本人たちを開拓団に組織して満州に振り向けた（陳野守正『歴史からかくされた朝鮮人満州開拓団と義勇軍』）。朝鮮における満州移民事業も、関東軍主導で遂行されていったのだった。

千葉豊治の本心は、排日法ができるよりずっと前にカリフォルニアへ渡った日本人移民のように、満州へ渡って来る移民に、穏やかに入植する道を拓いてやりたいのだった。「日本の行詰った生活に堪え切れず煩悶している同胞のため、何れかに永住安定の地を求めてやらねばならぬ」との、人間の独立自由への熱い志（吉野作造の掲げた旗であった）が消えたわけではなかった。しかし忠良なる臣民として、ジレンマがあった。「日本を大日本たらしむ」ことも強く願っていたのである（『満洲移植民論』二頁）。遂に千葉の心は、「武装移民やむなし」に屈した。

敗戦のちょうど一年前の一九四四年夏、千葉は病床に伏しつつ、回顧録を口述していた。カリフォルニアでの活動記録のあとの活動記録は残せず（残さず？）、日記のなかに「満州はむずかしい」と一度記している。万感の思いを込めた一行である。その秋に亡くなったが、「満州国」そのものが雲散霧消する可能性は見えていただろうか。自分が大連からわざわざ東京まででかけ、ひと月かけて入念な入植計画を立案して入植させたキリスト者開拓民たちが、どうなるかを戦況不利の中で想像しただろうか。もし千葉一家がカリフォルニアに残ったまま暮らしていたら、戦争開始と共に、他の日系人ともどもツールレイクかマンザナールあるいはトパーズの強制収容所に入れられていただろう。息子たちは日系人部隊の四三一部隊に志願し、ヨーロッパ戦線に送り出されていたかもしれなかった。戦死率の高い部隊だった。千葉はいったいどのような選択をすればよかったのだろう。

6 「二十カ年百万戸送出計画」（一九三六年）

「二十カ年百万戸送出計画」という大移民送出計画が構想されたのは、二・二六事件が起きた一九三六年、岡田啓介内閣の時だった。軍部からの強い要請であった。満州国における日本人の人口を青少年も含め爆発的に増やす計画だった。しかし、大蔵大臣高橋是清には、軍事にさらなる予算をつける意志はなかった。国防予算を均衡状態にもっていくことをめざしていたからだ。財政安定のために「公債漸減」に動き、昭和一一年度予算で陸海軍省費の増額ゼロ査定さえ行っている（藤井裕久『政治改革の熱狂と崩壊』角川書店、二〇一四年、二五四頁）。二・二六事件の前に、高橋は強い意志をもって、軍部には痛手となる査定をしたのである。満州国建国はその四年前になるが、高橋は犬養毅内閣の蔵相であり（犬養が五・一五事件で射殺されたあとは斎藤実内閣でも蔵相）、農村事業など景気対策を進め、世界恐慌から日本経済を世界最速で脱出させていた。しかし、軍部のふくれ上がる予算要求を抑えることができなかったのが心残りであった。建国直後の満州国に大蔵省内の星野直樹を筆頭に官僚たちを送り出すにあたっては、元大蔵大臣は私邸に彼らを招待し、「日本の利益を計るごときは二の次のことである。君達は満州国人の身になって満州国人の真の幸福を計らねばならない」と訓示を与えている（古海忠之『忘れ得ぬ満洲国』三二頁）。

八二歳にもなって請われて蔵相に戻った高橋であったが、二・二六事件で軍部によって暗殺された。「集団移民」と「自由移民」をあわせて百万戸を送り出し、満州国を日本人大居住地にするという壮大なプロジェクトは、高橋の死後半年足らずの八月に、次の広田弘毅内閣が決定した。送出計画は急速に動き出した。「集団移民」の対象者は若い農業者（国民皆兵国家であるから、当然軍隊経験がある）であり、武器が扱えればさらによかった。「自由移民」は農業従事者ではない民間人でもよく、年を食っていてもよいのだった。政府の補助は集団移民に圧倒的に厚かった。

送出計画では、二〇年間が全四期に分けられていた。一九三七年から五年区切りで、第一期には一〇万世帯を送り出す。第二期には二〇万世帯を送り出す。第三期には三〇万世帯、第四期には四〇万世帯である。順調に百万世帯を送り出せば、子どもや孫が生まれるのである。二〇年後の一九五六年には満州国の総人口は五〇〇〇万人になると推定されたから、その五分の一の一〇〇〇万人を日本人が占めることになり、政治的安定を保てるという皮算用であった。

朝鮮人農民も、同時に、送り込まれた。

「一九三六年八月、『二十年百万戸送出計画』の日本人開拓農民移住計画が実施され始めると、朝鮮総督府と満州国政府も『在満鮮（ママ）人指導要領』を制定して、朝鮮の破産農民を満州へ移住させた。一九三七年から毎年延辺と東辺道へ一万戸の朝鮮農民を送ることになり……」と、『朝鮮族簡史』（延辺人民出版、高木桂蔵訳）は記している（『むくげ通信　一四六号』一五頁）。筆者は二〇〇三年七月に、ハルビン近郊の第一次満州キリスト教開拓団が一九四一年に入植開始をした地区を訪ねている。その時、その場所と元の現地住民を見つけてくださったのは、当時中国黒龍江省教育学院数学学部教授だった田軍《チョングン》さんだった。田さんは一九四〇年二歳の時、元小作農で何も持たない若い父母と共に朝鮮半島の平安北道定州郡の故郷を離れ、朝鮮総督府の移民計画にしたがってまず吉林省衣通県へ移住した方であった（残された書類からわかる）。

受けて立つ国務院と満鉄側は、すでに三五年に三井、三菱などからの民間資金も入れて、土地・施設・資金を提供する「満洲拓殖株式会社」を設立して待っていた。三七年にその法人を、国策特別会社「満洲拓殖公社」（「満拓」）に大変身させたのだった。

百万世帯の日本人が入植することになる広大な土地は、課税されるのか、課税されないのか。星野直樹と岸信介ら日系官僚は知恵をしぼった。段取りとしてはまず、懸案の「治外法権撤廃」を正式に閣議決定しなければならない。治外法権は一般には、外交関係にある「在留国の裁判にかけられない権利」のように受け取られているが、実は「課税されない権利」も含まれている。満州国では日本国臣民と企業には、満州国の税制は適用されなかった。重要なのはこの点だった。満州国建国四カ月目に財務部次長として乗り込んだ時、星野直樹はまず、それまでの軍閥や馬賊など諸勢力によるバラバラの現地民への諸税を、国家管理にする仕事を一手に引き受け、成功させていた。

今回、公正を期すために、星野は日本人・日本企業にもなんとか課税をしたかったのである。満州国の徴税権を日本人にも及ぼしたかったのである。いくらなんでも満拓がこれから買い上げていくはずの広大な土地に、満州国の法令が及ばないということになるなら、現地民の反満抗日活動がさらに活発化するのは目に見えていた。いわゆる匪賊《ひぞく》の増大である。誰からもきちっと税金を取って公正さを示したかった。

やっと正式に治外法権撤廃を閣議決定したのは、一九三七年六月一八日であった。治外法権撤廃への在満日本人の反発を予想し、速やかに、それまでなかなかできなかった外国人の土地所有権を承認した。こうすれば税収は満州国政府に入るのである。「一足飛びに所有権に変へ」ればよい、との財務部総務司長になっていた星野直樹のひらめき発言が速記録に残っている。

「満州国政府主流は、撤廃で発生する国政上の政策推進力を最大限に利用し」、解決にもちこんだのだった（秋山淳子「第4章「満州国」成立以後における土地商租権問題」『日中両国から見た「満洲開拓」体験・記憶・証言』一〇〇頁）。治外法権撤廃以前に土地権利を取得していた日本人を対象に、企業の法人税を減免し、個人の営業税も減免するといういたれりつくせりの超優遇措置を実施した。新聞、ラジオ、講演会などをつかって、これからは満州国内権利に転換するのだ、と広報活動を徹底して、日本人の権利喪失を避けさせた。すでに開拓団用に買い上げていた厖大な満拓所有地は、この時に近代法的保証を得たのである。同時にこれからは大関東軍の威光と脅しで、いくらでも「法的に」開拓団用地を買えるのである。

実は満州国建国当時でさえ、満州に数千町歩のまとまった「未開の沃野」などはなかったのだ（星野直樹『見果てぬ夢』一九八頁）。結局関東軍の武力を背にした満拓が、既墾地を「法的に」強制買収してまわったのである。四一年度末までに取得した用地は、満州国政府分と合わせて約二〇〇〇万ヘクタールだった。そのうちのすぐ使える既耕地は約三五〇万ヘクタールで、それは日本本土の全耕地（約六〇〇万ヘクタール）の半分をこえる面積であった。

満州国国務総理大臣・張景恵《ちょうけいけい》は、満州の大地を近代法なるものの網でおおっていくプロセスをつぶさに見た。満州において「日本の時代」が続く限り、近代法に則《のっと》って土地を買いもどす以外にもはや満州人たち自身の土地を満州人自身が取りもどす道はない、と知ったのだった。

日本人官吏は抵抗する現地民たちを、「土匪」「鮮匪」「兵匪」「思想匪」「宗教匪」「政治匪」と分類し、まとめて「匪賊」と呼んでいた。しかし自分たちが「法匪」と呼ばれたことを知っていただろうか。うすうすは知っていただろうが、気に病みはしなかっただろう。東洋における近代法治の旗手だと自負していただろうから。

国策の百万戸計画によってテコ入れされた満拓は、その本社を満州国の首都・新京特別市（長春）に置いた。これから日本民族の大移動が始まるのである。日本海航路は突然、花形航路に変貌した。日本海は今や大日本帝国の内海である。ソ連領の沿海州が気にはなるが、「環日本海時代」が到来した。本土の新潟港や敦賀港の周辺の市街は移民送り出しと交易の町として俄然にぎやかになった。満州永住を決意した膨大な数の日本人を乗せて、移民船が出港する。見送り人も数日泊りがけである。港町は活況を呈し、富んでいった。

満州国には国籍法は制定されていなかった。領土はあり、タテマエとしては主権もあったが、国民は、いるようないないような、奇妙な国家だった。移住者たちは誰も出入国査証《パスポート》など持っていなかった。

第四章　「移民」から「開拓団」へ

第一節　日中戦争の開始

1　東京オリンピックの幻

一九三五年、日本は第一二回オリンピックの開催権を獲得した。狙い通りの一九四〇年である。東京市（現在の都内二三区）での夏季、札幌での冬季である。さらに万国博覧会を、月島の埋立地（現在の晴海）で同時開催することになっていた。「肇国《ちょうこく》」を祝う紀元二六〇〇年記念の輝かしき年に、東洋初の国際大祭典の開催国になるのだ（紀元前六六〇年が建国紀元元年であった、と明治政府は太陰暦を捨てて太陽暦を採用した時に定めていた）。第一一回大会は、ドイツの首都ベルリンで翌三六年に開催された。東京都の前身の東京府の職員であった磯村英一らは誇らしい思いを胸いっぱいに、視察のために渡航したのだった。しかし翌年になると雲行きがあやしくなった。三七年の初め、宇垣一成（予備役陸軍大将）の組閣が流産した。かつて軍縮をめざし四個師団を廃止していたがゆえに、軍部に意趣返しされたのだ。三七年二月に組閣した林銑十郎は、超少数与党だったので脆弱な支持基盤の強化拡大をねらって二カ月後に解散総選挙に打って出た。しかし民意は思惑通りに動かず、組閣から四カ月で退陣した。政局混乱を収拾するための切り札が、公爵近衛文麿だった。藤原五摂家筆頭の近衛家第三〇代当主で、家柄はピカ一であった。組閣の命が下されたのは六月四日だった。中国の北京南西郊外で盧溝橋事件が起きたのは七月七日だった。就任一カ月後に正念場がきたのである。この時点ではまだ誰も、東京オリンピックが流産するとは思ってもいなかった。しかし戦闘は瞬く間に北京、天津、上海、南京へと広がった。北京からは多数の中国人住民が避難南下した。事態収拾の条件があわず、翌三八年一月、近衛は「爾後蒋介石の国民政府を対手《あいて》にせず」と見得を切った。蒋介石は持久戦へと移行した。首都は奥地の重慶に移した。国府軍としては、負けなければ良いのだ。浙江財閥という上海を本拠とする中国最大の金融資本家集団の支援と、イギリス・アメリカの援助をとりつけ腰を据えたのである（日本は石油の八割をアメリカから買っていたが、売り渋りが始まる……）。

　オリンピックはどうなるのだとの内外の心配の声に対し、近衛は全ては「制御下にある《アンダーコントロール》」と宣言したかっただろう。しかし盧溝橋事件から一年後の三八年七月一五日、オリンピックの開催権を返上した（延期ではなく）。なんたる国家的屈辱。実は大陸で戦う日本軍には戦略資材が不足しだしていた。オリンピック会場設営にまわす鉄材さえ軍部がおさえたのだと、戦後先駆的な都市社会学研究者になった磯村英一は語っている。しかし国際世論から、オリンピック返上残念だねえとの、同情の声は聞こえてこなかった。前年の暮れの一二月、日本軍が南京を陥落させたという大ニュースに、内地の全都市でお祝いの提灯行列をして盛り上がっていた頃、西欧世界では、日本軍が南京攻略に勝利したあとの掃討作戦時に、民間人を大量虐殺したビッグ・ニュースが流れていたのである。盧溝橋事件のあとの八月、上海で始まった日中両軍による戦闘は激しく、数万の上海住民が今度は上海から南京に逃れ、南京は現地民と難民でふくれあがっていた（長江沿岸部と上海居住の日本人婦女子は、日本軍がいちはやく帰国させていた）。首都であった南京には西欧諸国からの商社マンが多数暮らしていた。さらに南京の伝統校金陵大学（現南京大学の前身校の一つ）ではキリスト教の宣教師たちが教授をしていた。「南京国際安全区」にかくまった中国民間人に何が起きているか。ニュースは新聞記者からだけではなく、このようなさまざまなルートを通って刻々と流出していたのだった（加藤実訳『この事実を…②――「南京」難民に仕えた宣教師証言集』）。

アメリカのくず鉄の売りしぶりで、日本の商船が空船で戻って来る（『北米百年桜』三四八頁以下）など、孤立していく大日本帝国のなかで、厭戦気分払拭をねらうかのように、明るい観光キャンペーンが始まったのはこの頃である。「聖地へ行こう」「朝鮮へ行こう」「満州へ行こう」。オリンピックをはずみとして日本観光を産業化し、外国人旅行団体客を誘致しようという夢は消え、外貨は稼げなくなったが、帝国内の日本人（内地人、朝鮮人、台湾人など）の愛国心を高めながらの景気浮揚をねらったのだった（ケネス・ルオフ『紀元二千六百年』）。

「聖地」とは、皇室に由来する遺跡がある場所だった。各地で天皇神話と関連のありそうな場所が、つぎつぎに聖跡化されていった。初代天皇神武東征出立《しゅったつ》の地とされていた宮崎では、高さ三六メートルの「八紘一宇の塔」（正式には八紘之基柱《あめつちのもとはしら》）が紀元二千六百年記念式典に間に合うように、延べ約六万人の「勤労奉仕」によって建設されていた（無償奉仕であったかどうかは不明）。また幾種類もの「五族協和」の絵葉書や、異国情緒たっぷりの国際観光案内のチラシが現れた。神戸港からの大連航路はにぎわった。「大連行進曲」で有名な、東京の銀座を超える華やかさの連鎖街商店街でショッピングをし、日露戦争勝利の戦跡の旅順を訪ねる船旅観光である。また日本人による近代都市計画の結晶である満州国の国都新京（長春）のバスツアーは、アジアを文明化する使命を果たしているのは日本人だという民族的優越感の強化に役立ったのだった。

しかし本土では、町からも村からも徴兵によって、若い労働力が消えていた（「動員兵力は急増し、陸海軍現役軍人の数は、一九三七年中に、一〇〇万を越え、太平洋戦争が始まった一九四一年には二四一万人……」（後藤敏夫「戦時下の女性労働の一断面」『城西大学女子短期大学紀要』一九九〇年）。農地労働力が足りなくなった農村ではその分労賃があがり、満州への移民の魅力は褪せた。移民送出計画関係者は憂鬱になるばかりだった。そもそもこの状況のなかで、いったいどうやって二〇年間に一〇〇万世帯を日本中から選びだすのだ？

2 「分村移民計画」

一九三八年六月、政府の「分村移民計画」が作成された。テコ入れである。農村にノルマをかけるのだ。まず村長たちを食費・交通費丸抱えで満州視察に送り出した。さらに集落ごとに講演会を開くなど、分村移民が各地でアッピールされた（第一章第四節事例2の沖縄県の場合を参照）。満州に行けば一〇町歩以上の土地を手に入れられる。開拓団員になれば、いわば屯田兵であるから兵隊にとられることはない。その上嫁を世話してもらえる、と。

花嫁送出の世話は、武装開拓団を送り出した一九三二年から、関東軍司令部付軍人の東宮鉄男が、満州国の軍政部顧問として心をくだいていた。東宮は満州事変開戦四カ月で満州に入り、各地戦場での日本人兵士による民間女性暴行の悪評を知っていた（この事実のツケが日本敗戦時に開拓団員の妻や未婚の女性たちにまわってくる。最終章で取り上げることになる）。送り出す未婚男性ばかりの開拓団に、妻になる女性を早く送り込まねばならなかった。「花嫁募集」のポスターが日本中の市町村役場に貼られていった。開拓地でカップルが生まれてくると、『家の光』や『主婦之友』などの雑誌は笑顔で暮らす新妻たちをとりあげた。映画館ではニュース映画で、暮らしぶりのよい「満蒙移民家族」にスポットを当て、娯楽映画と共に上映した。私もあのように暮らしたい、働きたいと心のなかで憧れた女性たちに、「花嫁の斡旋」をするという国策が認知されていった。本土側と満州国側の見事な連携で、どうにか分村移民は進み、北満州各地へと入植していったのだった（陳野守正『大陸の花嫁』）。

3　一九三三年問題

日本国内の社会動向で「一九三三年問題」と言えば、対外的には三月の国際連盟脱退がトップに来る。日本軍は、国際連盟規約一六条「連盟が解決に努めているとき、新たな戦争に訴えた国は総ての連盟国の敵と見なされる」（加藤陽子『それでも、日本人は「戦争」を選んだ』三〇九頁）にあきらかに違反する熱河侵攻作戦を開始していた。政府は除名される不名誉より、脱退を選んだのである。

国内的には、七月一〇日に首謀者たちが特高によって検束された「神兵隊《しんぺいたい》事件」があった。翌一一日決行予定であったが未然に防がれた（事前検挙によって未発に終わったので、歴史教科書に載せられることはない）。計画としては軍用飛行機で閣議開催中の総理大臣官邸爆撃、同時に地上行動隊が襲撃、斎藤首相始め全大臣を殺害。ついで政友会と民政党本部を襲撃放火、日本勧業銀行を占拠。警視庁を占拠し、同庁を神兵隊本部として立てこもり、皇族を首班とする臨時非常時内閣の成立をはかるという、約三〇〇〇人を動員する武力による政権奪取計画であった。五四名の被告は、同年末に保釈または責付（責任者をつけて監視）処分になって出所した。大審院が彼らに判決を言い渡したのは昭和一六年（一九四一年）であった。「いずれもその刑を免ずる」というあまりにも軽いものだった（我妻栄等編『日本政治裁判史録　昭和・後』第一法規、一九七〇年）。

では左翼への対応はどうであっただろうか。当局は治安維持法を使い、まず朝鮮共産党を弾圧し、本土の日本共産党を弾圧していった。本土で約一六〇〇人を検挙したのは、一九二八年の三月である（三・一五事件）。さらに二九年には改正治安維持法を使い、約八〇〇人を検挙した（四・一六事件）。特高が捕まえてみればほぼ二〇代で、指導層は三〇代から四〇代だが半数は二〇代、さらに一〇代もいた（具体的数値は池田克「警察研究」第一巻五・六号、風早八十二《やそじ》『治安維持法』一九三〇年）。身上調査をすれば、労働者農民出身の者も学業成績は優（八〇点以上）・良（七〇点以上）が七割、八割を占める。両親のそろった家庭である。この治安維持法による検挙者数が過去最高にのぼったのが一九三三年で、一万四六二二名だった（「ETV特集　検挙者一〇万人の記録でたどる『治安維持法』」NHK、二〇一八年八月一八日放送）。右翼と左翼では、検挙後の扱いに天と地ほどの差があった。『蟹工船』で知られる若き作家小林多喜二が、築地警察署で検挙日に即日拷問死させられたのは二月である。どの病院も死体の解剖を断ったほど無残な死体だった。これからさらに優秀な青年たちの大量の検挙が続くとして、はたして国家にとって得策だろうか。

その六月、すでに服役中の日本共産党最高幹部の佐野学（四一歳）と鍋山貞親（三二歳）の二人が共同被告同志に向け、いわゆる「転向声明」を発表した。党を去ると声明したのである。大見出しで、新聞に掲載された。同志たちに向けて政治的変節を恥じつつも離党を告げた波紋は大きかった。日本という国家には、国際共産主義組織のなかの日本支部という位置づけの構造での社会主義運動はそぐわなかったと、党批判と自己批判をした。治安当局は欣喜雀躍したはずだ。ただちに利用した。拷問と恫喝からの方向転換をにおわせ、「現人神天皇を中心とする〈国体〉を、否定しない」という言質へと、若い思想犯や容疑者を追い込んでいった。すると地滑り的転向現象が起きた。〝善導〟（つぶしの手）が大成果をあげたのである。以後、筋金入りの「国体を否定する者」は容赦なく刑務所に送り、転向者は国策遂行の人材として活用していった。たとえば元教師であれば、元教え子を満蒙開拓青少年義勇軍に参加するよう説得する責任を負わせた。十四、五歳の少年たちに兵士と農民という複合的使命を背負わせる役目である。その後、この手なずけ方は大いに活用され、抵抗的な学者や宗教家を「非国民」へと追い込んでいった。

4　一九三八年問題

五年後の「一九三八年問題」は、「皇国」（「現御神《あきつかみ》天皇を中心とした神の国」）という復古的近代国家に全国民を一体化させる権力行使であった。「忠君愛国」が全てに優先する「日本精神」を意識化させるために強力な力を発揮したのは、三七年五月に文部省が刊行した、道徳教化本『国體《こくたい》の本義』だった。天皇は天照大神の子孫で、万世一系はリアルな事実であり、永久に変わることはない、との国体観の基準となる、いわば正典《カノン》である。きちっと頭に刷り込まれているかを見るために、高校（旧制）や師範学校受験者は口頭試問で、日本はいかなる国であるかと、国体観が問われたので、教師は熱心に教え、少年少女は見事に過剰同調した。

「一寸待て　スパイの眼がある　耳がある」は、よく知られた一九三八年の排外的国策標語《スローガン》である。また神戸などの大港湾都市だけでなく全国の港町に「防諜団」が誕生した。軍需貨物輸送時などに起きる意図的怠業や異変を見張るのである。

そして四〇年制定の「隣組強化法」により、「隣組」が制度化された。徴兵や徴用で多数の男手が抜けたので、約五世帯から一〇世帯を一単位とするご近所が、家庭相互支援という名目のもとに、相互監視の法的最少単位になったのである。今や一世帯もれることなくナンバーをつけたかのように、全世帯を国家は把握したのだ。いわば善導構造《ネットワーク》の完成だった。

文部省宗教局が管轄する宗教団体と宗教者個人の監視記録が、内務省警保局の「特高月報」に掲載されだしたのは三六年からである。全国的視野で思想警察的に宗教界を通覧するための内務省と文部省の連携であった。三七年の「支那事変」《（ママ）》（日中戦争）開始後の月報に、賀川豊彦の名が早速登場する。「社会問題を基督の福音にて解決せんとする所謂《いわゆる》基督教の社会化運動」を展開する者として注目している（『特高資料による――戦時下のキリスト教運動1』）。以後日本敗戦まで、特高警察が賀川から目を離すことはなかった。三八年の『特高外事月報』には、国際人である賀川が英語で語った「日本基督教指導者の念願」と題したコメントが、抜粋和訳され、記載されている。英語新聞（国名社名不明）の記事で、「日本の軍閥主義が、凡ての私の祈りに拘らず、支那（ママ）に於て之迄《これまで》なし、又為しつつある暴行を回想すると、忍び難い恥辱を私にひき起こさせる」と訳されている。

三八年四月から五月にかけて、日本本土と朝鮮半島を経て、満州国に、イタリアから総勢一六名の使節団の訪問があった。西欧社会から満州国への初の正式訪問であった。米英に無視されている満州国にとっては「センセーション」であった。建国六年目にして国際交流関係が開けてきたのである。大歓迎をした。イタリアが三七年一一月、ドイツが三八年二月に正式に承認宣言するまで、満州国を承認した国は日本、中米のサルヴァドルそしてローマ教皇庁（ヴァチカン）のみであった。イタリアに答礼に行こうと、さっそく七月末から訪欧修好経済使節団（総勢二六名）をイタリア、ヴァチカン、ドイツ、ポーランド（ナチスに侵入されるのは一年後である）、スペインなどへ送り出した。満州国はこれから繁栄する新興国家なのだと精一杯売り込んだ。団員は日本人と漢族だけに偏らないように選んだが、副団長兼事務総長は日系官吏甘粕正彦であった（武藤富男『満州国の断面』『私と満州国』）。ナポリから船旅で戻って来たのは一九三九年一月である。満州国の前途は洋々に見えた。しかし戻ってみると、日中戦争はさらに泥沼化し、満州国の戦時体制は強化されていた。

第二節　巨星・賀川豊彦の訪満

1　日中戦争の長期化と建国神廟の創建

賀川豊彦が急に招かれて一〇年ぶりに大連に渡ったのは、三八年五月末だった。建国後初めてである。満州観光が宣伝され、分村移民が奨励され、「愛国行進曲」が流行っていた頃である。賀川は、誰をも置いてきぼりにしない社会を目指す社会的活動をするキリスト者として、日本全国に名を知られていた。言うまでもなく賀川は伝道者で、「愛は神から出るもの」（新約聖書「ヨハネの手紙一」四章七節）を説き、目には見えない霊の世界を語り、イエス・キリストを信じる者となれと語ったが、賀川が動けば農民組合運動にしろ消費組合運動にしろ、そのプロジェクトが立ちあがった。活発な活動で世界にまでその名が知られた日本人だった。賀川の渡満の予定が決まったのは四月下旬である。いつもは半年前からスケジュールが決まっている。なぜ急遽予定変更をしたのか。身辺雑記には、「五月二十日ごろから私は満州の産業組合を応援するために出かけてくる。約三週間の予定である」と記している。妻である賀川ハル（一八八八〜一九八二）の伝記『賀川ハルものがたり』（鍋谷由美子著）には次の一節がある（二人が日本基督教会神戸教会で挙式したのは、一九一三年五月二七日だった）。

「一九三八年、豊彦が支援する人々が、二人の銀婚式を開いてくれた。しかし、あいにく、このとき豊彦は『満洲』伝道にでかけて、参加することができなかった。いつものことだが、豊彦がいない席に独り座ったハルであった」（二一八頁）

銀婚式の日取りは記されていないが、賀川は二三日神戸港で大連行きのウスリイ丸に乗船している。大連には八つほど日本人を対象としたキリスト教会がある。二六日に大連埠頭に着いた賀川は、教派を越えてスターのように多くの信徒たちに出迎えられた。賀川は「満州農事信用組合の招待で大連に渡った」（『賀川豊彦全集』第二四巻、二五七頁）と記しているが、実際はもっとマルチな目的を持っての満州側からの招待があったのだった。汽車だけでなく飛行機をも駆使しての四週間近い満州総覧の大旅行をしている。もちろん拠点都市に降り立って伝道もしたが、ほぼ満鉄丸抱えであった。

まずは満鉄本社のある大連で、「満鉄の総裁松岡洋右氏にも晩餐に招かれて、しんみり、話を聞いた。実に涙のでるような真剣な宗教的大陸政策を聞かされ……」と「身辺雑記」にある。具体的内容は不明である。しかし、この時期の宗教的大陸政策の課題は、「日満一体」（日満一徳一心）化のための「建国神廟の創建」問題以外にはなかった。松岡はアメリカ留学時に洗礼を受けていた。クリスチャンの賀川は安心して率直な話ができる数少ない相手だっただろう。日中戦争の開始後すでに一〇カ月を経ていたが、兵站基地満州国の「国民」の戦意は低調であった。テコ入れが必要だった。総人口三千数百万人あまりのうち漢族が九割を占めるのである。気分が厭戦的であるのは当然であっただろう（統治者には憂慮するべき状況だが）。「建国神廟創建につき、関東軍司令部から正式に国務院総務庁に要望があったのは、昭和十三年八月であった」（武藤富男『私と満州国』三〇八頁）。建国神廟は、日本の伊勢神宮に倣って、天照大神を祭神にしなければならなかった。松岡は賀川に苦渋の思いを語ったはずである。満州国の「一九三八年問題」であった。

「王道楽土」「五族協和」が満州国の建国以来の国民統合の理念だった。「王道」とは政治における儒教的理想である。「王道楽土」は圧倒的多数の漢族懐柔のスローガンであった。全国の孔子廟で春と秋に孔子祭を挙行することを規定し公布し、各学校に参列を求めていた（渡辺祐子「満州国におけるキリスト教教育と国民道徳」『現人神から大衆天皇制へ』)。儒教的徳治は日本への好感を高めた！　もうひとつのスローガン「五族協和」は、漢族以外の諸族への、満州国は民族、宗教の自由空間なのだとの寛容のメッセージだった。満州は多宗教世界である。儒教もあれば道教もある。満州族は原始宗教のシャーマニズムである。朝鮮族は儒教もあれば大倧教《だいしょう》のような古代檀君神話を土台にした信仰もある。内蒙古《モンゴル》ではラマ教（チベット仏教）が活発化していた。諸系統のキリスト教信仰者も無視できなかった。満州での西欧系キリスト教学校経営の歴史は長い。スコットランドやアイルランド系の学校は孔子祭に参列しなかったが目をつぶってきた。このゆるやかさこそが「五族協和」だった。しかし、日本全土で始まった「国家神道」による宗教界への統制圧力が満州国に波及しないはずがなく、「王道」は「皇道」になっていった。

関東軍司令官の植田謙吉（皇道派）は、孔子廟参拝を神社参拝に切り替える道をひらいた功績によって、のちに栄典建国神廟記念章を受けているが、皇帝溥儀に対しては日本から神道学者筧克彦（東京大学名誉教授）を進講のため呼び寄せ、大臣ともども天照大神及び「八紘一宇」についてのレクチャーを受けさせている。大陸では、誰も知らない神だからだ。関東軍司令官は三九年九月に梅津美治郎に代わったが、関東軍の姿勢にブレはなかった。一九四〇（康徳七）年七月十五日に建国神廟祭祀令が発令され、九月建国神廟が皇帝の宮廷府中に創建された。溥儀は「国本奠定《てんてい》に関する詔書」を渙発《かんぱつ》し、建国の元神は天照大神であると明言した。大意は、満州国が建国できたのは天照大神のおかげ（神麻）、天皇陛下のお助け（保佑）であるというものだった（日本文は、山本有造『「満州国」経済史研究』名古屋大学出版会、二〇〇三年、一八頁に再録。口語訳は武藤富男『私と満州国』第五章に掲載）。毎月一日と一五日に建国神廟で共同体的な結合と統一を確認する儀礼がとりおこなわれ、溥儀と関東軍司令官、満州国官吏が国民に範を示すためそろって参拝した。

そもそも建国神廟設立を望んだのは溥儀である、ということになっている。建国時、溥儀は執政制度には不満であったが、帝政へ移行する前段の過渡期的体制であると了解していた。政体問題に決着をつけて「満州帝国」に移行したのは一九三四年である。三五年には日本への公式訪問の機会を与えられ、三歳年上の昭和天皇に対等の君主として迎えられて感激し、さらに伊勢神宮に参拝して感激したので、建国神廟設立を望んだのだ、と。しかし、それはあやしいストーリーである。「天を敬い祖先に法《のっと》る」(『わが半生　下』五四頁)という溥儀の内面の強い思いに反しているからだ。関東軍第四課(諜報及び指導)が、「自発的に」願い出ることを強いる「内面指導」をしたことは明らかである。奉天にはヌルハチの陵墓(東陵)と二代目のホンタイジの陵墓(北陵)がある。兵を挙げたヌルハチが明の間接統治をはねのけ、自らの属する奉天東方山地の女真族と、長春・ハルビン周辺の女真族と、沿海州周辺の女真族の三地方の女真族を統一し連合体を作り、瀋陽(奉天)を都として一六一六年に後金を建国したのである(楊紅論文「満州族におけるシャーマニズムと女性たち」ネット参照)。

現地民への神社参拝の強要が始まった。全民族、全宗教界の皇民化であり、あからさまな属国化であった。スコットランド系とアイルランド系のキリスト教学校は神社参拝を拒否し、もはや満州国に信教の自由はないと閉校した。神社はそれまで日本人向けで一七九社あったが、全国民向けに短期間に各地に建てられていき、終戦時には三四五社になっていた(嵯峨井建『満洲の神社興亡史』)。鳥居の前を通る時は、深くおじぎをしなければならなかった。神域への入口であることを意識していることを示すためだった。このあと神社参拝は、「八紘一宇」のスローガンのもとに、本土と植民地と満州国だけでなく大東亜共栄圏へとひろがっていく。海外に創建された神社は一七五〇社という(日本敗戦後ほぼ破壊された)。

2　賀川豊彦の背景

賀川は日本基督教会というプロテスタントの一つの流れに属していた。当時日本のキリスト教徒は、カトリック一〇万、プロテスタント二〇万であったが、牧師として文筆家として社会活動家として各教派を越え、さらにキリスト教界を越え名を知られた珍しいキリスト者であった。国際的にも平和主義者として、日本にカガワありと言われるほど知られていたのだった。

賀川は明治学院予科に学んだあと神戸神学校を卒業している。神戸神学校の学生であった二一歳の時、港湾都市神戸の貧しい人々が多く住む新川の街角でキリストの愛を説き始めた、風変りな青年だった。一九〇九年、日露戦争終結から四年後である。神戸は幕末開国時に国際条約港に指名され、明治元年に三カ村が合併してできた町だった。栄えだしたのは外国人居留地が作られてからである。国家の富国強兵策に乗り、港湾と貿易商社と造船所で経済的ににぎわうと、産業構造の激変で崩壊した農村から、土地を失った者たちとその家族が労働者として流入して来たのだった。景気の波は落伍者を生み出す。帰る場所を持たない者たちが肩を寄せ合ったのが新川だった。神戸には江戸時代からの古い流民居住地はない。新川は行政上の地名ではない。都市計画などもなく、居住環境はどん底だった。

賀川は四国の徳島中学時代から「恐ろしく勉強のできる」（佃実夫『緋の十字架 上』文和書房、一九七五年、二五〇頁）小柄な少年だった。二人の敬愛する宣教師との出会いから洗礼を受けていた。胸部疾患をわずらい、短いであろう己が人生を小さな世直しに捧げたいと決意し、新川の三畳間に身一つで移り住んで「救霊団」という貧しい人々の救済慈善運動を始めた。その後神の恵みによって生き長らえ、米国でキリスト教神学を学び、膨大な書籍を読み、同時に資本主義爛熟の社会を目の当たりにし、労働者のデモ行進に階級闘争の一つの形を見、隣保館（セツルメント）運動の先駆的施設であるシカゴのハルハウス（今で言う地域福祉センターの元祖）に自ら出向いているのは、まぎれもなく神戸での「救貧」体験が背中を押したのだった。一九一七年のロシア革命の年に二九歳で帰国する時、自らの祖国が直面していく構造的問題をすぐ理解し、まっすぐかかわっていったのが三菱・川崎造船所労働争議だった。「防貧」闘争である。しかし、階級闘争によって革命を成就しようとする急進派的活動とは一線を画した。暴力を伴わない社会改良路線をゆずらず、彼らとは距離をとって離れていった。元キリスト者の社会主義者・山川均からは「資本家の犬」と罵倒されている（武田清子「賀川豊彦と現代」『雲の柱』二〇号）。一九一九年には大阪で、二〇年には神戸でと、矢継ぎ早に協同購買組合を組織する。イギリスの労働者たちの協同組合運動から学んだのである。

賀川の心は一貫して「弱者救済」に捉えられている。「アア私も神様の前に奮闘しよう」と新川に飛び込んで以来方向性はしっかりとあるのだが、「自己自身への厳しい内省」をする間もなく「他人のためにかけずり回っ」ている（土肥昭夫「日本キリスト教史における賀川豊彦の位置と役割」『資料集「賀川豊彦全集」と部落差別』）。浴びせるように愛を与える。無償の愛である。意気に感じた者たちから浴びるように愛を受ける。そして活動が形を整えていく。賀川には認められたいという、人並み外れて強い欲求があった。人間を生い立ちだけで判断することはできないが、生い立ちを抜きにも判断はできない。

賀川の父純一は江戸末期の生まれで（一八五七～九二）、四国鳴門の裕福な造り酒屋磯部家の七男一女の三男だった。純一は藍業で知られる賀川家に養子に出され、跡継ぎ娘みちと結婚の約束をする。時代転換の真っ最中で先が見えない。民撰議院が必要だと説く自由民権運動が阿波国徳島で民衆の心をかきたてると、純一は一八歳で政治結社・阿波「自助社」（井上高格ら創設）に飛び込み幹事となった。板垣退助に目をとめられ、上京して元老院（明治初期の政府部内の立法院）の書記になった。ところが自助社が出した「通諭書」が大問題になり、幹事たちが裁判にかけられたのだった。「通諭書」は、新国家の立憲政体樹立に関する明治天皇の重要な詔勅である「立憲政体の詔書」（明治八年、一八七五年）を、新社会の上層部だけでなく、一般民衆に普及させねばならないとの心意気で、くだけた言葉で出版された小冊子だった。国家権力にお伺いを立てることなく勝手に手を加えたのは不埒であると、三条実美《さねとみ》（太政大臣、現代なら首相）や木戸孝允《こういん》（長州出身、明治維新三傑の一人といわれた）が、「反政府団体である、国事犯として処罰せよ」と命じたのだった。「朝憲紊乱《ちょうけんびんらん》」（国家の統治機構を乱し破壊する行為）の罪である。明治九年の結審で社長や執筆者五人は「禁獄」二年と一年になった。無罪は若い純一のみだった。実は行き過ぎていたのは、純一が書いた「天子様はすなわち国王という御役人で、諸役人の総押えにして、日本政府の長官なり」と手を加えた箇所か、役人について「国王の手代、番頭というべく、人民よりは公共の僕というべき道理」と卑近な例をあげた箇所であったかもしれなかった（なんとわかりやすい立憲政体の説明！　賀川の筆力はこの父の解説力を受け継いでいる！）。

純一は裁判の前に元老院書記を辞職し、東京を離れ、以後政治にかかわることはなかった。時代の波を読み、一八八七年（明治二〇年）に神戸で、日本郵船会社荷客取締所・賀川回漕店を開いた。賀川豊彦が生まれたのは翌年だったが、ことは複雑であった。純一には妻みちのほかに益栄という女性がいた。元芸者だった。幕藩体制という旧世界の没落士族の娘で、教養のある女性だった。豊彦は純一と益栄の次男であった。ところが豊彦が五歳の時に父純一が亡くなり、母益栄も四男を生んだ直後に亡くなった。豊彦は六歳だった。子ども五人が残され、姉の栄子と豊彦は徳島の正妻の家に引き取られたのだった。賀川は愛に渇く少年だった。いじけた豊彦少年に初めて出会ったローガンとマヤス（米国南部長老派教会宣教師）の二人は、豊彦の明晰さと「繊細で鋭敏な感性」を何に向けさせたらいいのだろうと、思案をめぐらしたことだろう。意思によっておさえられた怒りと悲しみとが内面に満ち満ちている少年は、悪者になるなら天下一品の知能犯にもなるかもしれなかった。彼らは愛に収斂されるキリストの掟《おきて》をどのように語ったのだろうか。その後の豊彦が贖罪愛《しょくざいあい》（罪を贖《あがな》われた愛）という、社会的にはなじみのうすい言葉であらわされる愛を心の柱として生きたことは知られているが、それは少年及び青年の日々に出会った宣教師たちとの真剣勝負のやりとりに土台があったのだろうと思える。

その賀川が日本社会に一気に知られる存在になったのは、新川での自伝的体験記『死線を越えて』（一九二〇年刊）がベストセラーでロングセラーになった時だった（戦前に四〇〇万部。出版以来数十カ国語に翻訳されている）。学校教育で、清く明るく美しい日本像だけを刷り込まれた日本人の眼を、資本主義を土台とする産業構造が必然的に生み出す暗い影の部分に向けさせたのだった。以後、賀川は文学、社会思想、宗教、翻訳など一七三冊以上の膨大な書を世に送り出した。その印税の大部分を、社会改良事業を生み出すためにつぎ込んでいった。労働組合、農民組合、協同組合、信用組合、保険事業の組合化、診療事業、災害救援活動（関東大震災時）など、国家とは一線を画した諸事業である（各地の労働学校の創設にも力を注いだ）。会計は妻ハルだった。印刷工から女子神学校に入った、とびきり聡明で独自の判断ができるハル抜きで賀川の自由な活動はあり得なかった。二人は昔風の夫唱婦随ではなかった。新しい夫婦共同体だった。玉岡かおるの近著『春いちばん――賀川豊彦の妻ハルのはるかなる旅路』（家の光協会、二〇二二年）は、そのような賀川ハルの物語である。

一九三六年には、賀川は「乳と蜜の流るゝ郷《さと》」を『家の光』に連載した。主人公は大恐慌で疲弊する寒村の青年で、何も持たない貧しい人たちであってもつましいままに豊かになれるのだとのメッセージが織り込まれた青春物語だった。波乱に飛んだ青春を生き、力をあわせて協同組合（購買組合、信用組合、医療組合など）を組織し、立体農業（米だけでなく果樹・酪農など多角的経営をすること）に取り組む姿を描くことで、賀川は新農業普及の伝道師になった。「講演の名手で、聞く人の心をとらえて離さない天性の真剣味と熱情がありました。七〇〇人ほどが集まり、会場だった映画館はあふれるばかりでした」。青森県野辺地で初めて賀川の講演を聞いた十代の少女の印象である（榎本和子『エルムの鐘』一八頁）。全国の都市や農村で信頼され、親愛の情をもたれる人気者のキリスト者が誕生したのである。

二年後、満州から白羽の矢が飛んできた。この信頼を土台とした人気という名声こそが、キリスト教開拓団の団員募集の旗振りとして役に立つと見込まれたのである。

一九三八年の時点に戻ると——松岡洋右から満州国の宗教政策の話を聞いた数日後、賀川が次に会わされた大物は、甘粕正彦であった。

3　キリスト教開拓団設立の要請

武藤富男（戦後「キリスト新聞」の創始者になった）は高級法務官僚として渡満していたキリスト者だった。満州国の首脳部に賀川を引き合わせたことを記している。そのなかに日付は不明だが、開拓総局総務処長・五十子巻三の名前がある。東京帝大法学部卒の農林官僚である。満州側で開拓政策の中枢に座ったのは三七年。『満州開拓の道』（大陸建設社、一九四三年）で、大意「現地民は言うことを聞かぬが、日本人開拓団は政府機関の言うことを聞き指導しやすい。以後は開拓団を試験台とし、その実績を通じて原住民を指導し、農産増産を達成したい」と、懐柔と善導策を述べた人物である。次に武藤が六月五日に引き合わせたのが、新京の協和会（満州国唯一の政党）本部の指導者・甘粕正彦である。甘粕は関東大震災時に無政府主義者・大杉栄と伊藤野枝とその甥をどさくさのなかで死に至らしめた主犯であった。満州に渡り隠然たる影響力を発揮していた。賀川は神戸の港湾労働者の大ストライキのおりに大杉と知り合っており、大杉の娘の魔子のためにファーブルの昆虫記を貸したほどである。賀川は甘粕を前にして何を思っただろうか。

この出会いは、まずは存分に賀川の話を聞くためであったと思われる。値踏みである。三八年の満州国においては、「合作社（＝協同組合）奨励」は「農産開発五カ年計画」と「北辺振興計画」と共に三大国策とされ、政府も協和会も奨励していた。賀川はつねづね協同組合運動や国民保険制度を農村で実現する方策を宣伝していた（現代社会では当たり前になっていることがまだ夢であった時代である）。「協同組合による農村保険制度を確立し、農村の資本を農村に還元して災害の保障とする」のだと自論を述べたと思われる。武藤は、甘粕が「農村保険論は大した見識だ」と武藤に感想を述べた、と書き残している。

賀川の随筆「ハルピンだより」には、「（満州国の）今の耕地は約日本の二倍弱千三百万町歩、これから日本人が開墾する所が、千万町歩と聞く。之に協同組合を発展させることができれば万々歳である」と記してある。現代から振り返れば無批判な肯定に戸惑うのである。満州からの帰国後すぐに書いた小説『日輪を孕《はら》む曠野《こうや》』（一九四〇年刊）に「全くこの地方は地球始って以来の無住地帯である」と書いてある。協同組合政策を真っ白なところから始められる幻想に魅せられていたのだろうか。

北西の都市チチハルへは車、北東の日本が造った都市佳木斯《ジャムス》への四四〇キロは飛行機だった。在郷軍人五〇〇人による武装屯田兵組織が入植して開いた初期の移民村「弥栄村《いやさか》」（第一章第三節事例1を参照）の見学にも連れていかれた。「身辺雑記」には「理想的な植民地だと思った」と記している。農地取得と拡大で現地民と対立し、抗争を体験するなかで百数十人の離団者が出たことを知らなかったのだろうか。翌日見学した第二次武装入植の「千振村《ちぶり》」（事例2）は、「土地買収に関連して七十日間籠城し四千の敵に包囲せられて二十数名の者が殺された苦い経験」がある村だと記しつつも、「四千の敵」とは何者であるかは記していない。「羊も数千頭居るし、牧場もあれば農事試験場もあり、理想的な農業経営をやってゐると思って感心した」とある。強引な入植であったが、その後の千振村は確かに成功したのだ。そのあと東部の新興都市牡丹江から鉄路で一〇時間かけ、朝鮮半島との出入口となる町図們《ともん》までもでかけた。本土の各港から日本海を渡って朝鮮北部の清津・羅津港に着く兵士たちや開拓団員たちを、北満各地域へ送り込むために満鉄が開いた自慢の難路であった。満州国の発展ぶりをたっぷり見せられたあと、やおらキリスト教開拓団送り込みの話が持ちかけられた。国家は社会的に信頼され影響力のある巨人を、決して視野の外に放置はしないのだ。

「（新京に戻った）翌朝、七時より元拓務次官をしてゐられた現満州拓植公司総裁・坪上貞一（筆者注：ただしくは貞二）氏に招かれて理事諸君と朝餐を共にした。そしてキリスト教徒の移民村を作ってくれとの要求をきいた。東京に帰って皆とよく相談して決定する旨答えて撫順に急いだ」（『賀川豊彦全集』二四巻、二六〇頁）

キリスト教徒の移民村についての賀川の記述はこれだけである。満拓は第三章に記述したように一九三五年に半官半民で設立された満州拓殖株式会社を前身とし、開拓地の取得、入植地選択、開拓団送り込みに特化した国策組織だった。坪上は、外地（大日本帝国の全関連地）の統治事務と監督を一手に担う拓務省が三七年に満州国に送り出した元外交官だった。

イタリアからの公式使節団が四月下旬から満州に滞在し、五月なかばに帰国していた（武藤富男『私の満州国』）。ローマ帝国の末裔たちに工事開始二年目の松花江豊満ダム、鞍山の昭和製鋼所、撫順炭鉱の露天掘りなどを見せていたが、あとは農業分野にキリスト者たちの開拓村があり、開拓者が礼拝堂で祈る姿があれば印象深かったかもしれない。坪上は賀川に、「世界の植民史をみるに、キリスト教信仰に基づく植民は成功する。経済一点ばりの者はだめ。一つキリスト教村を満州移民村の模範としたいものだ」と述べている（栗原陽太郎『太郎物語――ある田舎牧師の生涯　栗原陽太郎自伝』一九七三年刊。栗原はこの計画の日本側責任者になった牧師である）。外交官らしいコメントだ。イギリスからアメリカに渡った白人清教徒たちの植民をさすのだろう（原住民は一九世紀の末までに征服されていた。しかしその激しい闘争史は、第二次世界大戦後まで米国内や国際社会に知られていなかった）。

今欲しいのは清廉なキリスト教の開拓団なのだという、元外交官の願いは賀川の心をくすぐらなかっただろうか。坪上にとって、満州国を国際社会に認めさすには、西欧で知られるキリスト教の開拓村でなければならなかったのだろう。

帰国した賀川は、日本基督教連盟の農村伝道部委員会に、坪上の要請を諮った。しかし、結論は「当分見送り」であった。全国の農村教会の青年信徒たちが徴兵されている上に、もともと都市部に比べ日本の農村には信徒は少ない。さらに中堅を満州に送り出せば、教会の維持に差し支えるのだ。皮肉なことに戦争景気で、米、木炭、木材が高騰し、手間賃も上がっていた。さらに、日本本土のキリスト教指導者たちの目に留まるほどの窮民は教会員たちのなかにはおらず、満州に送り出そうとの発想さえなかったのである。満州の開拓団は遠い話であった。のちに第一次キリスト教開拓団の団長になった堀井順次は、「（日本基督教）連盟が主体的に決意して計画したわけではない。最初は満鉄や満拓公社など、在満諸機関に席を置いたオールド・リベラリストたちの話し合いの中で出たものであった」とはっきり述べている（『敗戦前後』）。

国内では三八年四月に公布され五月に施行された国家総動員法から次々に関連法が生まれ、改正されていった。電力管理法の成立によって全国の諸電力会社が統合され、電力界の国家管理（日本発送電）がスタートしたように、精神界では宗教界全体の国家管理が始まろうとしていた。「宗教団体法」である。

仏教界、教派神道界、キリスト教界をそれぞれ強制合同させ、全宗教団体を文部省宗教局の支配下に入れるのである。戦前の大日本帝国憲法には「安寧秩序を妨げず、及び臣民たるの義務に背かざる限りにおいて、信教の自由を有す」（第二十八条）とあった。しかし「宗教団体法」では当局が教団代表者の解任権をにぎった。信者らが安寧秩序を妨げ臣民の義務にそむくと当局が勝手に判断してしまえば、教団そのものの認可を取り消せるのである。宗教を戦争に徹底的に利用するのだ。反逆行為だと当局が断定すれば、治安維持法を使えた。信仰者は法と信仰のはざまでどう生きるのか――（治安維持法は、一九二五年の成立時には七条だった条文が四一年の改正で六五条になった。敗戦までの宗教者を含む総犠牲者は国土の隅々にまで及び、送検者七万五六八一人、起訴五一六二人、逮捕者総数は数十万人にのぼっている。治安維持法犠牲者国家賠償要求同盟神奈川県本部『不屈　神奈川版』一九九四年）。

4　「満洲開拓政策・基本要綱」閣議決定（一九三九年）

日中戦争が泥沼状態のまま三九年になり、その夏、西日本と朝鮮半島に日照りが続き、「食糧危機」が見えた。事態の深刻さが見えにくい都会に向けて、政府は目に見える形での耐乏生活を指示した。ネオンサインの全廃で都会の夜は一斉に暗くなり、パーマネント廃止で女性から化粧っ気が消えた。人出が減った都会は華やかさを失っていった。さらに翌年のオリンピックの見送りのニュースで国民をすっかり落胆させた政府は、八月二二日、内地と外地の中等学校・師範学校の代表選手を集め、文部省主催の大体育大会を外苑で開催した。開会式では天皇からの「青少年学徒に賜わりたる勅語」が奉読された。「質実剛健の気風を振励せよ」との活力注入のお言葉である。中学生以上は、教育勅語のように暗記させられた。

しかし三九年のヨーロッパの情勢は、不穏さをはらんでいた。八月二三日に独ソが不可侵条約を締結したことを世界が知ったのは二四日だった。日本はドイツ・イタリアと「防共協定」を結んでいた。さらにドイツと反ソ連防共軍事同盟を結ぶ討議をしていたのに、なんとヒトラーがスターリンと手を結ぶとは！　時の首相平沼騏一郎は検察畑から頂点にのぼった国家主義者の元司法官僚だった。国際政治の地政学や軍事学的多国間外交の駆け引きが読めず、「複雑怪奇なり」と怒り、二八日に、八カ月で政権を放り出してしまった。総辞職である。八月三〇日、阿部信行（陸軍大将）が組閣した。翌九月の一日にドイツがポーランドに侵攻した。ソ連も九月半ばにポーランドへ侵攻し、両国はポーランドを分割した。三日にイギリスとフランスはドイツに宣戦布告した。第二次世界大戦の始まりだった。

独ソのポーランド分割のあと、日本基督教連盟は第一七回総会で開拓団送り出し（に時間を割くこと）を決議した。一一月だった。阿部信行内閣が「満洲開拓政策基本要綱」を「閣議決定」（一二月二二日）するのは見えていた。「移民政策」という言葉は「開拓政策」と改められた。武装移民は屯墾団と呼ばれ、つぎに「移民団」と呼ばれたが、正式に「開拓団」と改名された。満州へ開拓に行くのは、明治以来北海道へ国防を兼ねて開拓に行ったのと同じなのだという、意識操作でもあった。

阿部内閣の閣議決定の基本方針は、「満州開拓政策は、日満両国の一体的重要国策であり、東亜《東アジア》新秩序建設のための、道義的新大陸政策の拠点を確立すること」であった。その背後をのぞきこめば、満州から食糧、自然資源の鉄、エネルギー資源の石炭が入らないなら、戦争は続けられぬ、満州国こそはもはや不可分の「生命線」であるという緊迫した現実があった。同時にそれは巨額の金が動く、日本の資本主義構造を支える「生命線ビジネス」であった。

「満洲基督教開拓村委員会」が設置されたのは、一九四〇年（昭和一五年）の年度末の三月だった。賀川が委員長に選ばれたのは当然だった。

第五章　キリスト教開拓団

第一節　第一次キリスト教開拓村・長嶺子基督教開拓団

1　入植までの経緯・団長堀井順次牧師　一九四〇年

満州では入植地が決まり、関係者が待ち構えていた。もたつく内地側に計画案作成の助っ人として、満鉄調査室嘱託から理事になっていた千葉豊治を派遣してきた。「進退きわまった教会側は、賀川に迫り、賀川もやむを得ないとして、準備不足のまま、キリスト教開拓村設置計画を実行に移したのである。その開拓団の責任者として、私に白羽の矢がたてられた」（堀井順次『敗戦前後』二八頁）。堀井順次は、兵庫県加西郡の日本基督教会飯盛野伝道教会牧師だった。

堀井は三六歳の、賀川の弟子であった。一三歳で故郷丹波篠山を出て、神戸の三菱造船所で機械設計技師となっていたが、二〇歳で結核になって退職し、神戸の新川の賀川の許に行き、中央神学校（母体は神戸神学校）に入って牧師への道を歩みだした。教授だったクラークと共に兵庫県の内陸寄りの加西郡に農村開拓伝道の先駆者として入り、飯盛野伝道教会をスタートさせたのは一九三一年だった。「十字架愛道場」を運営し、地域に葡萄汁やホームスパン（手織りの毛織物）など多角的農業（賀川の言う立体農業）の可能性を実践して見せた。家族に見捨てられた結核に苦しむ人たちの居場所も設け、妻や信徒たちが病人の世話をして九年間心血を注いできたのだ。葛藤は深かったが、苦境のなかの恩師の要請に応えた。一本のモミの木を植え、五〇人ほどの人たちに送別会を開いてもらって、妻と三人の幼子と共に飯盛野をあとにしたのだった（『飯盛野教会五〇年史』『堀井順次牧師説教集「私の人生旅日記」』などより）。

団長の堀井は視察のために、四〇年四月満州に渡り、大小の開拓村や朝鮮人集落、白系ロシア人集落などを見て回った。

五月に満拓総裁坪上の招きで、賀川が再びやって来た。賀川は堀井をつれて国務院、満拓公社、南満州鉄道などの要人を表敬訪問した。キリスト教開拓団の顔となる人物の正式の「お披露目」であった。国務院総務長官・星野直樹とも会っている。そのあと二人は入植予定地とされた、牡丹江市に近い山間部の四道溝を視察した。地形はよかったが山奥で、治安に不安がある一帯だった。

牡丹江周縁は古くは渤海国に属し、その領域は朝鮮半島北部までも含んでいた。従って満州族の清朝（一六一六～一九一二）が辛亥革命によって崩壊し権力を喪失すると、朝鮮人がいわば地続きの祖先の地へ流入し、いくつもの村を作っていた。さらに朝鮮総督府と日本の国策会社である東洋拓殖株式会社（東拓）が、朝鮮半島に日本人を入れるため、朝鮮の農民を満州へ追い出した面もある。山間部を拠点とする朝鮮人抗日ゲリラの活動が執拗に続いたのは、彼らが心血を注いで開墾した平坦地を日本人の移民地として、関東軍と満拓が取り上げたためであった。

六月一九日、日本に戻った堀井は、日本基督教連盟の農村伝道委員会メンバーたちと東京に来ていた千葉豊治が練り上げた、開拓村建設の計画をさらに検討した。出来上がった営農計画書である「満州基督村建設に就て　牡丹江省四道溝基督者開拓組合入植計画書　康徳（「満州国」元号）七年五月」を、関係者と共に拓務省に出向いて提出した。そのあと東京府庁に回って、①「内原満蒙開拓幹部訓練所」（茨城県）に入所して団長としての訓練を受けること、②団員たちの訓練所に関しては、東京府直営の「東京府拓務訓練所」を使わず、世田谷にすでにある「基督教中央農村文化研究所」に、自前の「満蒙基督教開拓村武蔵野訓練所」（主任藤崎盛一）を置くことを届け出た。

同時に「堀井団長の渡満旅費と、今までの俸給の十二割を向う五ケ年間、日満両国から出す確約をうけた」（栗原陽太郎『太郎物語』）。牧師の俸給はどこも低額であった。

最初の「満州基督教開拓村後援会・会員募集趣意書」が委員長・賀川豊彦の名で印刷され、計画書と共に日本基督教連盟に加盟する諸教派諸団体に配付されたのは、この時だと思われる。

「神の国新聞」（賀川中心で編集していた八頁の新聞）の七月一〇日号は、「満洲基督教開拓村　同志の移民を求む」との見出しのもとに移民募集特集号となった。賀川は送り出す側として、健筆をふるっている。

「満州の曠野は日本人の来るのを待っている。茫々千里、無住地区だけでも、日本の耕地面積の四倍位はあるだらう」と書き出し、「無住地帯に漢民族との衝突を避け、蒙古人種である日本人が移住するのに何の遠慮がいるか、祖先が出て来た地方にもう一度帰るだけのことである」と記している。「無住地帯」という言葉は日露戦争のあとに使われだしたが、三〇年が経ち、現実にはもはや無住の地ではなかった――。

堀井は七月一〇日、茨城県内原の満蒙開拓幹部訓練所（所長加藤完治）に入所した。通常二カ月の幹部訓練を二週間で切り上げさせてもらい（満州農業についての知識を欠き、のちに大きな悔いとなるのであるが）、さあ、これから応募してきた入植希望者の面接に動こうという時、突然現地側より「関東軍によって四道溝入植地の許可が取り消された、ただちに渡満せよ」との電報が届いた。八月一五日、堀井は再び海を越えた。

一九四〇年は、皇国日本紀元二千六百年祭での国威発揚の年であった。六月から七月にかけ、満州国皇帝溥儀が天皇皇后に慶祝の辞を述べに再訪日し、帰国後、伊勢神宮の天照大神を満州国建国の祭神として新京の建国神廟にまつり、七月一五日「国本奠定《てんてい》に関する詔書」を渙発《かんぱつ》した（大意は、第四章第二節参照）。

六月にはドイツ軍がパリを占領し、イタリアがドイツ側で参戦した。世界全体が巨大な渦巻きのなかに投げ込まれたのである。極東日本のキリスト教界にも厳しい季節が始まった。

八月三日には「スパイはここにも！　十字架の影で暗躍！」と、新聞各紙が西欧人宣教師をスパイとして排撃する記事を掲載し、七日には、東京憲兵隊による日本救世軍（イギリスに始まったキリスト教の貧者救済社会事業）の取調べ事件（七月三一日）を効果的に報道した。そして軍による次の恫喝的国策捜査は、国際派キリスト者で平和主義者の賀川豊彦に向けられたのだった。キリスト教界への続けさまの平手打ち《スラップ》である。

八月二五日、賀川は渋谷憲兵隊に拘引された。「陸軍刑法違反」嫌疑だった。きっかけは「カガワ・カレンダー」に英語で書かれた中国への謝罪の文言だったが、実際は平和主義者としての講演の全てが軍部と警察の忌諱《きい》に触れるのだった。ちなみに一九三六年に宗教者への治安維持法適用が開始されて以来、敗戦までの一〇年間、特別高等警察はキリスト教指導者や宣教師約三〇〇〇人の言行記録を『特高月報』に残している（説教、手紙の開封、立ち話など）。皮肉なことに、おかげさまで弾圧の全体像が知られたともいえる。『特高資料による――戦時下のキリスト教運動』に再録されている。チェックされた回数が一番多いのは賀川である。

開拓村委員会の委員長は松山常次郎（一八八四～一九六一）に替わった。いつ賀川が釈放されるかわからなかったからである。松山常次郎は、朝鮮半島での干拓や宮城県北上川沿岸の開拓事業の経験のある実業家の代議士だった。

満州で堀井は松山と合流し、改めて入植候補地として提示された、ハルビン郊外西南わずか一八キロの長嶺子を視察した。夏のハルビン周辺は快適である。松花江もまた滔々と流れている。都市計画ではゆくゆくは広大な「農公園」（農村風景をそのまま生かす自然公園）になると指定された地域だった（越沢明『哈爾濱の都市計画一八九八―一九四五』総和社、一九八九年）。

いったいこの突然の、ハルビン近郊という「好適地」への変更は何を意味するのだろうか。中国近現代史の研究者倉橋正直は、同開拓団は「ショールームの役割」を果たすはずだったのだろう、太平洋戦争の開戦により実際にはこの企図は不発に終わったが、日本人クリスチャンも喜んで満蒙開拓という国策に協力しているのですよと、欧米諸国からの視察者に見せたかったのだろう、と述べている（「賀川豊彦と満州キリスト教開拓団」、『季刊 at』15号）。堀井は「反対する理由もなく」、折衝を一任して帰国した。

大連基督教青年会総主事の稲葉好延を核として、新京、奉天、大連、ハルビンなどを拠点に、満州側キリスト者たちの後援会が生まれていた。事務所を大連ＹＭＣＡに置き、関係諸機関に決定を急がせ、長嶺子を開拓用地とすることを認めさせると、横槍が再度入ることを恐れてか、早急に入植するよう要請してきた（彼らこそが、軍に入植地変更を進言したのかもしれなかった）。

しかし、内地側の準備は進んでいなかった。堀井が帰国してみると、武蔵野に開設した訓練所への入植希望者の数は少なかった。日本基督教連盟は一〇月一七日、二万数千人を集め、「皇紀二千六百年奉祝全国基督教信徒大会」を青山学院において開催し、プロテスタント諸教派の合同を宣言した。同じ頃三名の指導的牧師が他宗教の指導者と共に、明治神宮で一カ月間、神道の講習を受けさせられていた。布教認可の条件だった（『信徒の友』一九六七年七月号）。開拓団問題など指導層の眼中にはなかったのだろう。

2　「後援会会員募集趣意書」一九四〇年

入植予定地の急な変更により、大急ぎで「満洲基督教開拓村後援会　会員募集趣意書」は刷り直され、各地の教会及び関係諸団体に送られた（貴重な史料なので、読みやすいように多少現代文化し、追加部分に傍線を引き、項目を〔〕で示し、現地農民に関する部分を太字で記した。）

　前々より志を同じくする者たちが、満洲における基督教村の建設に対する聖なる幻を有し、祈っていたところ、昭和十三年夏、賀川豊彦氏渡満の際に、満洲拓植公社の坪上貞二総裁から基督教村建設を要望された。

　翌十四年夏、日本基督教連盟・農村伝道部・幹事栗原陽太郎氏が現地調査のため渡満し、さまざまな移民村を視察の上で当局と懇談の結果、基督教開拓村建設を急がなければならないと痛感し、秋に開催された日本基督教連盟総会において、実現を決議するに至った。

　かねてから本事業に協賛されておられた満鉄総裁の大村卓一氏（筆者注：妻はキリスト者）の意を体し、昭和十五年春、満鉄調査部員の千葉豊治氏が上京され、一ケ月に亘って基督教連盟・農村伝道委員会において懇談熟議を遂げ、この建設の具体化を謀った。この好機に際し摂理であるかのように、開拓団長として適任者である兵庫県（十字架愛道場主）飯盛野教会牧師・堀井順次氏を与えられたのである。

　同氏は四月初め渡満し、千葉氏協力の下に約三ケ月現地調査研究の上、満洲当局並にちょうど渡満中の賀川豊彦氏と共に協議の末、六月中旬、牡丹江市郊外の馬太溝《マタイ》（筆者注：四道溝のこと。マタイはイエスの弟子の名前）に七百五十町歩の土地を与えられ、五十戸の「集合移民入植」の下準備が成った。

　然るに七月にはいって馬太溝が「軍用地編入」となったため、開拓村委員長・松山常次郎氏および団長堀井氏がさらに渡満の上、満洲当局尽力の下で各地を再調査の結果、哈爾濱市郊外馬太村（地名は長嶺子であるが既設開拓村に同名のものがあるので、馬太村と改称する）に七百五十町歩の好適地を与えられた。九月中旬松山・堀井両氏ともに帰朝されたので、両氏より直に現地調査報告および開拓計画の説明を聴取し、熟議の後、次の如き陣容をととのえ、満洲基督教開拓村委員会を組織し、更に開拓村後援会の会員募集の趣意書を発表する運びとなった。

ここにひろく天下同志の熱心なる協力後援を得て、着々その計画を実現し、基督の福音による満洲理想村の建設を祈るものである。

希《こいねがわ》くは我等基督者の双肩に托せられたこの光栄に対して、諸兄姉および諸団体各位の熱誠なる御協力を得たく、何卒奮ってこの壮挙に御賛同の上、後援会々員として御加盟下されたく切に御願い申上げる次第であります。

昭和十五年十一月

東京市神田区錦町一丁目六番地
日本基督教連盟内
満洲基督教開拓村後援会
振替東京一六八七一五番

満洲基督教開拓村委員会（筆者注：改行省略）

委員長兼財務委員長　松山常次郎、副委員長　眞鍋頼一、団長　堀井順次、幹事　栗原陽太郎、会計兼常任並財務委員　小林誠、同　野口末彦、常任兼財務委員　賀川豊彦、同　杉山元治郎、同　都田恒太郎、同（日満連絡の為め）千葉豊治、常任委員　中村萬作、同　藤崎盛一、財務委員　小﨑道雄、同生江孝之、同　久布白落實、同　小谷清、同　小川清澄、同　吉田悦三、同　海老澤亮、委員　千葉勇五郎、同　富田満、同　鵜崎多一、同　小川渙三

満洲基督教開拓村建設計画（筆者注：改行省略）

〔一〕、入植地（筆者注：略）〔二〕、本部（略）〔三〕、団長（略）〔四〕、要旨　国策開拓農民たる本旨を体し、組合の結成に依り、普通畑作を主とし畜産及び加工を加へたる畜力機械に依る有畜多角形農業経営を目的とし、基督教精神に基き日本農民の中核たる五族協和の理想郷を建設せんとするものとす。〔五〕、種別　集合開拓農民〔六〕、入植予定戸数　康徳八年（筆者注：「満州国」元号）三月二十戸　同九年三月三十戸　計五十戸〔七〕、所要面積　七百五十町歩

地目	五十戸分	一戸当り
水　田		—
畑	五〇〇町歩	一〇町歩
放牧採草地及山林	二五〇町歩	五町歩
計	七五〇町歩	一五町歩

将来防水工事完了後は相当町歩の水田を経営し畑地若干町歩を植林地帯或は果樹園等に変更し農家経営を確実にせんとす。〔八〕、土地取得方法　哈爾濱市公署より分譲を受くるものとす。〔九〕、原住民　**現在小作農家四十戸あれど開拓村建設の進展と共に漸次省公署当局の尽力により他に移転せしむるものとす。**〔一〇〕、水利　現在湿地帯に若干の水流あれどこれを整備するも多くの水田を開くことは不可能なり、されど将来松花江岸の防水工事完成すれば江水利用により広大なる水田を開き得る見込みな

り。〔一一〕、公共施設　道路　開拓団本部予定地より哈爾濱まで約十八粁《キロメートル》　王崗駅まで約八粁　バス通路まで約四粁の間に既設道路あれど雨期は通行困難なり。通信　市内に郵政局及電報局あれど開拓村の為に弁事所（筆者注：行政末端機関）設置の必要ありと認む。教育　市内に日本人小学校あるも通学は困難なれば村内に小学校設立の必要あり。衛生　市内に日系病院あり之を利用す。治安　市区域内の事とて治安状態は極めて平穏なり。〔一二〕、営農計画　一戸当り耕作地割当て面積は十町歩、牧草採取地五町歩とす、之が経営には組合員家族労力を主体とするも、労力不足の場合は臨時雇用する事あるべし。〔一三〕、入植者の人選　本組合の要旨に同意する農業経験者中より、日本基督教連盟内満洲基督教開拓村委員会之を厳選し、拓務省指定の訓練を受けしむ。〔一四〕、指導　経営各般に亘り満洲国関係官庁並満洲拓植公社の指導を受く。〔一五〕、経営方針　方針　勤労自給自足経済を基礎としたる自作農共同経営による。型体　耕種　蔬菜《そさい》　養畜　加工併用の混同農とす。組織　入植者は別に定むる定款に基く組合を組織す。

満洲基督教開拓村建設資金
一金　五万円也　建設資金総額
内訳　金参万円也　第一期会堂建築及諸施設費
募集期間　昭和十六年十月迄満一ケ年間
金弐万円也　第弐期諸施設完整費
募集期間　昭和十八年十月迄満二ケ年間
一、後援会々費　賛助員　一口　一円以上

普通会員（乙）　一口　十円以上
普通会員（甲）　一口　百円以上
特別会員　　　　一口　千円以上

…………………切……………取……………線…………………

（以下欠落）

切取線の後に「会員申込書」が続く。六月に印刷された申込書では、名宛人は「満洲基督教開拓村委員会委員長賀川豊彦殿」であるから、この場合の名宛人は「松山常次郎殿」であったと思われる。一戸当たり一五町歩の自作農になれるのだという文言は、後援会会員になるならないとは別に、人々を魅了したに違いない。取得地の土地代は、のちに入植者が自作農となってから年賦償還していくことになっていたが、それは記載されていない。

3　先遣隊の出発・戦後の忘却　一九四一年

渋谷憲兵隊に拘束されていた賀川は、九月一三日に釈放された。賀川が満州総覧の旅で出会った元満鉄総裁の松岡洋右の強力な口利きがあったのだ。松岡は第二次近衛内閣の外務大臣兼拓務大臣になっており、賀川を巣鴨拘置所から解放することを軍に迫ってくれたのである。松岡は日独伊三国同盟案を極秘で詰めている最中であった（二七日に同盟は成立した）。

賀川は一九年間続けていた個人雑誌『雲の柱』を自発的に廃刊にした（「紙の配給を止める」と示唆された可能性もある。全集二四巻三一三頁）。すぐに瀬戸内海の豊島《てしま》に退いて、「日本協同組合保険論」（『賀川豊彦全集』

第一一巻所収）の仕上げに専心した。拘引前に、家族と東京の暑さを避け長野県に借りた借家（二階のみ）で書いていたものである。切り替えの早さと集中は賀川の特性であった。

賀川の本家は徳島にあり、豊島は賀川の家族の静養の地であった。賀川は書物の印税をさまざまな社会事業に投入していたが、豊島にも賀川のサポートする結核療養所があり、立体農業実験地もあった。妻であるハルとは神戸の新川以来の見事な二人三脚であったが、経済面の責任者として徹底的にバックアップし采配を振るっていたのはハルであった。

賀川は軍官僚の持つ権力のすごさを身をもって知ったのである。しかし残念なことに取調べの内容を記録として賀川は遺していない。

一一月二〇日、世田谷にある、もともと賀川が主宰していた基督教中央農村文化研究所内に「満洲基督教開拓村武蔵野訓練所」が開所された。「基督教精神をもって、国策上の満州開拓村建設に当たる者に、開拓の精神と技術を習得させる」と、国策協力事業であることが謳われた。

所長・松山常次郎、主事・栗原陽太郎、訓練主任・藤崎盛一だった。

訓練期間は一カ月だった。課目は「国体原理」「満州移住論」「満州農業論」「共同組合論」「実施農業及び農業加工」「兄弟愛史」「畜産加工」「聖書講話」「キリスト教農民道」などであった。講師は多くがキリスト教界で名を知られた人であった。なかには廃娼運動や婦人参政権獲得運動に取り組んできた女性牧師の久布《くぶ》白落實《しろおちみ》（開拓村委員会財務委員）もいた。満州と女性に関して何を語ったのだろうか。賀川は講師としてもかかわった。協同組合論と満州岩石論である。どのような鉱物資源があるのかを語ったと思われる。

翌四一年（昭和一六年）年一月三〇日、東京霊南坂教会の日本間に団長と先遣隊員五名が集合した。兵庫からの団長堀井順次（三八歳）、橋本武雄（四七歳）、堀井米蔵（二八歳）、新潟からの齋藤惣五郎（三〇歳）、渡辺松蔵（二六歳）、秋田からの七尾雄三（二四歳）である。三一日に日本基督教連盟主催の壮行会が開かれ、一〇〇名が集った。晩餐のあと、松山委員長と杉山元治郎代議士が熱弁をふるって壮途を祝福した。そして久布白落實も。

しかし、団長の堀井の胸中は複雑であった。決意表明には「今の情勢では、キリスト教開拓団の失敗は必然である。もし成功したとすれば、まったくの僥倖といわねばならない」という言葉が挟まれている。まるで人身御供にされたことに対する返礼の言葉のようである。参会者たちはどう受け取っただろうか。

出発までのどの時点かはさだかではないが、拘置所から出て来た五三歳の師である賀川に向けて堀井は、「最悪の覚悟で行ってきます」と言わずにはおられなかった。「賀川は顔も上げず、一言も答えなかった」と回顧録『敗戦前後』に記している。

「……昭和一六年二月一日、上野駅から讃美歌に送られて出発した一行があった。満洲開拓基督教村の先遣隊の八《ママ》名であった」

と始まる論文「知られざる教団史の断面――満州開拓基督教村」が、キリスト教系月刊誌『福音と世界』に発表されたのは、それから四〇年後の一九八一年である。読者には衝撃的だった。一二月号に八頁にわたって掲載されている。

「……これを皮切りに、一二次にわたって二〇〇余名が送り出された。送り出したのは、当初日本基督教連盟、やがて（日本基督）教団創立と共に全ての事業が教団に引き継がれることになる。そして、敗戦と共にこの二〇〇余名が満州の地でどのような状況に会わねばならなかったのかは、言うまでもない。ところが……戦後キリスト教界の中で全く忘れ去られている」（同）

書いたのは、『日本基督教団史資料集』編纂に携わっていた戒能《かいのう》信生牧師だった。時の流れと共に散逸していく戦時中の史料を精力的に収集していく過程で、「満洲基督教開拓団」と記載のある資料に遭遇した。聞いたこともない。いったいこれは何なのか。敗戦から三〇数年が経っていたが、そこには戦時中からよく知られた指導者たちの名前が並んでいる。彼らは生きている。しかし彼らが満州基督教開拓団を話題にすることはなかった。指導者たちはなぜ自らが関与した事業について語らないのか。

このままでは風化していく。教団史の空白とさせないために、まず輪郭を把握する作業を始めた。厚生省資料や東京都民生局援護部資料を集めることから始まった。団員たちの氏名、当時の年齢、同伴家族の名、出身地、敗戦時の状況などを表にしていった。団長であった堀井順次牧師を四国の松山に訪ねた。経緯を尋ね、収集した関係資料を時系列に並べた時、発端・入植・敗戦までの全体像が見えてきたのである。

しかも送られた開拓団は一つではなかった。第二開拓団の先遣隊も、なんと敗戦の年である一九四五年に出発していたのだった。

一九八〇年代初めに戒能牧師によるこの論文がもし書かれていなかったなら、詳細は忘却にまかされ、継承の道は開けなかっただろう。継承は、まず可視化して、次に深く意味を問う行為から始まる。組織の行為は社会的に意味を問わなければならない場合がある。キリスト教開拓団の満州入植は明白にその一つであった。

4　入植・宿舎の建設・初期農業　一九四一―四二年

第一次開拓団の先遣隊員たちは、移住者でにぎわう新潟港を出て、日本海を横断し、朝鮮半島北部の羅津港で上陸した。

朝鮮鉄道の先の満鉄に乗り、冬枯れの南陽、図們《ともん》、牡丹江《ぼたんこう》を経由し、一九四一年二月六日厳寒のハルビンに到着した。紀元節である二月一一日に、ハルビンの西南約一八キロに位置する長嶺子に向かった。一帯は顧郷区登州李屯《トンジュウリトン》と呼ばれ、一〇数カ村が点在していた。その内のハルビン寄りに並ぶ、東長嶺子、腰《よう》（＝中心）長嶺子、西長嶺子と呼ばれる三つの現地民部落をキリスト教村の用地として買収してあるはずであった。建設計画には「**原住民の小作農家四十戸あれど開拓村建設の進展と共に漸次省公署当局の尽力により他に移転せしむるものとす**」とあった。

南側には湿地帯がひろがり、背後は丘陵地帯である。丘を越えた北側の斜面を下ると松花江があり、川はハルビン方向に向けて北流している（第二章の冒頭に記した満鉄経済調査会の資料の描写そのままである）。団の領域は「東西二里南北一里」（『南満青年』大連基督教青年会、一九四一年七月号）。

東部落には五、六戸、腰部落に約二〇戸、西部落にも約二〇戸、あわせて四〇数戸現地民農家があったが、どの家にも農民が住んでいた。まだ家を空けてはいなかったのである。

満拓公社の世話係は二、三日一緒に住み生活指導をするはずであったが、先遣隊員用宿舎として現地民農家の家屋の一間をあてがうと、荷物を下ろしてそそくさとハルビンに戻って行ってしまった。事情も知らず言葉も通じない。通訳なしの驚くべきスタートを切ることになったのである。

地域の状況調査を始めると、すぐに村人が回りを取り囲んだ。筆談で「ここは自分の土地である。まだ売っていない」と言う（堀井順次『敗戦前後』四二頁）。やはり用地買収は完了していなかったのだ。「諸君はいかなる宗教を信奉し、何を目的としてこの地に来たか」と筆談は続いた。宗教関係の開拓団であることは聞かされていたのだろう。ハルビン北東郊外の地には天理教の開拓村があり、開拓村として一応の平穏状態に到達し繁栄していた。「基督教、日満友好」と書いて渡すと、黙ってうなずき団長たちを放免した。しかし農家の一間住まいは忍耐強く続けなければならなかった。自分の家を自発的に明け渡す者などいないのである。

用地買収は意外な方向からひらけた。ある日現地の子どもたちが目を病んでいるのを見て（腫瘍という説もある）、元陸軍衛生上等兵で先遣隊員の**堀井米蔵**（団長と姻戚関係なし）が手当てをしたところ、「無料診療の名医あり」と遠近各地から患者が来るようになったのである。幸運なことに薬品類を持ち込んでいた。まだハルビンでの待機中に、奉天医科大学の日本人医師大平得之博士を中心とする、キリスト教医師団から寄贈された医療資材があった。現地人との関係が好転し、満拓公社は用地買収をおだやかに進めることができたのだった。顧郷区の現地民区長が「説得」に当ったのだと、団長はあとで知った。

証言1　陳丕林《チン・ヒーリン》　筆者は二〇〇三年七月にハルビンからバスに乗って現地を取材した。一九四一年に土地を売った農民の一人である陳丕林さん（取材時七九歳）に、長嶺子で出会うことができた。五八年前の日本敗戦時には、地域住民がすぐに戻って来て住んだであろう開拓団の跡地には、ところどころに土壁の廃屋が崩れるにまかされて残っているばかりだった。現代の農民たちは丘陵地に赤い焼きレンガで家を建てて暮らしていた。湿地帯の一部は養魚場になっていた。

陳さんは丘の上のご自宅ににこやかに招き入れてくださり、家族と共にゆったりと取材に応じてくださった。通訳をしてくださった朝鮮族系の田軍《チョングン》教授がまず教育界のつてをたぐり、陳さんの親戚の教師を探し出してくださり、その方に連れられてお訪ねしたからこそ信頼されたのである。

陳さんは、日本人のキリスト教開拓団が存在した頃、まだ十代なかばの少年だった。しかし身体頑健で労働力としては一人前であり、体力のない父に代わって一家を担っていたので、当時の状況はしっかり把握しておられた。取材のあと陳さんは、キリスト教開拓団の本部と教会堂のあったゆるやかな斜面に私たちを案内してくださった。そこには一切何も残っていなかった。夏草が日に照らされて揺れているだけだった。当時使われたレンガはその後、地元民がそれぞれの住宅建築の一部として活用したのだろうと思われた。

「ご自分の土地を売るのはお嫌だったでしょう」と率直に質問した。「仕方なかったね。治めていたのは日本軍だからね」というのが、陳さんのお返事であった。満拓の背後に関東軍あり。国名は「満洲帝国」であっても、皇帝溥儀は日本軍の傀儡《かいらい》にすぎず無力であった。住民は良く知っていたのである。

長嶺子の用地買収は、開拓地としては例外的な一般的売買地価で行われたと思われる。陳さんは、熟地（耕作に適した良地）一シャン（約七・二反）当たり八〇円で売ったとのことであった。ちなみに吉林省東北部のある地域での当時の一般的売買価格は、熟地五〇―一〇〇円、荒地五―二五円だった。それを満拓は、熟地最高二〇円、荒地二円、もと熟地であった荒地一〇円という安値で買い叩いた（陳野守正『凍土の碑』）。抵抗する者には、随行兵士が武力行使を厭わなかった。それに比べれば穏やかな売買であったのだ。

先遣隊員たちの最初の仕事は合同宿舎の設営であった。設営費用は満洲国政府が満拓公社を通じて補助すると聞いて来たのに、「集合」と区分けされる五〇戸から一〇〇戸の小開拓団の場合、資金補助がでるのは既入植者のみだという。ちなみに団の規模の分類は、集団開拓民（一〇〇～三〇〇戸）、集合開拓民（五〇～一〇〇戸）、分散開拓民（それ以下）となっていた。人が来てから金が出るのでは、入植時点で住む家がない。その上八月には秋になる。当てが外れた団長は、四月に第一本隊、五月に第二本隊と入植して来ることになっている団員たちが「当座のあいだ現地人の家に間借りできるよう、手筈を整え」つつ、大急ぎで満州国の日本人後援会の要人たちにつなぎ融資の依頼に行かねばならなかった。

その七月、日本軍は、前年の北部仏印占領に続き、南部仏印に進駐した。この「南進」により日米関係は極度に悪化し、アメリカは日本の政府、企業、個人の在米資産を凍結した。そして一二月、日本はついに米英など連合国相手に戦端を開いた。堀井と開拓団にとっては大誤算であった。賀川が基督教村応援用に約束していた援助金（金額は不明）が、在米資産の凍結によって受け取れなくなったのである（「激動の半世紀十字架を負い続ける『同鍋会』旧満州キリスト教開拓村団員の今昔」『クリスチャン・グラフ』一九七八年一一月号）。一九三五年、賀川は請われて、資本主義でもなく、社会主義でもない協同組合的経営推進の第一人者として、全米を講演してまわっていた。講演回数は五〇〇回以上である。

さらに、予約されていた内地での募金も予約どおり入る見込みはなくなった。確実なのは満拓の資金補助だけになった。寒さが襲いだす九月までにメドを立てなければならず、只一人の牧師は、団員と共に祈り団員と共にこれからのあり方を語り合うより、金策のためのハルビン滞在の時間が増えていった。

入植当初の開拓村の状況と団員たちの入植動機などを知るために、以下、二〇〇六年の時点で生存されていた元団員の方からお聞きした証言をつないで、部分的ながら再現を試みていきたい。

証言2　小川善一　合同宿舎設営のために奮闘する先遣隊員の姿を最初に見たのは、現地入団者第一号となった青年であった。戦後小平市の市会議員を三五年務めて引退した小川善一さん（取材時八三歳）の、筆者への証言（二〇〇五年一月、小平のご自宅にて）。

――私は満蒙開拓青少年義勇軍（前述の通り、名称は、国内向けには軍、満州国現地では隊と使い分けられていた）の隊員でした。一六歳で内原訓練所に入所し、四一年当時は、満鉄京図線柳樹河鉄道自警村で訓練生活を送っていました。たまたま雑誌『月刊満洲』で「長嶺子基督教開拓団」を知り、現地入植を決断し単身移行したのです。三月なかばでした。義勇隊訓練所長はみなの前で私を罵倒しましたが、止めはしませんでした。一九歳になっていました。

ハルビンの駅から春の猛吹雪のなかを、徒歩でキリスト教開拓村にたどりつきました。先遣隊員たちは一軒の現地民農家の土間に内地からの荷物を山積みにして狭い一部屋で生活していました。合同宿舎となるマタイ寮を建てている団員に、「僕もここの団員にしてください」と直談判をしました。私はクリスチャンではありませんが、幼い頃、津田塾の女学生がやっていた日曜学校に通っていました。そこで暗唱した「神は、耐え難き苦難に遭わしめず」「重荷を負う者われに来れ」などの言葉によって、義勇隊内のまったく奴隷的な生活のなかで支えられた話をしました。私は団員の誰よりも開拓に必要な訓練をすでに受けていましたし、とにかく頑健でした。また三年前に来ていたため、私の中国語が一番よく通じました。私は受け入れられました。

住宅建設のための材木運搬に従事し、ロシア人の運転するトラックに同乗して、ハルビン市内と長嶺子をつなぐ悪路を往復しました。また堀井米蔵さんが近隣住民に無料医療奉仕をする時の助手をしました。うわさを聞いて遠くからも来ました。中国語が役に立ちました。毎日十数人はやって来ました。本当に貧しい人たちでした。それなのに自分たちは年に一、二回しか食べない貴重な鶏をお礼にくれる人もいました。

堀井団長は牧師でしたので、日曜日ごとに狭い部屋での礼拝で説教をされました。非常にいい説教でした。しかし普段はハルビンでの対外的な業務で忙しく、事務一切を取り仕切ったのは、団長が牧会をされていた飯盛野教会から一緒に来られた、副団長格の堀井米蔵兄でした。農業一切の采配は、やはり同じ教会から来られた長老の橋本武雄兄でした。先遣隊員で農業を長くやってきたベテランは彼一人でした。ところが私の入営（一二月）より前に武雄兄ご夫婦は日本に帰られました。私は敗戦を佐賀で迎えました——。

証言3　岸本正義《まさぎ》　堀井米蔵の妻だった岸本正義さん（取材時八六歳）は、次のように振り返る（二〇〇五年二月、書式＋電話）。

——私は百姓になるのが嫌で、神戸で助産婦・看護婦の学校に通っていました。堀井米蔵と結婚せよ、満州に行くから急ぐ、と父に呼び戻された時二三歳でした。米蔵は二八歳のクリスチャンでした。私は神戸の日本基督榛名教会でキリスト教のにわか勉強をし、四〇年のクリスマスに米蔵と結婚しました。

私が、堀井順次団長夫人かをるさんと三人のお子さんと団長夫人の妹さんと、長崎から汽船に乗り大連・奉天経由でハルビンに着いたのは、四月初めでした。瀋陽街の閑静な住宅街にすでに開拓団の拠点として家が借りてありました。夫人は子どもたちとそこに落ち着きました。子どもたちの教育のこともありました。妹さんは団員ではありません。

私は哈爾賓会館というハルビン随一の映画館が入っている建物の四階にある大河原産院に住み込んで、助産婦と看護婦の実地訓練をしました。産婦は主に日本人軍人の妻たちでした。開拓村に小さいながらも米蔵の家ができてからは、私はハルビンと開拓村を往ったり来たりしました。米蔵は四二年一〇月、胃潰瘍になって帰国し、私の実家で療養しました。退団ではありません。事務長としての実務、医療行為、独身者たちの不満の聞き役など、普段は団長がいないのですからとにかく責任が重く激務でした。ハルビンの有賀病院に入院する前から血を吐いていました。私も帰国して身ごもり、息子を出産しました。米蔵は胃潰瘍が治癒していないにもかかわらず四四年三月、召集され、フィリピンのミンダナオ島で四五年四月に戦死しました。栄養失調という餓死です。その後私は再婚しました。米蔵は開拓団の人たちにほんとうによく尽くしたと思います——。

証言4　中川芳郎　静岡県島田市で穏やかな隠居生活を送る**中川芳郎**さん（取材時八五歳）は、四一年四月第一本隊の隊員として入植した（二〇〇五年五月、電話＋書式）。

——当時農村青年の幹部たちは賀川豊彦先生たちの農村キリスト教伝道に触れ、農民福音学校に参加して、踏襲された古い農業のやり方を変えていく、新しい農業経営をわくわくしながら学んでいました。

僕は農家の四男で幹部ではありませんでしたが、幹部たちの語る新しい風にひかれました。島田のメソジスト教会でクリスチャンになったのは徴兵検査前でした。第二乙種合格でした。すでに第二乙でも徴兵されそうな時代でしたので、島田教会の牧師から勧められ、あこがれていた賀川先生が音頭をとって開拓村を作るのなら僕もと、率先して武蔵野の訓練所に入りました。

僕たち若い訓練生三人は、日本の農民がまだ知らない特殊技術を習得するために武蔵野での訓練期間をのばしました。**広井竹巳**（当時二五歳）は豚肉加工で、実際に豚肉加工場へ行って、ベーコン・ソーセージを作りました。**炭本孝介**（同二二歳）と僕（同二一歳）は酪農で、牛乳・バター・チーズ製造などを藤崎主任の主宰する福音学校の施設で学びました。やる気まんまんでした。

しかし長嶺子に行った時、開拓団員が信仰を土台に一丸となって開拓をするのだという感覚を得られず、僕は根のすわった気持ちがないまま日々を過ごしました。村の方針などもこまめに話したことがない。団長は日曜日の礼拝に顔を見せても、団のあり方について話し合う会合はありませんでした。

寒くなった頃マタイ寮（合同宿舎）のオンドルに集まってなんだか真剣な「話」があって、その後最年長の橋本武雄さんが「家内を連れて一度日本に戻ってまた帰って来る」と帰国しそのまま離団しました。すると先遣隊員も続いて一人離団しました。

翌年四月、僕は日本に戻り結婚して、妻を連れて開拓村に戻りましたが、若いものだから、すぐそばにある国際的な都会ハルビンの華やかさに自然に魅かれました。四二年に堀井米蔵さんがいなくなった頃、手蔓があって僕はハルビンの市公署（市役所）にいわば転職しました。水道課で現場も事務も両方やりました。官舎生活での日本人の暮らしは開拓村とは雲泥の差で、とても楽だった――。

敗戦後中川さんは、四六年に貨物船で瀬戸内海の大竹港に戻られた。敗戦前後の悲惨な出来事はご希望により伏せさせていただいた。

証言5　横坂勝夫牧師　先遣隊入植一年目の、満州での初めての農業経営はみじめな結果に終った。副団長として一年二カ月後に入植した、青森県野辺地教会の牧師横坂勝夫さんが、戦後語っている。

――「第一年目は深目に犂《すき》で耕す洋式プラオ農法でやったが、風土の研究を全然していなかったのでこれは完全に失敗。次年度からは満州農法に変えて、第一年、大豆、第二年、トウモロコシ、第三年、コーリャンの輪作型に大体が進」んだ。

一年目の大失敗は、満州の畑地を良く知る農業指導員を持たなかった点にある。畑に種を蒔いても芽が出なかった。日本本土式に地面を掘り返し過ぎ種を乾燥させてしまったのだ。水田も大失敗に終わった。夏の終わりの収穫は皆無に近かった（『クリスチャン・グラフ』一九七八年一一月号）――。

二〇一一年に完成した『野辺地教会百年誌』の第五章は「横坂勝夫牧師の時代」であり、教会の側から見た牧師一家の渡満と長嶺子キリスト村についての、教会資料からの詳しい記述がある。

証言6　橋本武雄について　団長の堀井は、入植当時農業をすっかりまかせた橋本武雄（当時五二歳）に関し、「兵庫県の十字架愛道場以来の友で、農業に詳しく、私の片腕とも頼む人物であったが、大陸農業の難しさに絶望し、妻の病気も重なって、その年の暮れ退団して帰国した」（『敗戦前後』）と記している。しかし橋本通さん（武雄の次男、引退牧師、取材時八三歳）は次のように述べた（二〇〇五年三月、直接取材＋電話）。通さんは幼い頃、飯盛野教会の牧師であった堀井に愛され、両親の期待を担って当時東京の日本神学校に学んでいた。

――父母は数カ月で本土に帰って来ました。堀井先生は牧師だから農業を知らない。「君も一緒に行ってくれ」と頼まれて、父は本土に十分に田畑があるのに、先生の片腕として実際の農業指導に行く決心をしたのです。現地では、団員たちはあとで家族を呼び寄せるのだと、真剣勝負の気持ちで農作業に励んでいる。しかし団長は自分では農地で働かない（筆者注：金策に駆けまわっていた時期である）。家族はハルビンでいい生活をしている。そういう気持ちの齟齬《そご》が土台にあったのです。初年度の農業がうまくいかなかった点は、確かに父はもっと勉強して現地のやり方も取り入れねばならなかった。しかし指導が悪い、謝れとみんなの前で言われ、父は立って皆に謝った。父は滅多に泣く人ではないが泣いた。そんな確執があったのです。泣いたことは母から聞いた話です――。

戦後シベリア抑留から戻った堀井牧師は橋本を訪ねている。幼い時にそれを目撃した橋本武雄の孫の祷さん（長男善夫の息子）は、「二人で数時間なごやかに話していました」と証言する（二〇〇五年五月、電話）。「意気投合していました。もうその時はわだかまりはなかったのではないでしょうか」。

この和解の時に何が語られたのであろうか。

人間関係をかためられなかったのは団長の責任だとばかりは言えない。堀井団長のそもそもの不幸は、関東軍による入植地の突然の変更だった。「好適地」への変更であったとはいえ、用意周到とはとても言えない出たとこ勝負の入植一年目であった。ちなみに天理教開拓団でも入植地の突然の変更があったのだが、入植日時を遅らせる時間的余裕があった。また初期の失敗を防ぐため、大陸農法をよく知る農業指導員に給与を支払ってついてもらう金銭的余裕もあった。住宅に関しても先にオンドル付きの住宅を建設してから入植者を入れた点などを含め、送り出す組織に周到さが伺えるのである（「満州天理村の建設」『天理教青年史』第四巻）。布教のためにすでに渡満しあちこちに定住していた天理教の信徒たちからも、適切な助言を得られたのだろう。

キリスト教開拓団の農業経営は結果的に、初年度（四一年度）は団一本体制、二年度は各部落体制、三年度は農地を分割して各戸経営へと変わっていったのだった。

証言7　藤本宮江　藤本宮江さん（取材時八六歳）と第一本隊で入植した夫藤本正明（故人）さんは全くの都会人で、農業経験皆無の典型的な転業組の夫婦であった（二〇〇五年四月二五日、電話＋書式）。

――夫は大阪で「めぐみ堂書店」という古本屋をしているクリスチャンでした。結婚した時私は満一八歳、夫は六歳年上。私はキリスト教のにわか勉強をし、浄土宗だった私の親の猛反対を押し切って、大阪東成区の生野ホーリネス教会で駆け込み洗礼を受けました。

なぜ農業をやったこともない者が、満州キリスト教開拓団に入団したか。商売はそこそこ繁盛していたのに。一番大きな理由は、満州への憧れではなかったかと思います。一九四〇年頃の日本本土は暗かった。満州に行けば結構に暮らせるんだ、五族協和だ、という憧れを駆り立てる宣伝が、雑誌などですでに行き渡っていて、本屋だからよく見ていました。李香蘭という美しい女優が出た映画もありました（日本人山口淑子だと知れたのは戦後である）。若い私たちには内地を飛び出したいという気持ちがありました。

ある日、同じ教会の宮崎又一夫妻が今度満州に行かれるのだと、夫が松花江などの写真を載せた〈開拓だ、移民だ〉というチラシを見せてくれました（筆者注：「興亜の炬火《かがりび》　満州基督教村建設のために　日本基督教連盟・満州基督教開拓村委員会」と題するリーフレット。Ｂ４サイズより少し細身で、両面に写真と文章が印刷され四折になっている）。突然満州をとても身近に感じました。そういう所で暮らしたかった。そんな夢を抱いた若い日の私たちは大胆だったというか、考えが浅かったというか。

団員家族が新潟港の開拓会館で落ち合いました。どの家族も子どもたちはみな学齢前でした。私も幼女を二人連れていました。

長嶺子の中央部落には、六間ファンズ（家）と言う横長の倉庫のような、オンドルの無い建物が一棟、突貫工事で建てられていました。幅二間、奥行き二間半で、四帖半の板敷きと三帖のアンペラ敷き。便所は外に穴が掘ってありました。天井はなく隣との仕切りはベニヤ板一枚なので、声は筒抜けでした。雨が降ると漏るに任せるだけ。食事は合同宿舎でとりました。

女性陣は到着と同時に共同炊事をすぐバトンタッチされました。ハルビンの満拓かどこかの地下貯蔵庫に備蓄し、その冷凍が解けてぐじゃぐじゃになり異臭がするジャガイモ・キャベツ・青大根を、使ったこともない大きな満釜と大きな包丁で調理し味噌汁を作るのです。ほかには鰯の缶詰があるだけ。献立を考えることも要らない。開拓団には、主食の白米が配給されました。麦飯を食べなくていいのです。

不衛生さに慣れる間もない到着三日目の六月二九日、下の娘の明子が亡くなりました。清貧に甘んじても大自然のなかで子どもを育てようと、それなりに覚悟をしてはいましたが、娘の死は試練でした。丘の上に葬りました。とても大阪が恋しかった。しかし満州に骨を埋める決意で全財産を投入しての入植でした。それに十字架の墓標の下に眠る明子の遺体を残しては絶対帰れませんでした。

最初の年は、除草一つとってもうまくいかなかった。現地民は、一雨降ればすぐ伸びる日本人の除草振りを鼻で嗤っていました。彼らの農業は、除草などは三〇人、四〇人と集めた苦力《クーリー》（低賃金労働者）が横一列に並び、ヂャングイ（親方の地主）の指揮でします。ホーという扇形のピカピカの刃先の除草用農具を操って雑草をとります。なぜかあとに作物は伸びるが雑草は伸びない（筆者注：満州の在来農業は一年一作であり、農耕期間は四月から九月までの六カ月間である。六月と八月に雨が降る。この自然の制約のもとで、一部地主的富裕層を頂点としたピラミッド型の協同作業をしていた。『凍土の碑』参照）。

満州の秋は短く九月になると、仮設住宅は住んではいられない寒さになりました。現地民のオンドルのある土煉瓦《トーピーズ》で作った家を明け渡してもらったのはこの時です。中央部落と西部落です。無理に空けてもらったというか、無理やり追い出したというか。行き先の宛があったのかどうか、彼らは黙って家を出ましたが、心には怒りがあったと思います。

肥沃な土地を損な価格で取り上げられ、私たちには白米や灯油の配給があったのに、彼らは闇商品での生活を強いられました。謝り切れない。甘い考えで出掛けて行って申し訳ない。中国での「反日」が今の私にはよくわかります――。

証言８　藤善音《おと》　**藤善音**さん（取材時八六歳）の場合も、夫は農業と縁のない都会の転業者であった。戦後六〇年を経て初めて、満州キリスト教開拓村での暮らしをたどるためにペンを執った。
――私は土いじりが好きで、学校の行き帰りに農家の作業をじっと見つめるような少女でした。岡山県都窪《つくぼ》郡で生まれ、父と兄が日曜学校をする環境で育ち、女学校を出た一七歳の元旦、倉敷基督教会（組合系）

で洗礼を受けました。二〇歳の時滋賀県の近江兄弟社（事業を通して伝道をする伝道団）での農村伝道修養会に参加したのが縁で、近江八幡で畑を作り、山羊を飼い、乳を配達し、蜂を飼って蜜を採る生活を始めました。しかし四一年末に太平洋戦争が始まってしまい、近江兄弟社創設者のアメリカ人のメリル・ヴォーリスと妻一柳満喜子は敵性国民の居住地とされた軽井沢へ余儀無く移りました。

私は仙台に住む義兄と姉を訪ね、その帰りにかねてから関心のあった茨城県水戸にある「女子開拓訓練所」を覗いてみました。四二年夏でした（筆者注：女子開拓訓練所は、「開拓戦士」として満州に送り出された膨大な数の若い男性に、花嫁の斡旋をすることを目的として、一九四一年、長野・愛媛・山形・大分・茨城・栃木・島根の七県に設置され、啓蒙と訓練を始めた。経営主体は県であるが拓務省が助成した。当時よく知られた「大陸の花嫁」養成所である（陳野守正『大陸の花嫁』参照）。

私が満州に心ひかれたのはこの時です。翌四三年一月に「満州基督教開拓団」の案内チラシ（証言7の「興亜の炬火」のリーフレット）を見て、夫となる人はここにいるという気がしました。自ら申し込むと、一月半ばに栗原陽太郎牧師がわざわざ岡山の家まで来られました。「結婚の意志がありますか」と問われ「はい」と答えたら、神戸出身の入植者の**藤善悟郎**の写真を見せられました。私は急な展開に震えがとまりませんでした。

藤善は結納と結婚式のために直ちに帰国し、神戸の日本基督教団平野教会で式を挙げました。藤善は関西学院卒業後父親の接骨院で仕事をしながら、道場で子どもの稽古を手伝っていました。柔道三段でしたが耳が不自由でした。満州に居場所を求めたのでしょう。開拓村では中央部落の聖丘《ひじりがおか》教会の続きの部屋に入り、やがて西部落の現地民が出たあとの家に引っ越しました。西部落の開拓民は全部で八戸でした。

我が家の畑は一番西にありました。家からはあまりにも遠かった。藤善は都会育ちで、武蔵野訓練所で初めて鍬の使い方を習ったまるっきりの素人です。私はただ畑仕事が好きなだけで本格的に営農をしたことはありません。建前としては使用人を使ってはいけないとのことでしたが、土地は広いのですから、皆それぞれ苦力《クーリー》を使って耕作し、収穫し、出荷していました。藤善はまじめに規則を守り、払下げの軍馬と扱いにくい水牛を使って、あまりにも広い農地を前に悪戦苦闘の毎日でした。

曜日を忘れるような生活のなかで、中央部落の聖丘教会での毎日曜日の礼拝には行かなくなりました。団の幹部はそれぞれ忙しく、団員の信仰の相談は行き届きませんでしたし、また深い信仰者は少なかったように思います。やがて女学校を卒業し幼児教育の経験のある私に、教員として小学校を手伝ってほしいという話が中田武校長からあり、中央部落の教会のそばに戻りました。中田校長は現地入植の方でした。本業は建築家でしたので、ロシア式ペチカのある都会風の立派な自宅を建てていました。生徒は一年生から六年生まで一〇人ほどでしたが、一つの教室で教えるのは無理でした。そのうち長女が生まれてやめました——。

5　団員の葛藤・子ども世代の敗戦前後　一九四三—四六年

第一次開拓村・入植完了宣言　四一年六月プロテスタント諸教派が合同し、日本基督教団が設立された時、日本基督教連盟は解散、基督教開拓村関係の事業は日本基督教団厚生局・開拓村委員会に引き継がれた（以下は委員会記録による）。

四三年九月一三日、第一次開拓団の計画完了が開拓村委員会で報告された。

——長嶺子では住宅も足りた。新築もあり、元農民の家を使う者もいる。腰長嶺子（中央部落）にある本部と一体の聖丘《ひじりがおか》教会の教会堂も完成した。そばのエルムの木に鐘を吊り下げて、鳴らす数によって団員に新入団員到着などのニュースを知らせている。小学校建設も完了した。入植希望者は二五六名であったが、実際に渡満したのは一四五名である。

翌四四年四月六日には、開拓団送出感謝報告会がもたれた。送出世帯五〇戸を日本基督教団の教区別に並べると、北海道三、東北七、東京八、東海六、中部〇、近畿一五、中国五、四国三、九州三である。感謝報告会での会計報告では、収入合計は五万五五六五円四〇銭、支出合計も五万五五六五円四〇銭として帳尻をあわせているが、前年九月の時点では、収入は三万八八二九円（うち政府交付金九四二七円）、支出は四万二九一二円である。初めに五万円の寄付金を募ったが、予定通りにはいかず、不足金は新たな募金で埋める、と述べている。ともあれ村は、軌道に乗ったのである。現地農民を小作人として使い、地主化している者のいる状況への言及はない。しかし現地では、タテマエと現実の乖離《かいり》に深く悩む入植者たちがいた――。

証言9　坂井嘉之について　第一本隊隊員として滋賀県から入植した**坂井嘉之**さん（入植時三一歳）は一九九一年に亡くなったが、甥の**坂井虔**さん（取材時七一歳）には、叔父の突然の単身一時帰国に関し、忘れられない鮮やかな記憶がある（二〇〇五年三月一〇日、電話＋書式）。

――一九四二年晩秋、小学生であった私が畑の手伝いから帰って来たら、満州に行ったはずの嘉之叔父さんが家にいたのでたいへん驚きました。父母亡きあと私の両親（嘉之の姉信枝とその夫）が親代わりでしたがその二人に、満州の開拓村の農地について「初めに聞いた話とは違う」と苦しげに愚痴をこぼしていました。重い悩みを抱えたまま再び満州に戻って行きました。私には強く印象に残る出来事でした。また戦後に帰国してから「若い時小作争議問題と農地相続問題とで苦しかった」と話したことも記憶しています。

――（以下は坂井虔さんからの聞き取りである）嘉之は滋賀県湖北町の地主の次男でした。県立長浜農業高校の卒業生です。小さな村落内のことではありましたが、坂井家は小作人を抱える地主でした。長男は同志社の学生でしたが、その兄の禁酒禁煙運動に共鳴して嘉之は洗礼を受けていました。

三一年、「イエスの友会」（信徒たちの社会改良運動）の海老江支部からスタートした朝日基督教会は、農民福音学校を開催するなど、賀川豊彦の影響を強く受けていました。賀川は、耕作権の確保や小作料の減額などをめぐる小作争議では、小作人の味方となって争議を指導していました。

嘉之は、地主として強硬な態度をとる親の姿を見ながら、この構造から逃れたいと、葛藤を抱えて一〇代二〇代を過ごしていたのだと思います。戦前は家督は長男が相続する制度でしたから、次男の嘉之に農地は分配されません。叔父は、自分の手で生活基盤を築きたいという純な願いから、国家の侵略戦争政策の罠に、他の人たちと同様に、はまってしまったのではないでしょうか――。


証言10　炭本洽和雄・孝介兄弟について　大阪府堺市に住む**炭本節子**さん（取材時八二歳）の場合は、夫成吾の弟**炭本孝介**が先に入植し（四一年四月）、兄**炭本洽和雄**（入植時三三歳）が二年後の四三年四月に入植した（二〇〇五年三月四日、電話＋書式）。

――誰も知らないこの話を、死ぬ前に私は誰かに話しておきたかったのです。よくぞお電話くださいました。

開拓団員募集の書類は日本基督土師《はぜ》教会にも来たのです。兄弟の父である炭本宏雄は土師教会を建てた長老の一人でしたし、戦後も信徒のために尽くした人です。当時三人の息子たちも教会に通っており、賀川豊彦の本はもちろんよく読んでいました。募集の趣旨は、模範的な村を作って、満州の開拓者にキリスト教を広めたいということのようでしたから、賀川さんなら協力しようということになったのです。

家は鶏を千羽ほど飼う当時としては珍しい養鶏農家でした。収入も良かったのですが、満州にも一族の拠点を持つのも悪くないと思ったかもしれません。身体が弱かった次男成吾が両親の世話をすることとし、まず三男の孝介が満州に渡りました。見通しが立ったところで、満州永住の覚悟を決めて長男の洽和雄が発ちました。次男成吾はすでに私との結婚を決めていました。

さほど間をおかず洽和雄から一通の手紙が来ました。開拓団では現地民の土地を取り上げて入植したのだ。土地は未開墾ではなくきれいに耕してある既耕地だった。家も取り上げて、寝起きしている。現地民は開拓団のものになった土地で働いておる。力ずくではないにしろ、聞いた話とは違う、とありました。九歳年下で独身の孝介はさほど疑問に思わなかったかもしれないけれど、洽和雄は驚愕したのです。その手紙を読んだ義父は、大きな間違いだ、大変なことをしたと怒りました。賀川さんの話は信用できない、もう本は読まれんと私たちに言いました。しかし、財産はすでに分割が進行していました。翌四四年七月に私は産業組合（のちの農協）に勤める成吾と結婚し、両親と一緒に住みました。九月には洽和雄は妻子を迎えに帰国し、一緒に渡満しました。気持ちは重かったと思います。

向こうから「満人《（ママ）》を雇うて働いてもろうている」と便りがあると、義父は「大事にせよ」と返信を書きました。しかし、四五年五月に、洽和雄も孝介も関東軍によって現地召集され、ご存知のように三カ月後、敗戦になりました。

戦後一カ月ほどでまず兄の洽和雄が、堺の家に一番先にたどり着きました。南方戦線送りを免れるため、軍を脱走したのです。五、六人で命を賭けて朝鮮半島に入り三八度線を越えたのです。弟の孝介は、沖縄の宮古島から戻って来ました。開拓村で敗戦を迎えた洽和雄の妻**炭本ヤス**がやっと戻って来たのは翌年秋でした。幼い息子は開拓団があった長嶺子から逃げた先のハルビンの避難生活で亡くなり、娘の**みちえ**だけを連れていました。

戦後、賀川さんからも教団の誰からも、お便りがあるということはありませんでした。賀川さんには細かいことはわからなかったのだ、他人の言うことを信じて計画を立てたのだ、と私は思います。自分が経験しないまま入植を勧めたのが、間違っていたのです。その結果現地の人も苦しめていたのです。中国、韓国、北朝鮮の人にはなかなか許されないと思います。そのことを日本人には知ってほしいです――。

証言11　小梨信雄（団員の子ども）

小梨信雄さん（敗戦時一三歳）の父小梨智元は、宮城県の小学校教員の長男で、北海道での開拓を志したが果たせなかった。やむなく上京し、救世軍でしばらく働いている内に内村鑑三を知りその信仰にひかれた。墨田区の鐘が淵教会の信徒だったこせきと結婚し、信雄と隆芳の二人の息子に恵まれた。満州基督教開拓団員募集を知った時はすでに四三歳だったが、ついに開拓の夢がかなうのだ、と妻と息子二人を連れ、喜び勇んで第二本隊隊員として満州に渡ったのだった。

教会堂に付属する小学校ができあがると、子どものいる堀井団長一家もハルビンから村に移り住んだ。本土からも次々に学童連れがやって来て、生徒数は一七人になった。小学校高学年の信雄にとって開拓村の生活はことのほか楽しかった。以下に記す聞き語りは、札幌に住む信雄さんが週一回電話をかけ、長年つながってきた青森県野辺地教会の白戸羊子さんに語った開拓村体験談である。筆者とも電話でやりとりがあった。

――長嶺子は肥沃な農地だったから、何でも良く育ちました。どの家でも豚を飼っていましたが、満州の在来種ではなくバークシャーやヨークシャーでした。鶏、アヒル、ガチョウも飼い、ガチョウは番犬がわりでした。村の作物は、大豆、小豆、トウモロコシ、馬鈴薯、粟、稲黍《いなきび》、キビ、ソバ、コーリャンなどがあり、野菜もキュウリ、トマト、ナス、白菜、カボチャ、スイカ、マクワウリなど多様でした。うちには役牛として朝鮮牛もいました。

村の生活が軌道に乗ったある時賀川豊彦さんが来ました。大連に勝俣という信者の牛飼いがいて、この人も一緒でした。乳牛ホルスタインを百頭飼っていた人です（筆者注：勝俣は大連後援会理事。明治製菓重役で、松花江岸の牧草地の利権をキリスト教開拓村が取得しておき、明治製菓と提携して乳牛飼育をやってはどうかと後援会に提案していた）。そばで二人の話を聞いていたら、賀川先生が「あんた私に牛をくれる約束だったね」と言いました。「そうだった」ということで、若牛が二頭送られてきて、うちで一頭あずかりました。牛乳をしぼった。やがて次の番の人にその乳牛を渡しました。

敗戦近くなって盗まれました。ぼくのうちでは馬を盗まれました。でも振り返れば日本人が現地の人の土地を盗んだようなものだからね。だから恨まれて当然だった。お医者さんがいて現地の人を治療してあげていたから、敗戦時に命だけは助かったんです――。

敗戦になったのは、母こせきが亡くなって一〇〇日後のまだ悲嘆にくれている時だった。村は周辺の農民にすっかり略奪された。喜びを与えてくれた村の全てを残し、後ろを振り向かず、命がけでハルビンへ逃げなければならなかった。父智元が四七歳だったので、開拓民男子の一斉召集（四五歳以下）を免れたのは幸運だった。途中から加わっていた老いた祖母と開拓村で生まれた幼い弟を連れての逃避行だった。祖母と末の弟は厳寒のハルビンで亡くなった。葬儀もできず打ち棄てた。母の葬儀ができただけよかったのだと自分に納得させ、父と懸命に働いて一年数カ月を生き延び、三人日本に戻った。しかし以後、更なる逆境が続き、北海道に渡ったが酪農の夢はかなわなかった。信雄はひかり輝いていたあのような日々を感じることはその後ない。時々精神科に通い、独り老境に居る――。

証言12　榎本和子（十代後半）　榎本和子さんは四三年四月に、一七歳で入植した。父は青森県野辺地の野辺地教会の農村伝道牧師横坂勝夫（証言5）で、父母と弟妹四人が先に入植していた。和子さんは戦後六〇年間その体験を語ることはなかったが、幼稚園経営の後事を息子夫妻に託し、幼稚園長を退職したあと、七七歳で驚くべき記憶力を発揮し、『エルムの鐘――満州キリスト教開拓村をかえりみて』に体験を記した（石浜みかる監修、暮しの手帖社編集、二〇〇四年。オンデマンド版を賀川豊彦記念松沢資料館から入手可能）。

――野辺地での賀川豊彦先生の講演を聞いたのは、一九四〇年七月初めでした。私は一四歳でした。映画館を借りた会場は、七〇〇人ほどの聴衆で溢れていました。すでに働き盛りの男性信徒は召集されて次々に中国戦線に送られ、教会員は減っていました。貧困にあえぐ、農家の女性たちの自給力を上げようと、父は羊毛の紡毛・染色・織物などを指導しました。けれども東京三越でのホームスパンの販売が軌道にのるメドが立って喜んだ途端、羊毛加工が国家によって禁じられました。軍が羊毛を安い値段で買い占めるためでした。寒い中国戦線に送るのです。牧師への謝儀は減額され、生活は苦しく、父が描いてきた農家自立実現の夢も遠のくばかりの時に、賀川先生から満州基督教開拓村の構想を聞いたのです。父はまず、東京の武蔵野訓練所に副主任として移り住みました。野辺地を去るにあたって納得のいく説明ができなかったために、信徒の方たちとの間に不和が生まれたと思います。

開拓村のわが家は中央部落（腰長嶺子）にあり、四〇〇坪ほどの敷地の元屯長の大きな住居でした。父が日本から取り寄せて作った五右衛門風呂に団員たちが入りに来ました。私は体力があり、父の要請で福島市の福島県立蚕業農学校女子部本科を卒業していましたので、一七歳でも労働力としては一人前でした。大豆などの収穫後は朝三時頃起床して、私一人でハルビンの出荷場まで約三時間、大車《ターチョ》を八頭の馬に引かせ運びました。祖国日本の食糧不足を充足するためでした。

堀井団長は浜江省全体の開拓事業そのものの指導者としての地位を確立しておられ、日曜日の礼拝の司式はなさいましたが、そのほかは父が副団長・副牧師として、ハルビンの満拓公社の倉庫との連絡事務や配給の手配などを引き受けていました。しかし四五年春から、一家の大黒柱の男性たちが次々に関東軍に召集され、召集地へと発って行きました。父は七月一五日、団長の堀井牧師は一九日。私はこの時、召集された男性たちの苦労とは違った、女性たちの逃避行の苦労が待っているなど想像もしていませんでした——。

四五年八月一五日の早朝、榎本和子は中国人女性の着る紺の上下の服を着て、白と名付けていた愛馬に馬車《マーチョ》をひかせハルビンに出た。野菜を満拓の集荷場に運ぶためだった。九日にソ連軍が一斉に国境を越えて侵入しているとは夢にも思っていなかった。ところが帰り道、昼食に入った中華食堂で思わぬラジオ放送を聞いた。第一放送は日本語だった。昭和天皇の「戦争終結」の言葉である。店の中国人たちがすでにその一時間前の放送で、国共合作の中国政府代表だった蒋介石の「抗日戦勝利の告示」（中国語）を聞いていたかもしれないと思ったのは戦後である。和子は直ちに店を出て、「白ちゃん、帰る。急いでだよ」と馬を走らせた。電線がないから、開拓村にはラジオがないのだ。村につくと、堀井団長から後事を託された中田校長の家に直行した。しかし集まった団員家族はあまりにも想定外の出来事に衝撃を受け、次の行動が決まらなかった。

近隣の農民たちが暴民と化して、草刈り鎌や農耕用フォークなど農具を凶器に、草原を越えて次々にやって来たのは一六日だった。放牧していた乳牛も、貯蔵してあった倉庫の一年分以上の食糧・衣類・農具も持っていかれ、どの家も荒らされた。しかし危害を受けたのは乳牛を渡さないでおこうと抵抗した団員だけだった。キリスト教開拓団では軽機関銃や小銃や弾薬を団倉庫や各自の家に所持するということはなかった。その方針は現地民に伝わっていた。「すべて剣をとる者は剣にて亡ぶるなり」とのイエスの教えに身をゆだねたこの一事によって、もっとも大事な命が助かったのだ。

ハルビンへの逃避行ののちは、和子は日本人経営の有賀病院で看護婦見習いとなり、「麻酔薬なし」の想像を絶する修羅場で、あらゆる手当を手伝った。年が変わるとソ連兵や怒りに燃えた中国人の暴徒に性的に暴行された開拓団の女性たちの胎児の人工流産、のちには生まれた赤ん坊の「淘汰」の手伝いもあったのだった。和子がハルビンで母と幼い弟たち二人を亡くし、葫蘆島《ころとう》（島ではなく港である）で引揚げ船に乗り、博多港で上陸したのは四六年の一〇月一日だった。

団員の逃避行と帰国　四五年にさかのぼると、八月一六日、開拓村からの道がハルビンへの主街道に合流する角の村の屯長とその集落の村民が、団員に避難所を提供し、トウモロコシの粉で作ったパンでもてなしてくれた。医療奉仕と非武装と日常の友好という関係が、奇跡を呼び起こしていたのである。

団長夫人堀井かをるは、救援を求めるために一六日夜中に、兵役前の一五、六歳の少年（及川英雄の弟、橋本象次郎の甥、後藤久の弟）の三人を、ハルビンの憲兵隊に送りだした（二人という説あり）。帰路、寝返った満軍（日本の傀儡《かいらい》軍である満州国軍）の兵に撃たれたが逃げ切った。しかし救出隊の到着を待ち切れず一七日早朝出発した。屯長はハルビンまで送ってあげようと大車をだし、食糧を乗せてくれた。途中まで行くと、憲兵隊本部からの迎えのトラックに出会った。乗り替えて、送ってくれた村人たちに別れを告げた。

ハルビンに到着してからの団員たちの記憶が一致するのは、やっと落ち着いた「内務公館」だけである（そこは日本で言う特別高等警察の本部で、拷問で人を殺した地下室を持つ建物だった）。以後女性と子どもと老人の集団の避難場所はハルビン市内に散らばった。冬はすぐやって来た。厳寒のなかで生き延びるための闘いが続き、ほとんどの幼児が死んだ。土は凍り死者を土の下に葬ることはできなかった。女性への凌辱があった。

堀井団長は『敗戦前後』のなかで「ひとりの犠牲者もでなかった」と記している（二九六頁）。しかし三人の証言者が自分たちの団でも「あった」と証言している。祈り合い慰め合うなかで自殺者を出さなかったのである。団長の記述は戦後の団長夫人からの聞き取りによるが、妻があえて述べなかったのか団長が書かなかったのかは不明である。

帰国の時が来たのは、翌一九四六年夏から秋であった。生き延びた避難民たちは居住地区ごとに集められた。もはや老人と幼児はほとんどいない。帰国者たちは、一切の記録と写真類を集合地で廃棄することを厳しく命じられた。

しかし記録は消えても記憶は消えない。あれはいったい何だったのか、と考え続けることは止められない。たとえば小川（旧姓土居）信子は敗戦時を奇跡的に生き延びて、引き揚げ列車に乗った五歳の幼児であったが、一九八一年になって、『福音と世界』に掲載された戒能信生牧師の論文を読み、一通の手紙を送っている。「私は、ただ親に連れられて行って帰って来た……に過ぎませんが、その背後に、日本基督教団挙げての国に加担する姿勢があったとは……。果たして父はその事を正しく知っていたのでしょうか。詰問してみたい。父も母もすでに天に帰り、今はその術もありません。しかし現地住民の方々の事を考えるならば、『基督教開拓団』の名のもと、入植した全員が反省しなければならないと思います」。

引揚列車は、かつてロシアが建てたハルビン駅のプラットホーム（朝鮮独立運動家安重根が伊藤博文を短銃で射殺した場所でもある）から定時に発車する列車ではなかった。忘れられたような片隅の引込線からひっそりと発車する無蓋列車だった。乗車時に夏でも腐らないロシアのライ麦パンを買えた者は幸運だった。リュックサック一個、毛布あるいは布団一枚、炊事道具、金のある者も所持金一〇〇〇円まで。それが持ち物の全てだった。船出する葫蘆島までは青森から大阪までよりも遠い一〇〇〇キロの道のりであった。列車の停車は気まぐれであった。力尽きる者たちが続出した。そのたびに死者が捨てられた。次の第二節で語る、キリスト教第二開拓団先遣隊員家族の逃避行もまた例外ではなかった。

第二節　第二次キリスト教開拓村・太平鎮南緑ケ丘基督教開拓団

1　団長決定・室野玄一牧師　一九四四年

一九四一年六月、日本基督教連盟が解散になり、開拓団送出事業は日本基督教団厚生局・開拓村委員会に引き継がれていた。四二年一一月、内閣が拓務省を核とし、他の省庁の関係部局を統合して「大東亜省」を設置した。第一次大戦後日本の既得権益となっていた太平洋の委任統治領や、その後占領したアジア地域の統治のためであった。一年後の四三年一一月、教団内に東亜局（局長・小崎道雄）が新設され、開拓村委員会は東亜局に移管された。

気が付いてみれば、全開拓団が国家のアジア・太平洋統治政策の末端の細胞となっていた。脳髄の指令で小指の先が動くのである。三八年に成立した「国家総動員法」はこのように見事に身体化されていた。元満州国国務長官・星野直樹は、満州国建国初期に財務体制の骨格造りを成し遂げた実力者として抜擢され、在満のまま、企画院による戦時総動員体制の立案者の一人となっていた。その後帝国本土に呼び戻され、内閣直属の企画院総裁になった（第二次近衛内閣）。「（自分たちが作った総動員法は）統制法規として、世界に類例のない徹底したものだ」と述べている（前坂俊之編『目撃者が語る昭和史――第五巻　日中戦争「国家総動員法の製作者・木道茂久」』新人物往来社、一一八頁）。

宗教界の管理統制も厳しさを増した。太平洋戦争期の宗教弾圧は、キリスト教に向かった。一九四二年六月二六日に始まったホーリネス系の弾圧が最大である（日本基督教団第六部・第九部及び宗教結社東洋宣教会きよめ教会）。まず九六名の牧師の一斉検挙があり、以後はさみだれ式に四三年四月七日まで続いた。内地と外地（当時の内地以外の全統治地域）で合計一三四名の牧師たちが治安維持法違反容疑で検挙された（『ホーリネス・バンドの軌跡』）。合計四〇〇あまりのホーリネス系全教会が治安警察法（一九〇〇年成立）と治安維持法（一九二五年成立）によって閉鎖解散させられた。牧師たちは教師資格を剝奪された。完全失業である。二万を超える信徒は散らされた。

第六部と第九部に対し政府から、教会解散通告が出されたのは、検挙終了日の四月七日だったが、その一週間後の一六日には、東亜局・満州基督教開拓村委員会はいちはやく、弾圧で散らされた信徒を「第二次開拓団計画」の団員に採用する方針を協議している。

開拓村委員会の記録では、前年の八月にはすでに、第二次開拓村設立の話が出だしていた（ブックレット『満州基督教開拓村と賀川豊彦』掲載年表による）。長嶺子開拓村の横に松花基督教開拓村を設立しよう、第一次開拓団に隣接して水田一二〇〇町歩の交付を受けて、団員を募集し送り込もうというのであった。稲作への挑戦である。現地後援会理事長の千葉豊治は積極的であった。「弾圧された者たちはどんどん満州に来い」との救済意識もあったと思われる。

四四年六月二日、日本基督教団の統理者富田満の名で、大東亜省大臣に、新たな「帰農基督教開拓団編成計画確認申請書」が提出された。アメリカ海軍によるサイパン島猛攻撃が始まったのは、その二週間後である。

四五年四月三日、第二次基督教開拓団の先遣隊員たちが、三月一〇日の空襲で焼野が原となった東京の上野駅に集合した。総数一〇名で、新潟に向かった。

団長は室野玄一牧師（一九〇二〜七八）であったが、団長はすでに満州の入植地に入っていた。先遣隊の受け入れ準備のためだった。なんと日本敗戦の四ヶ月前である。

室野牧師は、キリスト教界でよく知られた中堅の農村伝道牧師だった。一〇数年前から静岡県伊豆半島で「聖労農園」と呼ばれる農園（学園も兼ねた）を経営し、村人のために私設の農業指導活動もして地元農民からも大いに信頼を得ていた。

東京から、第二次開拓村の団長になってほしいと、室野に依頼にやって来たのは、東亜局・満州基督教開拓村委員会主事の栗原陽太郎だった。第二次開拓村は第一次の隣接地であるという。栗原は室野に、この話は依頼というよりは「赤紙」（召集令状）だと受け取ってほしいとも言った。つまり逃れられないというのである。室野がともかく一度見てみたいと視察のために満州に出かけたのは、四四年七月下旬だった。敗戦の一年前である。視察から戻って来た室野は「入植」の決意を固めていた。

いったい何が、室野に決断させたのだろうか。『伝記・室野玄一』は室野が終戦後シベリア抑留から戻って書いた手記を集めた書物である。ご子息の室野耕治氏の編集となっている。そこに室野は次のように記している。

「赤紙は多くの牧師達のもとにも来ており、ある者は直接戦場に狩り出され、ある者は宣撫班として現地に派遣され、又、ある者は工場へ招集されていた。こちらは農民の一人として農業に専心しているとはいえ、何時招集されるかわからない。在郷軍人と言うことになっているからには、戦局の拡大如何によっては招集を覚悟していなくてはならぬ」（七九頁）。

「工場への招集」とは、牧師が労働者として工場に動員されるのではない。軍需関連大企業に徴用された朝鮮人労働者（「半島人訓練工」と呼んだ）を収容する寮の住込み監督者として、文部省が「宗教教師徴用」をしたのである（石浜みかる「朝鮮は解放されたんです」『変わっていくこの国で』二六頁）。労働効率をあげるためには、朝鮮半島からやって来た（なかには連行されて来た者たちもいた）徴用労働者の精神と身体の管理が肝要であった。監督者は、弱き者に寄り添う良き管理者でなければならなかった。僧侶や牧師は最適であったのだ（ちなみに、徴用割当ては仏教界七〇〇〇名、教派神道界二五〇〇名、キリスト教界二五〇名であった。宗教団体法成立後、仏教界は二八、教派神道界は一三、キリスト教界はカトリックとプロテスタントの二つの組織に統合されていたことから決められた比率である）。

室野が満州視察のために東京を発ったのは四四年の七月二一日である。下関から釜山に渡り、汽車で半島を北上し、奉天から首都新京に入った。

新京の開拓局では室野の予期通り、入植地として第一次開拓団の隣接地を紹介された。現地調査をしてみると低湿帯ばかりであった。これでは湿地に水田はできるが、薪炭の材料もなく、家屋を建てる建材さえ調達できない土地であった。農業のプロから見ると、松花江が洪水にでもなれば第一次開拓団とは違って全滅の地である。新京に戻り、開拓局にあらたな移民地の候補を求めると、紹介されたのが三江省樺川県太平鎮であった。

ソ連国境に近い辺境の地である。佳木斯《ジャムス》から東方へほぼ八里であった。そこにはすでに三年前に入植した「集合開拓団」（最低五〇戸）の緑ケ丘開拓村があったが、団員が増えず、いまだに一〇戸ほどのままだ。しかしやがては炭鉱のある富錦までの鉄道が新設され、途中に開拓団名をつけた緑ケ丘駅ができるという。駅から緑ケ丘開拓村までほぼ三キロ。土地は三〇〇〇町歩ほどが眠っているという。室野は興味をひかれた。

行ってみると、山あり、川あり、ゆるやかな起伏の緑ありの景観から、作物ができることと建築材料が得られることがすぐわかった。農業指導者の目にかなったのだ。さらに緑ケ丘村の竹崎団長と話をしているうちに、「あの有名な」徳富一家の竹崎順子（徳富蘆花の伯母、熊本女学校創始者）の孫であり、キリスト教と浅からぬ関係がある一家であることがわかった。お互いに友を得た思いがした。もう他を視察する必要はなくなった。室野が新京に戻り決意を述べると、開拓局も大いに助かるので、佳木斯《ジャムス》から遠い南側半分を分割貸与して、緑ケ丘開拓団と基督教南緑ケ丘開拓団の併存入植を許可したのだった。

日本に戻り、内原満蒙開拓幹部訓練所に入って訓練を受け、満州開拓の「精神」を注入されたのち、翌四五年一月に再度満州に発った。団長となる者は新たに必ずハルビン郊外の幹部訓練所で満州農業を一カ月学ばなければならなくなっていた。ともかく訓練を受け、二月半ばに緑ケ丘開拓団にひとまず寄寓した。約三キロほど離れた柳家砧《リュウカチン》の、千葉という満州国建国より前から長くその地に住む日本人の大きな家（元は屯長の家）の半分を借り、先遣隊到着に備えたのだった。

2　先遣隊員決定

現実には、団員はなかなか集まらなかった。室野が最初に視察に発ったのは前年の七月であったが、六月一日の日本基督教団の機関紙『教団新報』に、「東亜局満洲開拓村」という見出しの募集記事が載っている。

「……入植希望者は六月二十五日より二十日間に亘り入植前訓練を行うことになっており、渡満旅費支度料、残留家族への補助などもあり、特に家屋建設費の補助、農具種子防寒服貸与、耕地十余町歩の交付などの特典を考慮されている。詳細は東亜局に問合わせせられたしと」

これほどの好条件でも、六月の団員訓練は応募者不足で見送られた。九月二〇日付で再度、募集記事が掲載される。

疎開の転業帰農者集れ！
団長は十数年農村開拓の体験者　室野玄一牧師
入植戸数　百戸
入植申込所　日本基督教団東亜局　満洲開拓村委員会

都会の商人や職人に満州への疎開を誘う、「転業移民」の宣伝である。もはや内地の農村では、働き盛りの男性はあらかた兵隊にとられていた。教団東亜局は、各教区や各個教会にあてて、「疎開は満州まで！」と注記し、数回入植者推薦を要請する文書を送った。サイパン島が陥落し、本土空襲が必至になったために、四〇万児童の学童疎開が始まった頃である。

一一月に、ようやく集まった一〇人たらずの者たちが、東京世田谷区祖師谷にある日本基督教団満州開拓村武蔵野訓練所に入った。二一日に開所式が持たれ、伊豆の室野団長の聖労農園での作業訓練も受け、約二〇日の訓練を終え、先遣隊の準備は整った。予定では翌年一月に発つはずであったが、団長のハルビンでの満州農業技術習得訓練のために出発が延期され、実際に上野駅に集合したのは、翌年三月一〇日の東京大空襲のあとの、四月三日だった。

いったい日本基督教団の東亜局幹部たちは、戦局をどう判断していたのだろうか。真剣に検討したのだろうか。ブックレット『満州基督教開拓団と賀川豊彦』の後半に関係年表があり、同じ時期に次の記載がある。

一九四四年一一月一一日　東亜局参事会、基督教開拓村花嫁練成の件協議
　一一月二一日　開拓村委員会、「福島県の本宮女塾（牧師井関磯美主催）を東亜局所管とし、日本基督教団東京教区満洲開拓本宮訓練所とすること……略」

　団員のために花嫁を送り出すのは、組織として当然のことである。独身男性を何人も送り出した以上、配慮しなければならない。しかし筆者の女性としての視点から見れば、危機意識が薄いと思わざるをえない。指導者たちは腹を割って検討することさえ反国家的であると責められはしないかとおびえ、思考停止におちいったかのように見える。

　新潟港から船に乗ったのは、男性八名と女性一名そして四歳の男児一名だった。団長と同じ静岡から原田計家（入植時四一歳、以下同様）、新潟から佐藤光義（三七歳）、福島から目黒光次（三五歳）、東京から秋山文吾（三一歳）と柿沼平吉（四八歳）と青山豊（一七歳）、千葉から伊藤純一（二五歳）だった。同伴家族は柿沼の息子道雄（一三歳）、秋山の妻ハルノ（二七歳）と秋山の先妻の息子正（四歳）であった。教団の記録では秋山文吾の子どもは女子であり、名は直となっている。団長室野の手記では男子で、直となっている。しかしハルノは後妻とはいえ母親であり、ハルノ自身が正であると言い、ター坊と呼んでいたとのことなので、正とする。年齢はハルノが五歳としているので、満で言うと四歳だったと判断する（秋山ハルノ「私の半生記」『平和の礎――海外引揚者が語り継ぐ労苦XI』平和祈念展示資料館、四八―六五頁）。

　船が出港したのは東京を発ってさらに一二日後の四月一五日だった。日本海の機雷清掃確認待ちで時間を費やした。北部朝鮮の清津に着くと、汽車で朝鮮から満州に入った。峻険な老松嶺のループ線をのぼり、老松嶺トンネルを潜り、東京城、牡丹江を通過し、北上して佳木斯《ジャムス》に到着したのは一八日だった。

3　現地到着　一九四五年四月

室野団長の出迎えを受け、佳木斯《ジャムス》で団長の知人の家に落ち着き、布団などの到着を待った。

佳木斯と富錦をつなぐ道路はトラック用の道であった。炭鉱と製鉄所は軍需に不可欠である。富錦では製鉄に欠かせないコークス用の石炭が豊富に産出し、露天でコークスを造り、佳木斯に向けて陸続とコークスを積んだトラックが走る。佳木斯からは鉄道を使って製鉄所のある鉄嶺、鞍山に送ったのだろうと、室野の手記にある。佳木斯から富錦行のトラックに乗せてもらい、荷物と共に先遣隊は入植地でおろしてもらったのだった。トラックは手を挙げれば、どこでも停まってくれた。

緑ケ丘開拓団からも、道路のさらに先にある柳樹河開拓団からも歓迎され、先遣隊員は千葉氏の住居に向かい八畳ほどの部屋で荷をといた。感無量であった。

毎朝起きると、朝の礼拝をし、「弥栄」を唱えた。「いやさか、いやさか、いやさか」と三唱するのである。開拓団の儀礼である。〈一層さかえよ〉という意味で、天皇《すめらみこと》弥栄《いやさか》を意味した。室野団長の短い説教を聞き、一同そろって朝食をとると、団長自ら先頭に立った。信仰に結ばれた団結の固い団であったと、のちに秋山ハルノは述べている。

千葉の家のある柳家砧は百戸ぐらいの満州人の部落であった。村の南西には、昔の水田の跡が湿地帯として残されており、室野には「我々の入植を待っているかのよう」に思えたのだった（『伝記・室野玄一』九一頁）。

村の中心部の位置が決まり、井戸を掘り、家の新築にかかった。春の野にはスズラン、芍薬、アヤメ、キスゲなど室野がその名を知る春の花がいっせいに咲きだした。希望に満ちたその五月、突然、隊員・秋山文吾が在満補充兵として現地入隊していった。団長代理として事務方を務めだしたばかりだった。五月初めのドイツ降伏により、ヨーロッパ戦線で勝利したソ連軍の兵士が極東に移動しだしたのだ。開拓団員は召集されないはずだった。軍の裏切りであったが、軍から見れば開拓団員は農業に従事させてある予備兵であった。

秋山は都会である横浜の出身で、板金の技術があり転業者だった。室野の聖労農園で働いたこともあった。共に入植しようとしていた北海道虻田出身の先妻が息子の正を置いて亡くなっていた。福島県安達郡玉井村の平栗ハルノは同じ福島県の本宮町の本宮女塾を主宰する井関磯美牧師から洗礼を受け、秋山と結婚した。期待される「大陸の花嫁」だった。二人はまだ新婚生活二カ月であった。

七月にまた一人、**目黒光次**が召集された。この頃関東軍は主力部隊を朝鮮に近い地域に移した。軍人温存である。極秘だった。満州全体の四分の三という広大な軍事的空白地域に、使い捨ての補充兵として開拓団員投入が始まったのである。目黒もまた、頼りになる中堅であった。室野が内原満蒙開拓幹部訓練所にいた時、福島県西部の会津只見の山村まで雪道をかき分けるようにして出かけ、満州に一緒に行って農業指導をして働いてくれるよう懇請した、右腕とも頼む男であった。佳木斯に耕作用の二二頭の牛が到着した時、目黒は一人で受け取りに行き、一人で牛追いをして団まで連れてきた強靭な精神の男だった。彼が土かけをした馬鈴薯は良く育った。室野は事務方と、農作業のベテランを失った。

4　青山豊の証言

以下は少年団員だった**青山豊**からの、一九九七年の筆者の聞き書きである。

青山は入植当時まだ一七歳だったから、秋山や目黒と同じ運命が自分に降りかかるとは思いもしていなかった。母方の伯母の息子である**池田政一**（当時三七歳）から第二次開拓団の団員募集の話を聞いた時、ためらうことなく応募した。一六歳の時「満蒙開拓青少年義勇軍」に入隊したくて応募したが、身体検査ではねられていた。気管支が弱かったのである。東京の写真屋の息子であったが、父を亡くしていた。

ずっと年上の池田は長野県の日本基督教団下諏訪桜町教会（第六部）の牧師だった。宗教界最大のホーリネス弾圧で一三四名が検挙された時の一人である。池田は留置場や未決監をたらいまわしにされたあと、懲役一年、執行猶予三年の判決で釈放されたが、すでに教会は解散させられ、牧師職は剝奪されていた。思想犯としての保護観察の身であったから、就職しようとするたびに妨害が入った。日本基督教団東亜局が第二次開拓団を編成しようとしているのを知り、入植を希望し、親族である柿沼平吉（姉の夫）や青山豊を誘ったのだった。柿沼は東京の下谷区で靴屋をしていたが、もう材料の配給はなく、店を閉めて勤めに出ていた。しかし池田本人は土壇場で渡満を取りやめた。病弱な妻が反対しはじめ、家族を置いてはいけなかったのだった。入植していれば、副団長になっていただろうと思われる（拙著『紅葉の影に――ある牧師の戦時下の軌跡』は、池田牧師の検挙を通して見た戦時下のプロテスタント教会の大弾圧体験である。第二次開拓団についても記したので参照されたい）。

一九九七年の時点で、第二次開拓団について語れるのはもはや青山豊一人であった。証言と残り時間の闘いが始まっていた。

――ここが入植予定地だと連れて行かれたあたりには、一部すでに人の手が入った耕作可能な元現地民の土地がありました。あとは農地造成を待つ原野でした。

大人たちは早速ヤンソウハンズ（満州の農村の家）を建て始めました。大工だった佐藤光義さんが、まず敷地のそばに小屋を建てて住み、指揮をとりました。壁は土を固めて乾かした土レンガで作り、屋根は草葺きでした。満州人も数人手伝ってくれました。千葉さんが満州人からも信頼されていたからだと思います。

開拓団の食糧は、米、大豆、コーリャンなどが満拓から支給されました。牛にやる大豆にまぜる岩塩も支給されました。野菜は満州人の畑から分けてもらいました。まだ収穫といえるものはなかったからです。部落の井戸の水は、一つは青苔が浮いており、もう一つは真っ茶色でした。満州人はその生水を飲んでいました。きれいな湧き水があるのは日本人が擂鉢山と呼ぶ小高い丘だけでした――。

豊の記憶力は、五二年が経っているのにおどろくほど鮮明であった。

三歳年下の柿沼道雄と二人、牛飼いを日課とした。道雄は父親の平吉と入植していた。佳木斯《ジャムス》から目黒が連れてきた二二頭の耕作用の朝鮮牛を草地に連れて行って放牧するのである。幼牛だった。役牛として使用するためには時間がかかり、一本立ちさせるのは三年目である。牛が満州人の作物を食べないように夕方まで見張った。そんな時道雄は、長野県で待つ母に手紙を書いた。

離れた所には朝鮮人が水田を作っていた。番小屋があっていつも見張りが立っていたが、のどかな光景だった。日本の統治で故郷の農地を奪われた朝鮮の農民が、北満州に押し出されて来ていたのであったが、豊はそんな背景を知らないまま、さすがに「五族協和」の満州だと感心したのだった。弁髪姿の満州族がいて、朝鮮人がいて、日本人がいた（朝鮮人満州移民は日本政府と関東軍司令部と朝鮮総督府によって送り出されたが、日本本土では報道されていない。陳野守正『歴史からかくされた朝鮮人満州開拓団と義勇軍』）。蒙古族と漢族は周りにはいなかった。

近辺の開拓村ではすでに隊員がそろい、にぎやかだった。軌道にのれば自分たち先遣隊も家族を呼んで、あのように楽しく暮らせるのだと、豊はその日を待ちわびた。そこに秋山文吾の突然の召集だった。五月だった。七月には、団長の右腕の目黒光次が召集された。こんなことがあっていいのか。九人になってしまったではないか。その上、東京から送り出した荷物が四カ月経ってもほとんど届かなかった。これはいったいどういうことかと不安が募るのだった――。

5　ソ連参戦　一九四五年八月九日

ここからは、団長室野玄一の手記と青山豊への取材を照らし合わせた構成である。

八月六日、室野はみんなに慰労休暇を出すことを告げた。トウモロコシや大豆の除草が一段落したからである。佳木斯《ジャムス》に遊びに行って、映画を見たり甘い物を食べたり、英気を養おう。

室野は八日夕刻に、佳木斯の開拓団のために建てられた施設である拓士会館に着いた。真夜中に飛行機の爆音で目が覚めた。空襲警報と共に、宿の誰かが「演習ではありません。本当の空襲です！」と叫びながら走って行くのを聞いた。翌朝になって日ソ開戦の情報を得た。しかし危機感はうすかった。五月に召集された秋山の、幼い息子の目に斑点が出ていたので、予定通り佳木斯医大の知人の日本人クリスチャンの教授に診察してもらった。診断結果は結核性角膜炎であり、戦時となった今ではどうにもならぬ、とのことであった。

一方、青山豊の記憶は室野が戦後書いた手記とは少し違う。二〇一三年九月二五日に筆者は豊に再度確認をしたが、発ったのは八月九日であり、その記憶は合っていると思うとのことであった。豊は佳木斯でなんといっても風呂に入りたかった。そして松花江を見たかった。もし前日に着いていたら、松花江も見て風呂にも入っていたはずだ、と。団長は八日、団員は九日に佳木斯入りしたのだ。

豊たちは九日の午後二時頃、徒歩で拓士会館に着いた。

大々的に防空演習があるという話だったが、すでに真夜中に突如、ソ連軍の空襲があったのだ。青天の霹靂とはこのことであった。松花江も見ず、風呂にも入らず、みんな黙々と朝来た道を引き返した。室野団長と秋山の息子の正も一緒だった。

室野は、急に現地民が怖く思われた、と記している（『伝記・室野玄一』九五頁）。土地は彼らに属する、と室野にはわかっていたからであろう。室野たちは夜どおし歩き通した。翌一〇日朝、団長は緑ケ丘開拓団本部にたどりつき、竹崎団長夫妻のねぎらいで朝食を食べ入浴した。豊たちは直接柳家砧の千葉氏の住宅に戻った。

馬に乗った日本人警官が太平鎮警察からやって来て、「ソ連の参戦により、一七歳から四五歳までの男子は全員召集された」と口頭で伝えた。これが関東軍による全開拓団へのまさに最後の「根こそぎ動員」通達であった。徴兵年齢が一七歳に引き下げられたのは四四年であったが、青山豊は、自分がまさか召集されるとは思ってもいなかった。

結局召集者は、青山豊（一七歳）、伊藤純一（二五歳）、佐藤光義（三七歳）、原田計家（四一歳）、そして室野玄一（四四歳）であった。秋山文吾と目黒光次はすでに召集されていたから、まさに根こそぎであった。室野は兵士にだけはなりたくないと思い、赤紙を受け取ったつもりで団長を引き受けたのに、思いも及ばぬ形で一瞬にして兵士になったのだった。いったい誰が反抗などできるだろう。軍の命令は天皇の命令だと刷り込まれていた。

残された者は、柿沼平吉（四八歳）、柿沼道雄（一四歳）、秋山ハルノ（二八歳）、秋山正（四歳）だった。

柿沼平吉には、道雄を頭に五人の子どもがいた。開拓団入植を決めたあとに、東京の三月一〇日の大空襲があった。黒焦げ、半黒こげの死体を目の当たりにしたその時、「満州へ行く」という自らの選択の正しさに確信を持ち、妻と四人の幼い子どもを妻の出身地の長野に送り、長男を連れて満州にやって来ていたのだった。

6　特設防衛第六中隊第五小隊

八月一〇日には雨が降った。にわか兵士五名がずぶぬれて警察に出向いたところ、応召は一一日夕刻とのことで、一旦戻った。

一一日、五名は荷物を柿沼親子と秋山夫人に託して別れを告げ、早朝の雨のなか千葉氏の家を出た。村人たちは無表情にじっと立って、なりゆきを見守っていた。

三江省佳木斯《ジャムス》駐屯の第八五三部隊が、五人の入隊するはずの部隊だった。到着してみると、延々と並ぶ兵舎全体がもぬけのからであった。まるで真空地帯である（少数兵力を残し、師団ごと依蘭に退却していた）。豊は腰が抜けるほど驚き、呆然とした。関東軍は日本陸軍最精鋭として少年のあこがれであった。豊は誇らしく思っていたのだ。てきぱきと戦いの準備をし、的確に指示を出してくれるものとばかり思っていた。

一二日、部隊の編成が終わった。**特設防衛第六中隊第五小隊**に、団員五名全員一緒に入れてもらえた。武器班、食料班、被服班の三班に分けられた。銃と飯盒を渡された。銃はある者には旧式銃の三八式、ある者にはドイツ製モーゼル銃だった。ところが渡された弾丸はどちらも全部、三八式用のもの一二〇発である。弾は合うのか。そして粉ミルク一缶。軍服と軍靴はありあまっていた。それぞれ手にしたのは、軍服の上下とシャツ二枚、軍靴、軍足（靴下）一〇足だった。

その夜の営内は酒がまわって大騒ぎだった。開拓団員であるから、有り合わせのものでご馳走を作るのはお手の物である。失望とやけくそと不安の乱痴気騒ぎで夜が明けた。

7　綏化《すいか》への逃避行

一三日、各地の開拓民が佳木斯《ジャムス》駅に次々と、無秩序に集まって来た。女性と子どもと老人の集団であった。

彼らを俄か仕立ての部隊が護衛して、南の牡丹江駅を目指すのだという。

室野は、無蓋車に乗り込んでいた竹崎夫妻と緑ケ丘の団員たちを見つけた。再度出会えたことを涙して喜び合った。竹崎によれば、室野たちが入営してすぐ、全開拓団に引揚げ命令が出たのだという。一切を置いてきたのだ。

上空をソ連軍の戦闘機が飛ぶ。列車めがけて盛んに銃撃する。雨が降る。

成り行きをじっと見つめていた満州人たちが、徐々に放棄された荷物に群がり始め、やがて公然と奪い合いだした。軍事拠点の都市である佳木斯近くは、武器をもって入植した武装開拓団の多い地域だった（第一章の4「民族協和の幻想」参照）。一九三二年の最初の入植から一三年が経っていた。農地から追い出された農民の一三年のうらみと怒りが爆発しようとしていた。じっと踏まれて耐えた屈辱がはじけようとしていた。

土地を奪った者と奪われた者の力のせめぎあいが始まり、奪われた者たちが優位に立ちだした。力の逆転を目の前にして、日本兵のなかに逆上して満州人を撃ち殺す者も出だした。

豊は一刻も早く、この恐ろしい状況から離れたかった。ところが無蓋車に詰め込むだけ詰め込まれた避難民が、やっと自分の背嚢《はいのう》（軍用リュック）をおろした途端、「全員下車」の命令が下った。南下先の都市である牡丹江に、ソ連軍がすでに入ったという。

あとは祖国から離れていく西向きの線路しかなかった。無蓋車はハルビンの北方の綏化をめざし、西へ行く。出発は夜だった。ソ連の機銃掃射を避けるためである。あとでわかったことであるが、関東軍の軍人の家族を満載した軍用列車は、早々と九日の午後一時頃牡丹江に向かった。そしてまだ日本領土であった朝鮮半島に無事滑り込んでいたのである。開拓民は完全に置き去りにされた。

豊の隣の若い母親の腕のなかで赤ん坊が激しく泣いた。突然の恐怖から母乳が出なくなったのだ。不安におしつぶされ放心状態の母親に、背嚢のなかの粉ミルクの缶を押し付けるように渡したが、その場ではどうすることもできないのだった。

綏化に到着すると、飛行場で軍関係者と一般人に分けられた。兵士たちは営舎に、一般人は格納庫に収容された。豊は初めて、地上にある実物の飛行機を見た。しかしそばによって見ると、敵の目を欺くための「はりぼて」の模型だった。

八月一五日、数百人はいた兵士全員が整列させられ、直立不動で、ラジオから流れる天皇の詔勅を聞いた。「敗戦」も「降伏」もなかったが、日本は負けた、とわかった。もはや日本軍の反撃はなく、緑ケ丘に戻れるという一縷の希望は消えた。

放送が終わった直後、そばに直立不動で立っていた若い将校がピストルを自らのこめかみに当て引き金を引いた。一瞬の出来事だった。年上の将校が「はやまるな！」と止めたが遅かった。年配の将校が「生きてさえいれば日本に帰れる。頑張って生きよう」と、呆然と事態を見守る皆を励ました。

室野は銃を握って、飛行場の出入口の衛兵となった。ひっきりなしに出入りする者たちをチェックした。銃をかまえて威嚇するのだ。あたかも銃弾がこめてあるかのように。周りには淡紅色の踊子草が何も知らぬげに無数に咲き乱れ、風に揺れているのだった。

武装解除の日が来た。全員旧式単発銃を磨き上げ、将校は軍刀もピカピカにして、地面に置いた。やって来たのは若いソ連兵たちで、各自自動小銃を持っており、彼我の武器の差を見せつけながら整列した日本兵の間を歩きまわると、地面に置かれた銃、弾帯、軍刀のなかから上等の軍刀をためらいなく自分の物とし、あとはひとからげにして無造作にトラックに載せて持ち去っただけであった。あまりにもあっけなく、ソ連軍司令官を迎える予行さえしたことを、室野は自嘲せずにはいられなかった。

豊はある時、仕切りの金網の向こうである一般人を収容した格納庫側から名前を呼ばれた。

「豊さん！」

秋山夫人のハルノだった。柿沼平吉とも金網越しに話ができた。しかしそれが彼らと会った最後だった。彼らは列車で南下して行った。兵士たちは捕虜として、列車に乗せられソ連領に向けて北上して行った。

8　シベリア抑留と帰国

捕虜たちは小窓のある有蓋貨車に詰め込まれた。北安を通り黒河を指して列車は北上していく。九月初めである。小窓から見える車外の小興安嶺は紅葉がうつくしく、過ぎゆく丘には白樺が点在していた。貨車のなかでは、ソ連兵が時計、万年筆、剃刀などを略奪していった。

国境の町黒河では露営した。テントでの野営である。翌日「天皇陛下万歳」を三唱して、幅一キロはあると思える黒龍江を船で対岸のソ連領ブラゴヴェシチェンスクに渡った。「満州国」がすでに消滅していたことも知らなかった。船上では、ロシア人の若い女性兵士たちが男性船員と同じくたくましく働いている姿に驚かされたのだった。

露営地で一大事件が起きた。団員の伊藤純一が撃たれて死んだ。吐く息が白く見える早朝、室野が冷たくなった遺体を見つけた。

「大変だ、伊藤君が撃たれている！」

みなの推測であるが、便所に行くため外に出たところにソ連兵が通りがかり、誰何《すいか》されたのだろう。急いで戻ろうとして撃たれたと考えるしかなかった。ズボンは緩められており、弾は背後から発射され、腸が露出していた。真相はわからないまま、皆で骸《むくろ》を毛布につつみ、畑の片隅に葬り、室野が牧師として祈りを捧げたのだった。

出発した列車は、皆が期待した日本に近い東方のハバロフスクの方向にではなく、シベリアを西方へと進み、チタの町に着いた。ハルビンから北満鉄道に乗ると、このチタでシベリア鉄道に合流しモスクワへ向かうのである。

イルクーツクは素通りして、クラスノヤルスクというシベリア屈指の、エニセイ河畔の大きな町に着いた。ここが抑留地であった。

捕虜収容所第五ラーゲリは元刑務所だった。塀は板囲いで、高さは四メートルほどあった。鉄条網が張り巡らされ、数百人の捕虜の到着とともにさらに電流を通す銅線が張られた。六〇名ぐらいを収容できる営舎がずらりと並んでいた。

太平鎮の開拓団員は、伊藤はもはやいなかったが、室野団長をはじめみな一緒になれたのは幸運だった。豊から見ると、室野団長はこういうようになってしまった成り行きに、深く責任を感じているように思えた。

強制労働は過酷であった。その一つ一つを記録していくには紙幅が限られている。

誰が先に日本に帰れるかは、彼らの決めることではなかった。まずは年長者で、次いで病弱者であった。一九四七年四月、室野がクラスノヤルスクを発った。十日ほどでナホトカに着き、待つことなく舞鶴行きの船に乗船できたのだった。

豊の帰国はさらに一年半ほど後の、一九四八年九月であった。二〇歳になっていた。母は長野の人であり、母の里に戻ったら、「おう、太って帰ったか」と喜んだ。栄養失調になると浮腫《むく》むことを母は知らなかったのだ。豊は製材所で働き、闇のどぶろく製造所で稼いだ。このままではいけない、金より正業だと決心して東京に戻った。よく働くとどこでも褒められた。強制労働を思えば、どうということはなかった。

ある時用があって横浜に行った。駅のプラットホームで向こう側の線路を見ると引き揚げ列車が停まっていた。真ん前の車窓から外を見ている人がいた。目黒光次だった。目黒さんがシベリアから戻って来た！お互いに気付いて名を呼びあい、手を振りあった。列車はすぐ東京の方向へ動き出した。目黒さんの故郷の会津只見とはどこだろうかと見送ったが、なによりも「ああ、生きて帰ってこられたのだ。よかった」と喜びが突き上げてきたのだった。

この件は二〇一三年九月二五日の再度の聞き取りによる。厚生省援護局の記録によれば、目黒が帰国したのは昭和二四年八月とある。豊の帰国の一一カ月後である。

豊にとって残念なのは、労働に明け、労働に暮れ、一番遊びたい盛りに遊べず年をとったことだ。青春がないのだ。「五族協和」「王道楽土」の幻想を抱かせて開拓団員を募り、膨大な数の死者を出した国家の上層部に怒りがある。あの開拓地も政府がインチキをやって満州の農民からだまし取ったようなものだ。殿《しんがり》を務めるのが当然の関東軍がまず逃げ出したことはずっと後で知った。戦後がらりと変わった憲法により、日本はもう戦争はしないのだと思ってきたが、今の国家の上層部を見ていると、あの関東軍が想起され、あやしいものだと最近は思っている。

シベリアで美しい樹氷を見て、写真機があればなあと思った。写真屋の息子なのだ。今も風景写真を撮っている。被写体を見つめる時、父を感じる時がある。

9　見捨てられた者たち

第二次基督教開拓団先遣隊員のうち、召集された者以外で帰国できたのは秋山ハルノただ一人、だった。「私の半生記」と題する記録が、平和祈念展示資料館発行の『平和の礎』に残されている。

たどりついた綏化《すいか》の収容所は、格納庫だった。二八〇〇人という避難民が荷物を抱えたまま、不潔極まりない状況のなかでゴロ寝をした（そのうちの一八〇〇人は弥栄村からだった）。ハルノにとって一番の心配は、夫と再会するまでいかにして子の正を守り抜くかであった。つぎはソ連兵の「女を出せ」との要求だった。女たちは髪を切り、顔を泥んこにした。

配給の食糧はコーリャンが主で、みな腹をこわして下痢をし、排泄物の臭気と処理が大問題だった。便所はなかったのだ。北満は九月半ばに寒くなる。座して死を待つのではなく、南下しようということになった（弥栄村グループは大連に向かった）。しかしハルビンはすでに飽和状態であった。来るのが遅かった。さらに列車で南下した。列車のなかでつぎつぎに力尽きて死んでいった。列車がとまるたびに（それは突然で、いつどこに停車するかはまるでわからなかった）、亡骸を線路のそばに埋めるか、置き去りにした。鳥獣の餌となるのだ。それがどこだか場所もまるでわからなかった。ハルノと正はどうにか新京に着いたが、ここも居場所はなかったから奉天に向かった（新京の収容所に入れた柿沼親子とどこで離れてしまったかは不明である）。

収容された校舎での厳寒の越冬生活のなかで、避難民は凍え、飢え死にしていった。ハルノと正はここで病気になった。ハルノは思う、「お国のために」と思って満州まで来た私たちを神は助けてくれないのだろうか、と。

春が来て夏が来て、そして待望の帰国の日が来た時、正はもはや口も利かず眠ったままの状態だった。引揚船のタラップを上って船室にやっと座った時、正の命は尽きた。「水葬の礼」で葬ってもらえたことは、見も知らぬ野原や線路脇で、鳥獣に食べられた人もあったことを思えばまだ幸いであった、とハルノは自らを慰めた。一九四六年七月であった。

一人祖国にたどり着いた。下船後、さまざまな手続きを終えて福島県の郷里に向かった。ハルノは女性引揚者たちが上陸地でくぐらされた屈辱の手続きについては語っていない。女性のみの性病と妊娠の有無の検査である。ソ連兵や現地民の性的暴行によって妊娠した人たちは中絶してもらえた。いや、させられたともいえる。ソ連兵との間に生まれた子が日本社会にほぼ皆無である理由はここにある（『水子の譜《うた》――引揚孤児と犯された女たちの記録』現代史出版会、一九七九年）。

福島の本宮女塾において井関牧師から洗礼を受け、開拓団で室野牧師の説教を聞くという短い信仰生活であったが、ハルノにはキリストの愛の教えは心のよりどころであった。今はイエス様の胸に抱かれたい……。それ以外に何が残されているのか……。列車を降りると、汚い男物の服を着て、ボロ布で頬かむりをしたまま、夕闇のなかをまっすぐに本宮町の教会に井関磯美牧師を訪ねた。

「秋山ハルノです。今満州から引き揚げてきました」

「ハルノさんだ。ほんとうにハルノさんだ。良かった、良かった」

涙声で言ったあと、牧師は声をあげて泣き出し強く抱きしめた。ハルノは、ただじっとそのままますがっていた。

牧師夫妻による温かい風呂、温かい食事、礼拝堂での深い祈り。ハルノは何も隠さず、洗いざらいを牧師夫妻に話すと、胸につかえていたものが流れ出て行き、張りつめていた心身に睡魔が訪れた。安心を得て、牧師館で深い眠りにおちた。

故郷に戻ると父は優しく迎えてくれたが、母は「だから満州さ行くなと言ったでねえか！　こんなことになって！」と繰り言を言い泣くばかりだった。

井関牧師は純粋に善きことをしているとの信念に従い、何人もの大陸の花嫁たちを養成して各地の開拓団に送り出したのだった。ひどい目に合わせたことを深く後悔し、責任を強く感じていた。県庁に陳情し交渉し、安達太良山山麓に引揚者救済事業として開拓地を設け、平和村と名付け四〇人ほどの男女を受け入れていた。各自の宗教は問わなかったが、「信仰と開拓」をモットーにキリスト教の旗色は鮮明に、引揚者受け入れの世話を始めていた。

井関はその後仙台にあったGHQの東北司令部にも陳情に行き、公有林の解放を請願して認可を得、約一〇〇ヘクタールの平和村への払下げが決定した。井関は獅子奮迅のつぐないをしたのだった（平和村はその後大玉村の一部となっている）。

ハルノは夫が戻ったらその平和村に入植して農業に励みたいと思いつつ、夫の帰国を待った。三年二ヶ月待った。

一九四九年九月のまだ残暑が残る頃に、秋山文吾が最後の帰国組で戻って来た。シベリアでは、働き盛りが一番長くこき使われたのである。四年間の重労働と栄養不良の結果、立派だった体が骨と皮になっていた。正を亡くしたことを話すと、声をあげて泣いた。心底落胆していた。ハルノは自分が殺したのだとの思いで共に泣いた。

夫は「もう農業はやらない」と言った。強制労働、息子の死、三月にも満たなかった二人の新婚生活。昔やっていた板金業に戻る、と疲れ切った文吾はひとり横浜に去って行った。「いっしょに行くか」ともいわず。精神的にも肉体的にも疲れが高じ、頑健であったハルノは肺結核になり、須賀川の結核療養所で数年間の療養生活をした。

何のために開拓花嫁となり、何のために人生の一番花の時期を死ぬほどの苦難にあい、何のために世間から嫌われる結核となり、こうしているのか。国と国の争いが恐ろしいのは、人の生き方を変えてしまうこと。

ハルノ、一九五三年、死亡。享年三六。

柿沼平吉の妻久子は、残された四人の子どもと共に、疎開先の長野県篠ノ井で、今か今かと満州に渡る日を待っていた。しかし日本敗戦のあと、長男の道雄からの便りがパタリと止まった。教団からの連絡もなく、援護費用も途絶えた。

久子は小柄であったが、男たちに交じって建築現場の材木運びの荒仕事をし、東京へリンゴを売りに行き、長野にナスを売りに行った。闇商売であった。駅で警官に全部取り上げられ、

「死ねっていうの！　子どもたちをどうやって育てるの！」と泣きながら食ってかかったこともあった。

日本基督教団の元満州基督教開拓村委員会主事の栗原陽太郎から手紙が来たのはだいぶ時が経ってからだった。夫平吉と息子道雄の二人は新京でチフスのために死亡したと認《したた》めてあった。

後に看護婦になった娘恵子の努力で真相らしきことがわかった。綏化《すいか》の飛行場格納庫から移送された先の新京の避難民収容所で伝染病の発疹チフスが広がり、道雄がまず罹患し、看病をした平吉も罹患し、道雄は回復し、平吉は持ちこたえられなかったのである。父の死のショックで、病み上りの道雄は周りの人をふりほどき零下二〇度の屋外に飛び出すと、そのまま帰らなかったのだという。

家族はもうあきらめるしかなかった。一九五七年一〇月二九日付けで死亡認定書を出したのだった。

終章　「大陸への移民史」の終焉

第一節　溥儀・廃帝――弊履の如くに

ソ連の対日参戦は一九四五年八月九日だった。五月八日にドイツが連合国に無条件降伏した時点で、すでに西部戦線の兵員の東部移送が開始されていた。日本軍の旧式な兵器とは比べものにならない最新兵器も、軍需工場からまっすぐ東部に送られた。広大なソ連領土の西の端と東の端の時差は一〇時間はある。首都モスクワと極東でも六時間は超える。モスクワにおいてモロトフ外務大臣が佐藤日本大使に、八月九日開戦の正式宣戦通告をしたのは、八月八日午後五時だった。佐藤大使の本国への連絡はそれからである。極東ではあっという間に九日だった。ソ連軍は満州国との国境の東から、北東から、北から、北西から、西からやすやすと突入した。明白に日本領であった南樺太への侵攻は八月一一日からだった。満州国の首都新京は幸運なことに、どの国境線からも遠く離れていた。

関東軍司令官山田乙三《おとぞう》はあたふたと大連から首都新京に戻った。皇帝愛新覚羅溥儀《あいしんかくらふぎ》が山田から、総司令部を満鮮国境（現在の中朝国境）に接する通化省の通化に移す、同時に「国都」も遷すと伝えられたのは一〇日になってからだった。長白山脈の北西側に位置する山間地帯である。形勢不利の場合、満州国の四分の三の領土を作戦放棄地域とし、大連・新京・図們をつなぐ「連京図ライン」を前線とし（島田俊彦『関東軍』一八三頁に放棄地域の地図あり）、その三角地帯の内側に立てこもるのである。古代の高句麗や渤海国のあった地域である。それは取りも直さず、鴨緑江《おうりょくこう》を跨いだ対岸の日本領土（朝鮮半島）防衛のためでもあった。大本営はすでに五月に、極秘裏にこの連京図ラインを「対ソ全面持久」の最終防衛ラインと決めていた。関東軍は敗色の濃い南方の対米英戦に次々と兵力を取られ、弱体化していたからだ。守るべきは日本領土であり、満州国ではないのである（ましてや居留日本人ではなかった！）。通化一帯は、建国の当初は、匪賊団（武装抗日団）の拠点が幾つもあり、制圧に苦労した地域であった。今や追い詰められる立場に立ち、その攻めがたい複雑な地形が軍事地勢《テレイン》として皮肉にも役立つはずだった。

一二日夕刻、新京の建国神廟の祭司長（満州国祭祀府総裁）である軍人橋本虎之助が「神器《じんぎ》」を入れた袱紗《ふくさ》をうやうやしく捧げ持って先頭の自動車に乗り、溥儀は二台目に乗り、帝宮を後にした。駅には特別列車が待っていた（溥儀『わが半生　下』七六頁）。お伴は、ごく少数の親族と国務院総理張景恵や宮内府と祭祀府の側近だけであった。列車は通化を過ぎ、さらに奥地の山あいの通化省臨江県大栗子溝《だいりっし》に向かった。この辺りは一九三七年に鉄鉱、石炭、石灰石などの鉱脈資源の埋蔵が確認された寒村だった。直ちに開発会社が設立され鉄道が敷かれてからまだ八年も経っていない（現在は、工業地帯として発展している）。

「帝宮」仮御所として召し上げたのは、大栗子鉱業所の日系所長の自宅であり、到着したのは一三日から一四日にかけての真夜中だった。夜が明けると鳥が鳴き、緑の谷が浮かび上がる。歩いて行けば驚くほど近くに鴨緑江の流れがある。対岸の朝鮮の山々は黒々と続き、山すそに小さな集落が点在するのが見えるばかりである。溥儀は見ていない。もし見ていたら何を想っただろう。万一、日本が負けたら、自分はあの河を渡っていくのか、と想像しただろうか。それとも大日本帝国は必ず巻き返す、と思っていただろうか。しかし、思い悩む間もない翌日、御用掛の日本人吉岡安直から、日本が連合国軍に降伏したことを告げられたのだった。八月一五日日本時間一一時、中華民国国民政府主席蔣介石は、重慶のラジオ局から全中国と全世界に向けて、「抗日戦勝利の告示」を放送した。その一時間後（日本時間の正午）に、敗戦国となった大日本帝国の天皇裕仁が「戦争終結の詔書」を読み上げる声が短波放送でブラジルまでも流れた。溥儀が直接放送を聞くことはなかった。

フィリピンのレイテ島にアメリカ軍が反攻上陸したのは一九四四年一〇月であった。翌年一月、ルソン島が戦場になると、軍に徴用され南シナ海で輸送作戦に参加していた日本の商船や大型漁船の撃沈数が千隻、二千隻と急増した。日本海航路もアメリカ海軍の潜水艦部隊にやられ、満州の港やあちこちの駅には、日本本土に運びきれなかった大豆が麻袋で野積みされて腐っていった。海が日本船と乗務員の墓場と化していくなかで、六月六日、東京では御前会議が開かれ、戦争目的が変更された。「大東亜の新秩序建設」が放棄され、「国体護持」（天皇制の保持）と「皇土保衛」（日本本土の死守）になった。はたしてこの情報は、溥儀に伝えられていただろうか。

「満洲帝国」のドラマはあっけなく閉幕した。国家は空中分解、皇帝は廃帝、弊履《へいり》の如く捨てられた。傀儡《くぐつ》はもはや無用だった。用意された「退位詔書」を大臣・参議たちを前に、溥儀が読んだのは一八日である。退位後日本に迎えられると聞かされていた。しかし、ソ連に抑留される方向で、溥儀の運命の時は刻まれた。三九歳だった。

日本の敗戦後、蔣介石が率いる中華民国国民政府は熾烈な内戦の結果、毛沢東率いる中国共産党に敗れ、台湾に去った。大陸には四九年一〇月一日に、中華人民共和国が建国された。五〇年七月、溥儀は、ソ連政府から中国政府に引き渡された。特赦を受けたのは一九五九年である。北京植物園の庭師となり一市民として生き、六七年に亡くなった。幼くして清国の皇帝を退位させられたあとも、溥儀は北京の紫禁城で平穏な日々を過ごしていた。もし一九歳で紫禁城を追われなかったら、もし天津で日本の庇護を受けなかったら、日本軍に擁せられて満州国の執政になることはなかっただろう。その時どのような運命が、溥儀と日本に待っていただろうか。

第二節　内モンゴルに入植した東京の「ルン《（ママ）》ペン移民」たちの場合

『文藝春秋』特派員の平野嶺夫は、清国の宣統帝溥儀が二六歳で新国家満州国の執政に迎えられた年の末に、ちらりと謁見する機会を得た（「執政に謁するの記」『文藝春秋』一九三三年二月号）。その紀行文のなかに、「移民問題が満洲では何よりも関心を持たれる今後の問題である」と予見し、満州ブームの熱狂についても書いている――「事変後に生まれたものには、満蒙殖民協会、満蒙殖民義勇同盟、満洲拓殖協会、満洲国神戸村建設同志会、満蒙研究同志会、満蒙屯田義警団、満蒙愛国信濃村陸奥興国同志会、乃木村、大阪村建設会、星桜会満蒙野外作業隊、大陸殖民講習会、天理教青年会、徳島村建設計画、土佐農耕園、豊原畜農組合、錦洲小嶺子移殖民会、日本国民学校満蒙指導移民、稲岡村建設満洲移民組合、徳島村移民、満蒙移民研究会、石川村建設実行会、高知県在郷軍人移民団、東亜保民会、天照園移民等々である。何と多い移民団であることとよ」。平野はそのなかから、もっとも切迫感がありそうに思える東京から最初に組織的に送り出された「ルン《（ママ）》ペン移民の天照園開拓団」を選び、訪問体験を掲載している。大いに読者の関心を呼んだことだろう。

天照園は、東京市深川区（現江東区）の埋立て地に設立された、露宿者《ルンペン》（仕事がなく収入がなく住む家がない人のこと）のための無料宿泊所の一つであった。世界金融恐慌や金解禁の混乱による複合大不況のため、労働者たちに大きなしわ寄せが起きたのだった。全国の失業者の推定数は四八万人あまりとなり、その四分の一の約一二万六〇〇〇人が東京府の失業者であった（内務省発表、一九三二年五月）。実数がこの推定数をどれほど超えていたかは不明である。東京の失業地獄は、現代人には想像を超えた深刻さだった。地方の農村が大不況のどん底に沈んでおり、都会から戻って来た労働者を受け入れる余地はなく、彼らはさらに東京にUターンしてきていた。このまったく行き場を失った失業者の大群から路上生活に転落する者たちは加速度的に増えていた。ごく少数が天照園のような宿泊所に宿を得て、クズもの拾いに出たり、運がよければ日雇い労働に出たりしたのだった。この天照園が東京市社会局の後援を得て、三六名を建国直後の六月に満州に送り出していた。文藝春秋からの特派員平野は、日本の租借地・関東州の大連から乗合自動車で行ける旧都の金州で、満鉄所有地を借りて農業実習をしている団員たちを視察したのだった（見聞記は、移民集団のその後の先行きがまだ見えないまま終わる）。

彼らは金州での実習を九カ月で終え、新国家の一部となった西方の興安省通遼県の辺境の地に入植した。「一果樹村《いっかじゅ》」の誕生である（『東京満蒙開拓団』）。満鉄の最寄り駅銭家店まで八キロである。彼らこそが建国後の最初の移住者たちであり、武装なき自由移民集団であった（武装移民団の入植が始まるのはその三カ月半後である）。耕地は東亜勧業（植民地での日本人による農地開発事業機関）から借用し、営農資金は東京の送り出し母体の天照園から借り入れ、小作料を支払ったのである（まだ現地民の農地を強引に買収する満洲拓殖公社は生まれていない）。雨が降りしきれば洪水、降らねば砂塵舞う旱魃《かんばつ》を繰り返す風土だった。いわば彼らは「日本人はこの過酷さに耐えうるか」のモルモットであった。一九三四年の洪水で蔬菜《そさい》に甚大な被害を受けた体験を糧とし、周りの農民（蒙古族や漢族）の生産の業に学んで、畜産を生産の中心に据え替える大決断をした。

土地に関しては幸運にも払い下げを受けられ、一五年均等年賦で小作料程度の代金を支払うことになった。小作料を永遠に払い続ける義務から解放されたのだった。自立した開拓組合一果樹村《いっかじゅ》の誕生である。

この「自由裁量」によって、メンバーたちは徐々に変貌していった。依存的な無気力さを断ち、自律的で自己判断のできる共同体構成者へと自己変革していったのである。

彼らを率いたのは天照園の常駐職員をしていた畑野喜一郎（一九〇四年、長野県生まれ）だった。入植時二八歳だった。労働者の貧困問題に関する理論家で、『どん底に探る』という社会問題パンフレット（若い時代社、全四〇頁、一九三二年）を出していた。「資本主義経済組織の下に於ては、人間生活の一切は資本家の打算に依って左右される」「すべての生産機関は、ただ資本家階級の利潤を得るための具である以上、労働者の福利や其の将来の運命は最初から勘定の外《ほか》である」「無産階級の団結が叫ばれて、労働組合は結成された。然し、資本家階級に脅威を与えるほどの力強さは、無産大衆中の一部分即ち特殊技能を要する産業に従事している者の組合にのみ限られる」「それほど技能を要しない産業に於ては極めて容易に労働者の取り換えを行い得る」「産業予備軍は常に無数である」と、資本主義が労働者を分断し切り捨てていく現実を鋭く批判するその論稿は、現代にそのまま当てはめても納得がいく。「その悲しい運命から脱れ得ざる唯一の原因は、彼等が常に沈黙の敵——飢餓——を恐怖するところにある」と、どん底であえぐプロレタリアートの苦悩を代弁し、ただ宿泊所を提供するのではなく、彼らを勇気づけ、その意識の向上をめざす運動家であった。畑野の妻は入植時には団ただ一人の女性であったが、夫と志を共にし、この地で働くことを天与の大使命と肝に銘じて辛苦を堪え、時に脱線する団員たちを慈愛で強く支えた人であった（名前が不明なのは残念だが、二人の出会いの機会を推測するなら、おそらく東京下町での学生セツルメント〔隣保館〕運動ではなかっただろうか）。

軸足を、まだどの開拓団もやってない畜産に移したのは大成功であった。団員たちはそれぞれに一六町歩の広い土地を得、妻も迎えた。動物性蛋白質豊かな栄養食は幼児死亡率を下げ、その育ちは他の開拓団に比べて格段によかった。団員は日常の会話が満州語（満州で話された中国語）でできるよう努め、近隣屯の満州人・蒙古人の農民たちに敬意を表し、村の開拓協同組合は農業資金の融通を現地住民も含めて始めた。共に幸福になろうとする文字通りの民族協和の実現をめざしたのだった（異質なる幾多の他民族を優秀なるヤマト民族が「指導する」のではなく、持ちつ持たれつで共に暮らす世界をめざしたのだ）。

現地住民は団員たちの来歴を聞かされていたから、なりわいを確立するために奮闘努力を続ける彼らに、暮らし方のヒントを惜しみなく教え、親近感を示してくれていた。現代の表現で言うならば、お互いへのリスペクトがあり、そこから救貧と防貧の共助が生まれていたのである。一九四二年、東京から転業者たちがさらに入植してきた。一つの日本人小学校と新しく生まれた五つの現地民小学校がいっしょに、運動会や学芸会を年何回か開いた。人びとは相手を恐れたりせずいっぱいおしゃべりをした。村内こぞっての大祭典だった。最終的な作付面積は、大豆、トウモロコシ、コーリャン、粟、大小麦、馬鈴薯その他を合わせて一二〇〇町歩だった。収穫物の約半量は供出に取られ、残りは家畜飼料となるから収入に見るべきものはなかった。収益は家畜から来ていた。馬二三〇、牛四五〇、らば・駄馬二五、緬羊七〇〇、豚二七〇、鶏二〇〇〇。羊は共同飼養した。一果樹開拓組合の溶け込み具合は満州一だと、団員たちは誇りに思っていただろう。このまま真っ赤な太陽が地平線のかなたに沈むこの内モンゴルの一部となる、夕日に照らされながら大地に溶け込んでいくのだ、と。

ソ連参戦は、西側から突然やってきた。共産圏となった外モンゴル（現モンゴル国）を経由して開拓団のある興安省（内モンゴル）へ進軍して来たのである。団員たちはもうほとんど地元の人間であった。しかし畑野は考える人だった。満州国の秩序が崩壊し全体が争乱の場になっていく。どう動くべきか。国境と開拓団の間には距離があり、時間があった。畑野の判断は「日本人開拓団は満州に留まることはできない。留まることができるとしたら、それは誰よりも我々であるはずだ。しかし我々も去らねばならない。村を立ち退かざるをえない」であった。独断ではないリスク判断のできるリーダーが、稀にではあるが必ずいるのである。

決断と行動は早かった。一果樹開拓組合は戸数九六戸、在籍者三八五名になっていた。そのうちの一番頼りになる四五歳以下の中堅の男子が「根こそぎ動員」によって四二名召集されていた。四一歳の畑野が召集を免れたのは、団にとってまぎれもない幸運であった。あとは時間との競争だった。畑野は速やかに決断を下し明確な指示を出した。一、村公所（村役場）の満州人吏員に、財産を全て委ねる。彼らと各屯長との協議の上、村民に公平に分配すること。とくに窮民に配慮すること（これこそが「ルン《ママ》ペン共同体」の原点を忘れない者の究極の願いだった）。二、個人財産はそれぞれの使用人あるいは親しくしていた者に与えること。そして日本人への指示。各人の持物は、（一）携帯口糧、（二）寝具を兼ねるための防寒外套、毛布、食器（アルミ）その他必要最少限度とする。脱出ルートが確保されている時間は長くはなかった。

八月一二日、豚一頭をつぶして、現地の全屯長を招いて別れの会食をし、畑野の決断を全員が同時に聞く機会を作った。一三日、家族部隊をまず出発させた。一四日、男子全員〈騎馬〉部隊を組んで村を離れ、道沿いの屯々の現地民と惜別の眼差しを交わして、家族部隊を追った。途中で特務機関員に、二〇〇名あまりの在留邦人を保護していくことを要請された。一番ねらわれる特務機関員を速やかに逃がすためである。奉天省に入ると総勢四〇〇名を超える大集団になった。康平長野開拓団の大部分が女性・子どもの団員であり、見捨てるわけにいかなかった。動きが極端に遅くなった。行く先にソ連軍が先回りしてはいないか。そしてついに法庫県の県城で、進駐して来たばかりのソ連軍に抑留された。混沌とした状況のなかで畑野はどうにかうまく逃れ、奉天に家族が到着しているはずの男子団員を率い、なんとか家族との再会をはたしたのだった。しかしその後の逃避行では、一果樹村の村民の命とも希望とも信じた幼児が多く亡くなった。日本人医師が避難汽車のなかで病気の幼児に注射を打って死に至らしめた。ペストやチフスだったら、全員が列車からおろされてしまうからと。村を去る時には想像もしなかった状況であったが黙する以外なかった。すでにあまりにも多くの子どもの見捨てられた死体を見てきていた。

彼らの帰国船が着いたのは舞鶴港だった。ふたたび無一物から、祖国で居場所探しを試みなければならなかった。畑野は死にもの狂いで探し求めた。すでに一九四五年一一月九日に、「緊急開拓事業実施要領」が閣議決定されていた。内地開拓の新国策である。北海道は七〇万町歩、内地は五万町歩の緊急開拓である。GHQが背後に控えての日本国政府の閣議決定であった。一二月九日、第一次農地解放指令が出された。地主の所有地は五町歩とされ、それ以上の農地は小作人が求めれば交渉により譲り渡すよう義務づけたのである。やっと持たざる者への農地移譲の時がきたのだ（実は戦前の法律に守られた地主が手離さないあるいは放置していた、傾斜度十五度以下の開墾可能な土地が日本本土に三五〇万町歩もあったのである。水利をどう解決するかなどの問題があったが）。しかし残念ながら、畑野たちは小作人でさえなかった。

何よりありがたかったのは軍隊の解体（四五年一一月）だった。軍用地が広大な空き地となった。秋田の能代郊外の東雲《しののめ》原に入植していった者たちがいた。飛行場跡地だった。東京府多摩の聖跡桜ケ丘の旧陸軍飛行場跡に入植した者たちもいた。畑野と妻もそのなかにいた。しかし入植地はすぐ占領米軍に接収され、追い出された。栃木県北那須の未墾地に入植できたのは一九四七年九月以降である。元開拓団、義勇軍、復員軍人、疎開者、地元農民など約七〇〇戸が入植した。大同と名付けた地区に居場所を得たのは七〇〇戸である。

『大同開拓農業協同組合五〇年史』に、畑野は初代組合長として名が記されている。

どこもかしこも一面雑木林であった。毎日、開墾鍬と薪割りで木の根っこを掘った。一反歩開墾し、春に種を蒔く。一切が人力作業である。六〇年代に入ってようやく農村にブルドーザーが入り、二反歩開墾し、経済成長と共に農作業もトラクターやコンバインによる機械作業へと移り、豊かになっていった。開拓部落の世代も戦後生まれに移り、さらに次の世代に代わった。大同集落に暮らす金井カツエさんはかろうじて畑野喜一郎を記憶する世代である。「子どもの頃の記憶では、畑野喜一郎さんという方は、それは温和な、立派なジェントルマンでした」と言う（二〇一七年四月二三日、取材は那須在住の尾添英二さん、筆者の友人）。

もし今一果樹村があった辺りを訪ねることができ、村人に出会えるなら、日本人の少年少女となかよしだった人がいたかを聞いてみたいと思ったりする。「どなたか、ここで暮らした日本人のことを聞いたことがありますか」。すると今や筆者と同じようなおじいさんおばあさんのなかに、「『子どもの時に日本人と一緒に運動会をしたよ！』と、おやじが言っていたよ」とか「おかあさんが言っていたよ」と、柔和な笑顔で教えてくれる人がいるかもしれない。そうだとうれしいのだが――。「でも、侵略行為だったことは確かだよね」と真顔で言われるかもしれない。それでも命あって戦争を生き延びた者たちの子や孫である。言葉を交わし合えれば、そのさきに笑顔で語り合えるストーリーがある、と夢想する。

北からのソ連軍はブラゴヴェシチェンスクからアムール河（黒龍江）を渡って、黒河に入った。ソ連軍はこの日を一日千秋の思いで待っていた。ブラゴエ（と日本人は呼んだ）はシベリア出兵時の一九一九年、入城した日本軍によって武器を捨てさせられた屈辱の町である。満州側に入るとソ連軍は二手に分かれ、ハルビン方面（浜江省）とチチハル方面（龍江省）に向かって怒涛のごとく南進した。ソ連軍と入り乱れるようにして、強制労働に狩り出されていた何万という中国人労務者が故郷をめざして移動したことは第一章で記したとおりである。また、北東方向へ流れる松花江がアムールに合流する地点から渡河したソ連軍は、佳木斯《ジャムス》に向かい、さらにハルビンを目指した。北西の国境の満洲里からは、鉄道線路沿いにハルビンに向かった。興安省の国境線は長く、どこからでも戦車を送り込めた。では東の沿海州側からはどう攻めたのだろうか。

第三節　「開拓の花嫁」の記憶・語れなかった者たちのために

坂根田鶴子（一九〇四～七五）という女性映画監督がいた。一九四三年に『開拓の花嫁』という国策宣伝映画を、甘粕正彦が理事長であった満州映画協会（満映）の、「啓民映画部」という製作部門で撮影している。娯楽や時事とは別の「国策を内外に宣伝し、啓発に資する」部門である。開拓移民や成人に達した開拓青少年義勇隊員の配偶者となるため渡満した女性たちの、ひかり輝く日々を描いた映画である。北満のある開拓団を舞台としているが、ドキュメンタリーではない。限りなくドキュメンタリーに近くみせた監督自身が脚本を書いたドラマである（池川玲子『「帝国」の映画監督　坂根田鶴子』）。日本本土の農村とも、もちろん満州の現地民の農村とも雲泥の差の日常生活が描かれている。軍国主義の影もなく、何よりも口やかましい姑もおらず、若い夫婦が笑顔でみつめあい労働に勤しむ姿。旧秩序の家父長制の鎖からの解放。遥か彼方まで波打つ麦の穂。馬に乗ってあちこちの開拓の花嫁の出産に駆けつける、新天地の若き産婆（助産師）。現代の「女性活躍推進」のスローガンそのままのはつらつとしたプロフェッショナル・ウーマンである。無事の出産を喜ぶ、若き父母。みごとな労働報国と出産報国。現地住民は祭りを見物する者たちのなかにちらりと見えるだけ。この映画が当時日本本土の一般映画館で上映されたかは不明だが、筆者は数年前に観る機会を得た。

食糧増産に励む開拓民の姿は満州ロマンの一つだった。雑誌、新聞、映画などで発信され続けた。「大陸の花嫁」として若い女性を「投入」するという官製婚活は、満州永続支配に不可欠であった。活発に動いたのは、海外移住協会・大日本海外婦人協会・大日本連合女子青年団・日満帝国婦人会・愛国婦人会・大日本連合婦人会・大日本国防婦人会などの官製諸団体、教育関係者（青年学校、農学校、高等女学校、高等小学校など）、さらに家族会・父兄会（開拓移民や義勇隊の家族の組織）などだった。これらの組織から「女子開拓指導員」や「開拓民配偶者斡旋に当たる指導員」や「東亜建設女子同志会」などが生まれ、花嫁候補を見つけだす網《ネット》が十重二十重に張り巡らされていた（広瀬玲子「女性にとって一五年戦争とはなにであったのか――『満洲』認識を中心に」『アジア女性史国際シンポジウム――多様性と共通性を探る――報告論文集』アジア女性史国際シンポジウム実行委員会）。一九三九年一月八日、自らの進路を選ぶ意思と活力がある若い女性たちを一〇〇万人は「投入」するという「花嫁一〇〇万人送出計画」が、拓務・農林・文部の各省協力によって樹立されている（同書、「大陸の花嫁関連年表」一〇五頁）。

最後に取り上げるのは、秋田県から送り出された石川郷開拓団に花嫁の一人として入植した、池端キサさんという女性の手記である。「ソ満国境開拓団の敗戦後」と題する、知性と勇気と正直さに満ちた手記である。東の沿海州の側から国境を越えて満州国に攻め入ったソ連軍について記した、重い歴史的史料である。事実と文意を損なわないよう心がけながら、地理的背景などを補筆して記述したい。

キサさんの手記は、戦後三八年が経った一九八三年に、秋田県南秋田郡天王町（今は潟上市天王）の公民館活動の文集に掲載されている（『松濤』六号、「文友天王」編集委員会、一九八三年）。忘却されていく膨大な記憶のなかに埋没させてはならないと、生き残りし者の務めとして体験を具体的に書き残している。記憶が生きのびるのは、生きている間だけだからだ。

それから二四年の歳月が経って、二〇〇七年に『満洲開拓団雄勝郷の最後』（編著・郷土史家伊藤正）という冊子が世に出た。牡丹江省に入植した秋田県雄勝郷開拓団と周辺の石川郷開拓団を含む秋田県関係開拓団の、敗戦時の全体像の掘り起こしである。筆者が伊藤氏のその冊子に出会う機会を得たのはさらに一〇年後の二〇一七年だった。そのなかにキサさんの手記・伊藤氏による電話での聞き取り・伊藤氏の調査による石川郷開拓団の概要が書かれていた。継承のバトンタッチである。筆者は公民館の文集も直接読ませていただいた。

キサさんが住むことになった村には、日本軍の軍事輸送用道路が北の綏芬河《すいふんが》から南の東寧に向かって通っていた。三一年の満州事変時に関東軍が武力占領に手間取った東寧である。国境など無かった古《いにしえ》から交易で栄えてきた町だった（綏芬河も同じである）。諸民族が入り混じって共生していた。その交易を断ち切り、人びとを蹴散らしたのが日本軍であった。日本軍への現地民による抗日武装闘争は組織的でしぶとく、やっと「満洲国」の統治下に収めたのは一九三三年に入ってである。関東軍はソ満国境を閉鎖し、東寧要塞を築き、国境守備隊を置き、この東寧を南の起点として、北の綏芬河を通りさらに北の虎頭（第一章第三節3を参照）まで、現地民労務者を使って東辺国境線沿いに約三〇〇キロの対ソ大要塞地帯を作ったのだった（『ソ満国境15歳の夏』は、戦争末期にこの東寧の報国農場に勤労動員で送り込まれた首都新京の日本人中学生たちの脱出・逃避行の記録であり、著者田原和夫さんはその中学生の一人である）。

池端キサさんは綴る。

――石川郷開拓団は、昭和一五年（一九四〇年）に牡丹江省綏陽県寒葱河《かんそうが》に入植した集合開拓団です。牡丹江駅から東へ向かう鉄道（濱綏線）の終点の綏芬河駅の南にあり、満州の東辺国境線ぎりぎりでした。直線距離一里半（六キロ）行けばソ連ウスリー州（沿海州）との国境でした。綏陽県には秋田歩兵第十七連隊が駐屯しており、若い県長も秋田県出身でした（筆者注：正しくは副県長。全ての長は満州人が飾りとして任命された。綏陽県の副県長は戦後農林大臣になった満州国官吏の根本龍太郎だった）。故郷の秋田県から食糧増産のために開拓団を呼び寄せたのです。温暖湿潤で肥沃な地域で、農業に適していました。夫が昭和一七年（一九四二年）春に入植、私は本土の女子訓練所で農業の訓練を受けて、一二月に嫁ぎました。

その集落は古くから中国人一〇〇戸ぐらいが住んでいて、その人たちと入り混じっての暮らしでした。私たちが住んだのは、朝鮮の人から買い上げたという家でした。草葺の家です。まったく茶碗と箸からの生活が始まりました。開拓者の家はわずか三〇戸あまりでしたが、一四〇人あまりの集合開拓団でした。若い嫁と幼い子どもが多くてにぎやかで活気がありました。開拓団では女性は妊娠出産が期待されました。私も昭和一九年に無事長女を出産し、ほっとしました。

ソ連の空軍基地が近いことは知っていても、お国の力を信じ、関東軍の防衛力を信じ、攻められるなんて考えたことはありませんでした（筆者注：沿海州のソ連空軍の標的は日本本土だと思い込んでいた。「静謐保持」が東京の大本営から関東軍への命令だった。つまり軍の弱体化を日本人にも見せるなということであった）。ところが開拓団員は召集しないという話だったのに、二〇年春頃から男性団員の召集が増えました。私の主人も征ってしまいました。どの家も働き手がいなくなり、私も生後九カ月の娘の育児と家事と農耕を一人でやることになりました。女手一つでは五ヘクタール（約五町）の畑など手には負えず、農耕用の馬の世話と合わせて現地の男の人に頼み、四〇アール（約四反）の水田はなんとか私がやることにしました（筆者注：いつからか南隣の東寧の市街のあちこちで、何者かによる「有七無八《ヨウチィウウパァ》」（日本人に七月は有るが八月は無い！」との殴り書きが壁に書かれだしていたが、農作業はどこでも穏やかに続けられた）。

澄んだ青空のもと、のどかにまばゆく広大な緑が広がり、私たちも農作業に夢中でした。どうにか豊作が見えた八月九日朝、といっても真夜中ですが、聞きなれない全身を包み込むような大爆音で目を覚ましました。あわてて戸外に出ましたら、二キロ離れた西側にある鉄道線路を複数のソ連機が爆撃破壊していました。東側の国境との距離はないにひとしいので、真横から飛び立ち、あっという間の越境です。志賀哲蔵団長や数少ない男の人たちはただ呆然と立っていました。もともと電気はないのでラジオを聞くすべはない。情報が一切ないのです。地域を警備するはずの警察隊までどこに行ったのか何の役にも立たない（筆者注：開拓団の面倒をみるどころではなかったのか、はやばやと遁走していたのかは不明）。お昼頃になって、やっと綏陽県の開拓課から連絡員が馬に乗ってやって来て、「逃げよ」と言うと、戻ってしまいました。どこに逃げるの？「逃げよ」と言われても、鉄道は爆破されており、婦女子ばかり多い開拓者は逃げることもままなりません。

団長の命令で白旗を持って道路に並んで、ロシア兵の戦車隊を迎えました。不安を胸にただ黙礼しました。戦車より顔を出した隊長が「農民に危害は与えない。明日より農事に励め」と言ったので、ほっとしたのでした。しかしその夜から、兵隊達のかっぱらいが始まりました。わたしと友人は二人で子どもを背に草原の柳の根元に身をひそめました。関東軍のために作った軍用道路をソ連軍の戦車、トラック、馬車がこれでもかというほど通ります。遠く近く大砲の音、爆撃の音、小銃の音が聞こえ、サーチライトの灯りに照らされます。息をひそめて明け方を待ち、知人の家に帰りましたら、家のなかには箸一本落ちていませんでした。開拓団の財産はソ連軍の命令で、現地の人に全部取り上げられたのです。

昼頃になって団長以下の男の人たちが中国人の部落長に頼んで、大きな平釜とトウモロコシの粉と味噌、馬鈴薯をもらってきました。土壁で一〇坪ほどしかない家の二軒に集まり、一軒に五、六〇人がごろ寝をしました。夜中に子どもたちが泣き、灯りもなく、さらに外には兵隊たちの声がする。二日後に、一四、五歳以上の男子は兵役に関係があるとして、団長以下全員ソ連兵に連れていかれました（団長はその後のソ連抑留中に死亡）。全くの婦女子ばかりになりました。半数は若い嫁たちで、女に飢えた兵隊の餌食になる日が何日も続きました。拒んだ人は銃殺されました。地獄の如きこの有様を父母が見たら……と、遥か日本に続く空を眺めても涙さえも出ません。唯「ああ、生きたい」と思いました。栄養失調で子どもたちが次々死んでゆきます。明日をも知れぬわが身ゆえに、私も長女の死を願いました。二三歳の時です。

「お前たちはまだよい。中国人の女性は満州事変当時、日本兵に強姦されたあげく殺されたんだ。生かしておかれるだけよいではないか」

と、それまで黙っていた同じ村の現地人が、言葉にしてはっきりと言ったのでした（筆者注：キサさんは、自分が来る前に起きた満州事変を中国人の側から見る、という想像もしていなかった視点を突き付けられた。驚愕の一瞬だったゆえに、心に刻まれた記憶を封印せず、三八年のちに勇気を持って、そのリアルな中国人の言葉を手記に記したのだ。日本語であったか中国語を誰かが日本語に訳したかを知りたいが、一冊の書物にも匹敵する「戦争と視座」を語る言葉である。中国人の村人たちは悲憤を抱きつつ、開拓団と混住してきたのだ。若くて健康な女性が日本から次々と送り込まれてきて、開拓団員の妻になり子どもが生まれていった。繁栄の永続化が約束された、まぶしく、ねたましい光景を日々見せつけられていた。そしてついに逆転の刻がきたのだ）。

八月一五日に日本が降伏したことも、私たちは知りませんでした。蚤取りと空腹、怯えの二カ月が過ぎ、幼い子どもたちはほとんど死亡しました。厳寒の近づいた一〇月中旬、なんとかしなければ、もはや食べるものがない、これっきりなのかという時、ロシア人の上官と満《(ママ)》人の部落長と日本人の三〇、四〇代の年長の母さんたちとが三者会談をやり、死ぬよりはと冬期間を中国人独身者の妻となる、或いは妾になると決りました。誰も助けに来てはくれず、なんとか生きのびるためとはいえ、若い嫁たちは一晩泣き明かしました。なによりも妊娠が怖かった。ここで子どもを生んだら日本には帰れない。しかし四方を銃を持ったロシア兵が監視していて、逃げるすべはありません。死の近い長女を背に私も中国人の妻となりました。世話になるのは有難い（キサさんの娘を衰弱死から救った相手の中国人男性についてまたその暮らしについての描写はない）。けれども、私たちは生まれた国に帰りたい、故郷の村が恋しい。父母に会いたい、そのために明日も生きていたい、とひたすら念じて春を待ちました。

昭和二一年六月、身ごもったおなかが目立つ人も出始めた頃、ロシア兵が国境を越えて引き揚げて行きました。私たちにも日本への引き揚げができるといううわさが伝わってきました。けれどもやっと妻を持てた村人が自分の妻にした女性を簡単に出してくれるはずもありません。それでも隙を見て朝鮮人集落に助けを求める人も出始めました（筆者注：なぜ朝鮮人なら助けてくれると判断したかは記されていない。キサさんたちは、朝鮮から国境を越えて満州に移住し、苦難の末に居場所を確保した朝鮮人の農民について、その来歴は知らなかっただろう。その指導者たちには大学、専門学校、中学、農業学校、女学校などを出た者たちが交じっており、理性的に対処できる者たちがいたのである。板谷英生『満州農村記』は満州の朝鮮人農村部落についての優れた紀行文・研究書・調査報告である）。私も逃げる覚悟を決め、時機を待ちました。私にも妊娠の兆しがありましたが、まだおなかは目立っていない。昭和二一年の八月二三日、友人から、これが最後の引き揚げ列車になるらしいと連絡がきました。娘のおむつを入れた風呂敷包みも隠されていましたので、まったく一物も持たずお金もないまま、家を出ました。一二キロ北の駅のある町（綏陽県綏芬河）まで娘を背中におぶってたどり着き、朝鮮人集落を訪ねたら、そこに友人たちが待っていました。

二四日朝、汽車はこの国境の町を離れました。娘はただ生きているだけ、骨と皮ばかりでしたが、今度は、生きてくれと願いました。同乗の人たちからぼろ布をもらっておむつにし、汽車が停まるたび水をさがしてこのぼろを洗いました。飲まず食わずのような日々でした。無蓋貨車の上で雨が降れば着たまま乾くのを待つしかありません。時々つわりに悩まされ、追いかけられてはいないかとおそれ、船に乗るまでは安心できず、やっと乗船した時は心底ほっとしました。

博多港に上陸したのは九月二七日でした。祖国の土を踏んだ時の安堵感はいまも忘れ難いです。博多陸軍病院で、妊娠四カ月だった中国人の子どもを人工流産してもらいました（筆者注：女性引揚者の中絶手術と罹患した性病の検診治療の施設がどの引揚港にも設営されていた。一切を秘密裏に処理しようという水際隠滅作戦であった。当時堕胎罪（旧刑法二九章）が存在していたから、暴行・妊娠・性病罹患のカルテ・検診日誌などの公的記録は一切書かないか処分された。上坪隆『水子の譜《うた》』（社会思想社、一九九三年）、武田繁太郎『沈黙の四十年』および下川正晴『忘却の引揚げ史』参照）。

後から帰国し上陸した主人も、二日市（現・筑紫野市）の病院に来て親子三人再会しました。主人たちは幸運にもシベリアへ抑留されることなく、新京で冬を過ごしたそうです。私たちの置かれた状況は知っていたそうです。でも危険でどうすることもできなかったと言っていました（筆者注：それ以上は記していないが、筆致は穏やかである）。一〇月一七日にやっと、汽車で生まれ故郷の秋田に着きました。村を発って三年、車窓を流れる景色は山も川も変わってはおらず、私を支えてくれたのはこの光景だと、喜びが湧きあがってきました。私の母はまだ四五歳でしたが、足しげく秋田の最寄りの駅へ通ったらしく、音信もせずに着いたのに、着替えを手にした母が駅に立っていました。親なればこそと胸が熱くなりました。北支《マ マ》に兄を、南の島に弟を兵隊として送り出し、私を含め三人の子どもを待ちわびる両親の心を思えば、ぼろぼろの生きざまでもほんとうに死にたくなかった。親に迷惑をかけまいと満州に渡ったのに、かえって心配をかけてしまいました。

　今は亡き夫の生前、周りの人は少しも知らない、私たちだけが知っている、「あの世界」のことを折に触れて語り合いました。仏前で、あの生まれ出づることのなかった吾子にも合掌します。戦乱の浅ましさ厳しさがしみじみ思い出され、悲しみが満ちてくるのです。

　あの時おなかの大きかった人たちは、道中での流産や出産の可能性もあり、不安のために残りました。その後中国人との間に何人もの子どもが生まれる。そこにも大事な暮らしがある。三〇何年も経って里帰りした時、一日たりとも日本を忘れることはないと涙して、また中国に戻って行きました。肉親を捜す孤児たちもさることながら、日本国民に知られないまま年ごとに老いゆく、このような女性の残留者の存在もまただのなりゆきでは決してなく、哀れでなりません――。


　ソ連軍が撤退し、日本人の帰国作業が進みだしたのは、一九四六年の夏で、すでに数十万人の日本人男性がシベリア送りになったあとである。本稿第一章で、開拓団員たちは日本国家の諸行のツケとして「集中砲火」を受けたのだと語った杉山公子が、引き揚げ時のハルビンについて語っている。ハルビンは中国共産党の八路軍が支配していた。日本人は「パーロ」と呼んでいた。国民党軍支配の都市に比べると、秩序の回復は早かった。共産軍の軍内規律がおそらく中国の治乱興亡の歴史上存在したことがないほど厳しかったので、住民の信頼を得るのがはやかったのだ。

　日本人全員に日本への帰国命令が出た時、すでに中国人男性と生活を築いていた女性たちのなかに、自らの意志で残留希望申請にでかける者たちがいた。日露戦争勝利のあと日本人がウラジオストクからハルビンに入ってきてから四〇年あまり経っていたので、中国人男性と結婚した日本人女性は少なくなかった。杉山は老婦人Mさんの申請に付き添って「司令部」へ出向いた。受付の前は日本人女性でいっぱいだった（杉山公子「ハルビンの記　私がそこで見たこと、考えたこと」『満洲と日本人』季刊7号、一九七九年、一七頁）。それも若い女性が多かった。待つ間に「主人はやさしいし、家族の人たちも残ってほしいと言うので……」という声も入ってくる。「新しい家族」を得たような、のびやかな開拓団の女性もいた。意外だった。同胞の多くの排他的な考えのモノサシを打ち破り、別の何かが芽生えているのだ、と杉山は思った。八路軍将校が日本語で説明し始めた。「中国側としては、全員帰国してほしい。しかし本人がどうしても残留を希望するなら、あす夫同伴で来てほしい。双方の合意であることを確認したい」と述べた。翌日夫たちも一緒に来ていた。係官による面接があった。夫は医者か学者らしい人もいたが、日焼けした労働者ふうの男性もいた。残留許可が一組ずつ渡されたのだった。杉山公子は最後に記す。

「私はもっと知らなければならないのだ。『満州国』よりずっと以前明治の頃からの日本と中国のかかわりを――。国家同士のかかわりようを知ると同時に、両方の民族の個々人がどのようにかかわってきたのかもしりたいのだ（略）。私と中国そして中国人との新しいかかわりの出発ともなるだろうと思うのである」（前掲書、二〇頁）

そのとおりである。杉山の語るように、私たちは「もっと知らなければならないのだ」。「大日本帝国」はその全統治地域の八〇パーセントあまりを手放し、さらに明治維新直後に話し合いで日本領と決まった千島列島さえも失い、素の「日本」に戻ったのである。『平家物語』のなかで、後白河法皇が建礼門院に嘆いて言った「粟散辺土《ぞくさんへんど》」（粟粒のような島がぱらぱらと海に浮かぶ狭小国）に戻ったのだ。大東亜共栄圏というアウタルキー（自給自足経済ができる体制。当時よく使った言葉）を夢見て野望をふくらませたが、まぼろしに終わった。しかしそれ自体を嘆くことは不要だ。まずは、あの〝大東亜戦争〟の時代の祖国の、国内はスカスカのまま、外に向かってふくれ上がった独りよがりの国家像をこそ、国家に〝善導されず〟、自らしっかりと学ばなければならない。満州国はその自らの姿を映す鏡である。これほど学び勝手のよい教材はない。

満州国はその建国から終焉までたった一三年五カ月の「国家」であった。国土も国民も統治機構も持っていた。しかし「その国家には憲法も議会もなく、法律は政府が任意に制定改廃しえた」（百瀬孝『事典　昭和戦前期の日本　制度と実態』伊藤隆監修、吉川弘文館、一九九〇年）。諸民族の争闘の地と呼ばれた、東アジアの傀儡《かいらい》「独立国」の中外で、世界の縮図といえる凝縮された出来事が、眩暈《めまい》がするほどの短期間に展開したのである。

はたして支配者としてアジア各地に乗り込んだ日本人たちは、多様な文化が渦巻く諸国・諸地域なかで何を学んだのであろうか。多民族社会に身を置く体験をしたのだが、はたして同じ物事を相手の目でも見る、という「思考の習慣」を身に着ける機会となったのだろうか。

杉山の記すように、明治の頃からの、国家同士のかかわりようを知ると同時に、個々人がどのようにかかわってきたのかを知っていく過程こそが、これからの時代にどのような新しいかかわりを創りだしていけばいいのかを見させてくれるはずである。

グローバル化のなかでこれからどう暮らすかを、実は、日本人は満州で練習したのである。世界で今起きていることが、その短い時間枠内で起きていた。忘却と隠蔽の霧のなかに隠れているが、霧をはらえば経験したことが教えてくれるはず。そこから学べば、これから進むべき方向はおのずと見えてくるほどの体験であったのだ。冒頭に記したように、〈疚《やま》しさ〉の固い殻が邪魔をしてきたのである。目をつむることなく勇気を出して直視するなら、アジアのなかに、そして世界のなかに生きる新たな自画像が見えるはずである。

あとがきにかえて――「日本の半分」を知らない現代日本人

「満州国」への開拓団送り出しに関して調べだしてから三〇年近くが経ちます。第二次世界大戦が終わってから、五〇年あまりが経っていました。取材は、二つのキリスト教開拓村の団員だった方たちを捜して、お話を伺うことから始まりました。歴史の潮流が大きくかつ複雑にうねった時、平穏に暮らしていた人たちはどう生きたのか――。『証言・満州キリスト教開拓村――国策移民迎合の果てに』として記録に残せたことは大きな喜びです。尊い「証言」をいただきました。

さまざまな形態の開拓団が、約一〇〇〇近く日本海を渡って行きました。入植地はほとんどが未開墾地ではなく、現地農民が暮らしていた土地でした。追い出された彼らはいったいどこに移住したのか――。知りたいと思いました。ほとんどの方は亡くなっているでしょう。けれども中国の若い世代が聞き書きや研究をしているはず。それも含めて、書きたいと思いました。

もう一つの書いておきたいことがありました。戦前の日本社会で多く見られたアジア地域の人々への傲慢さでした。東北アジアから南太平洋の島々まで海の外に出るといばる、国内に戻ると上品になる、男性も女性も……。都市部に住む者も地方に住む者も……。さまざまな事例を知っていくにつれ、胸が痛くなるのでした。

二〇一九年四月、**「改正出入国管理・難民認定法」**（改正入管法）が施行されました（二〇一八年一二月八日未明、議論が拙速だとの批判を浴びながら国会で成立）。国際的な労働機関から国家の対応が鈍いと「注意勧告」を受ける前に、制度整備を大急ぎでレベルアップしなければならなくなったからです。外国人技能実習生（実質は外国人労働者）のなかに、逃亡者や行方不明者が相次ぎ、さらには死者がでるほどの、関連企業や団体での賃金搾取や雇用対応の劣悪さが、国際社会で評判を落としたのです。個々の労働現場は日本人と外国人の生の人間同士が対面する接点です。過去に海外の他民族との共住の地で、日本国と日本人がとった対応に深い問題があった事実を意識化しないままでは、人権侵害が横行し、将来に禍根を残すことは必定――。本書は、これからの外国人激増期に、新来者《ニューカマー》を単なる労働力として扱うのではなく、隣人として水平な関係で生きていこうと考える人びとが増えていく道すじができることを願って綴りました。

満州駐屯日本陸軍部隊が一九三一年に満州（中国東北地域）を占領した時、圧倒的多数の日本国民は、ニセ情報《フェイクニュース》を土台とした「アジアの盟主たらん」との幻夢にまどわされ熱狂しました。台湾や朝鮮という植民地を持ちつつ、「東洋を連盟せしめ、有色人種を結合してアジアを解放するのだ」という矛盾に満ちた大義に、吸い込まれていったことを忘れてはなりません。構想していたその大東亜共栄圏の重要拠点が「満州国」でした。

やがて日中戦争が始まり、日対米英戦争に突入し、日本は戦場を東北アジアから東南アジアへ、さらに南太平洋の島々へと広げ、厖大な現地民戦争犠牲者を各地で生んで、日本の敗北によって終わったのは一四年後でした。現代の中学校（義務教育）歴史分野の教科書の近代史では、海外統治区域・委任統治区域・租借地、さらには「満州国」など本国よりも広い支配地域に住んでいた日本人が、現地の人たちとどのような関係にあったのかについては、一ページも割いていません。日本に占領された国や地域の歴史教科書には、日本軍による占領や統治は近代史として明記されています。さらにどの国や地域であれ、今ではインターネットを検索すれば、日本統治時代のローカルな事件でさえも見つかるでしょう。ところが現代の日本人は「日本の半分」を知らない……。

さらに日本は歴史上初めて、生産年齢人口が急速に減少しています。放置すれば産業の衰退は避けられません。二〇二三年一一月、政府はまたもや大急ぎで未熟練の外国人労働者を受け入れて育てるのだという新制度「育成就労」（仮称）への道を開く報告書を出しました。労働条件が良い国々と労働者獲得競争をする時代が来たのです。産業構造を変え、労働者を保護する、希望を生む道を創り出さなければなりません。

課題1　臣民の傲慢について

海洋に浮かぶ日本列島からは船で漕ぎだしても国境は見えませんが、大陸の「満州国」（以後「」を取ります）の国境は陸上にありました。東はソ連（沿海州）、北は川をはさんでソ連（シベリア地方）、西は内モンゴル・外モンゴル、南は万里の長城をはさんで中国です。南東は朝鮮半島で、当時は日本国の支配下にありました。したがって居住民は漢族も満州族もモンゴル族も朝鮮族もロシア人もさらには数多《あまた》の先住少数民族も、過去には国境だとは意識しないままに出たり入ったりしていました。まぎれもない多民族・多言語社会だったのです。陸続きの社会では、相手を破滅に追い込めば、やがて自分たちが次に台頭する権力とその軍事力によって破滅に追い込まれることを、歴史的に知っています。自分たちの面子《メンツ》をつぶさせない、そのためには相手の面子をつぶさないという、暮らしのなかで身につけた、相手の存在を無視せず応答するコミュニケーション力（振る舞いや言語能力）がありました。価値観と言語がちがう相手と付かず離れずつき合う〝国際勘〟ともいえる勘が働くのです（いばったりへつらったりする人間はどこにでもいますが）。

駐屯日本軍（関東軍）はそのような世界に、日本は現人神天皇を中心とした神国で外敵に負けたことがないのだという、一元的優越史観を刷り込まれた「臣民」を送り込みました。満州における日本人の人口を強引に増やし、食糧増産と防共の砦とするためです。特に一九三七年からは、日本中からさまざまなやり方で集められた移住家族が、日本海を次々に渡って行きました。故郷で暮らしていた時には外国人を見たことさえほとんどなく、日本人かよそ者（＝非日本人）かという単純な分類に慣れた人たちでした。さらに加えるなら、「長いものには巻かれろ」という島国の文化のなかで、自らの感情をおさえてきた人たちでした。割り振られた開拓団の農地で、初めて非日本人に出会ったのです。使用人として使うためです。よそ者は自分のほうです。しかし支配民族に属しています。どのような人間関係を築いたのでしょうか。

現地民は、新来の日本人はどんな支配民族か、農地で、通りで、街で、その他の〈接点〉で、その振る舞いと根性をじっと見ていたでしょう。先祖からの耕作地や自分たちが開墾してきた農地を、関東軍の武力的威嚇によってやむなく手放したあとです。使用人への振舞い・支払う賃金の額などは常に重要なチェックポイントでした。情報はすばやく交換されました。「仕返しをしたい」と思わなかったでしょうか。日本敗戦により日本人はほぼ一斉に帰国せざるをえませんでしたので、戦後も長い間、現地住民の側のそのような体験談は、海を隔てた島国である日本社会には届きませんでした。

実際は、一九四九年に中華人民共和国が成立したあとも文化大革命などの激動の時代があり、中国では戦時中の記憶を記録に残せる状態ではありませんでした。しかし、そのまま消えるということはありませんでした。一九八〇年前後になると、中国東北地域の大学の近代史研究者たちが、「日本人による満州開拓」の現地調査を始めました。存命の農民たちに「あなたはどのような体験をしたのですか」と証言を求め、耳を傾け、口述された体験談を記述していきました。バックアップの史料も集められました。『中国農民が証す

『満州開拓』の実相』（西田勝・孫継武・鄭敏編、小学館、二〇〇七年）は、日本語で読むことができる貴重な記録の一つです（中国語原典の半量ほどが日本語に訳されています）。

そこから読み取れるのは開拓団との接点での、リアルな関係です。虐げているのは誰か。治安維持にあたった関東軍の憲兵や満州国の警察官や役人が高圧的だったのは言うまでもありませんが、日本からやって来た民衆もまた尊大でした。もちろん「好人《ハオレン》」（信頼できる人。信念のある非差別的な人）だと現地民に尊敬された日本人もいました。また状況に耐えかねて、「日本に帰りたい」と弱音をもらす日本人もいました（日本人のいない所で）。しかし、おおむね横柄で身勝手でした。なぐる蹴るの暴力を振るう者もいました。町でも村でも。一言でいえば、傲慢でした。足を踏まれた側は、踏んだ側のようには忘れません。恨みは深いのです。

この「日本人による満州開拓」の現地調査をされた研究者のなかに劉含発さんという方がおられ、どの場所に住んでいた現地農民たちがどの場所に強制移住させられたかを忍耐をもって調べ、その場所を見つけ出されたのでした。本書執筆中伴走してくださった編集者の南里知樹さん（資料集出版社緑蔭書房の編集者）が劉さんの論文掲載誌（日本語）を送ってくださった時、筆者のなかで両者の関係が一気に立ちあがりました。劉さんのご労作に感謝しつつ、第一章第三節で全面的に使わせていただいています。

満州国体験の細部には、諸民族の接点で日常的に起こる深刻な問題が詰まっていました。注意深く意識化し、その意味に深く思いをめぐらさないかぎり、「目には目を、歯には歯を」の過ちを繰り返してしまいます。今こそ過去から学ぶことが求められていると思います。

課題2　思考の持続について

中国との間で平和友好条約が調印された一九七八年頃には、戦後三〇年あまりが経っていました。中国大陸での戦時の所業に内心〈疚《やま》しさ〉を感じていた日本人は、条約調印によって、個々の事例は表沙汰にされることなく水に流せたと受け取り、ほっとしたのでした。同時に戦後日本の労働者は、西欧のマスコミに「ウサギ小屋」だと揶揄《やゆ》されるほどの小さな家に住み、「社畜」と呼ばれるほど勤勉に働き、経済力の回復を支えました。敗戦直後は「幾度もあった和平の機会を無にした」と戦中の首相たちの外交の失敗に腹が立ち、戦争責任を問うていたのですが、働きすぎているうちに、その首相たちの名前の記憶さえ風化していきました（一九二八年から四五年までで一七代！）。その背後に強力な軍事力があったことも忘れていきました……。

世代交代による記憶の風化はドイツでも始まっていました。ナチスドイツの下でドイツ人が集団として傲慢であった事実が、徐々に忘れられていきました。危機感をもったワイツゼッカー大統領（当時は西ドイツ）は、敗戦四十周年の一九八五年五月八日に、連邦議会で、新しい世代に語りかける長い演説をしました。忘れずに意識化しておくべき過去を丁寧に説明しました。そして「過去に目を閉ざす者は結局のところ現在にも盲目《ママ》となる」「心に刻むことなしに和解はありえない」と語り、若い人たちに、「平和のために尽力しよう。正義については内面の規範に従おう」と締めくくりました（『荒れ野の四〇年――ヴァイツゼッカー大統領演説〈全文〉』岩波ブックレット№55、一九八六年）。一九九〇年に東ドイツを統合した共和国の政府と国民は忘却を防ぐさまざまな工夫をし、現代まで近代史と向き合う思考を持続してきました。

日本では、国民が「心に刻む」ほどに、傲慢であった過去と繰り返し向き合う機会を政府が作ることはありませんでした。自分たちに都合の悪い記憶を、どのようにリフレッシュ（維持更新のため再考）するかを考える工夫が少ないまま、世代交代が進んでいきました。筆者は一九四一年生まれで終戦時四歳でしたが、私を含め戦後の世代は明らかに継承の努力が足りなかったと思います。

課題3　良質な質問力について

小さなお茶の間の小さなテレビで娯楽番組を楽しんでいた時、「肉親を見つけてほしい、会いたい」と訴える中年の男性女性が次々に、テレビに映ったのは一九八一年でした。「中国残留日本人孤児」という言葉に、若い世代はびっくりしました。どうして中国に日本人孤児たちが何千人も存在することになったのか、わからなかったのでした。はからずもリフレッシュの機会がおとずれたのです。

その後、支援と交流に動き出した民間人が、日本中にいたことには勇気づけられます。しかし世代がすっかり交代した今では、近代史の出来事が現代と地続きだとは思えなくなっています。未来に禍根を残さないためには、どうすればいいのでしょうか。

イギリスに、考えるヒントになるだろうと思われる、中学校歴史分野の教科書があります。七つの海に君臨した大英帝国の下での植民地政策の結果として、現代のイギリスが引き受けている悩み多き姿を直視しつつ、希望を見出そうとする、『イギリスの歴史――帝国の衝撃』です（世界の教科書シリーズ34、明石書店、二〇一二年、前川一郎訳、原著は二〇〇八年にイングランドで刊行）。序章にあるのは、現代の首都ロンドンの街角のさりげない絵です。よく見ると民族色のある店がたくさんあり、通りを行き交っているのはアフリカ人やアジア人です。外国からの観光客ではありません。ロンドンの住民です。

この教科書は生徒たちが歴史のなかの人物になるように設定されています。ある章では、一七〇〇年代のインド支配を取り上げた学習をします。「あなたはインドに駐在する東インド会社の社員です。ロンドンの東インド会社の役員に報告書を書きましょう」という活動欄《アクティヴィティー》があります。生徒たち自身が（一般英国人の子どもであれ、移住者の子どもであれ）、インドの富をイギリスに運び込む会社に勤めています。報告書を書いたあとで、討論をします。これははたして貿易と言えるのか――。良質な質問のやりとりは論点を明確にし、相互の理解を深めていきます。「わたしはこう考える」と、反論を穏やかに声に出して、しかし力強く言える自立心を持つように促してもいます。なぜ、こんな教科書ができたのでしょう。異なる視座からものごとを見る力がつかなければ、共生しつつ生き延びることはできないとわかったからです。イギリスは二〇一六年に、国民投票でEU離脱派が勝利したあと迷走が続いています。ジレンマ（割り切れない苦しみ）はこれからさらに複雑化し、深刻化していくでしょう。新しい世代には、感情的な分断に振りまわされないで、正解のないその状況を共に持ちこたえる、逞しい理性が何よりも重要なのです。

本書も、若い世代が「これからどうするか」を根もとまで降りて考え、良質な未来につながる選択をするための補助線になることを願って書きました。日露戦争勝利によって一九〇六年に設立された南満州鉄道（満鉄）は、あとから植民地帝国になっていった日本にとっての東インド会社の役目を果たしたのですが、満鉄形成初期に農業分野で働いた**宮部一郎**（第二章第二節1　札幌農学校卒の宮部一郎の場合）や、満州国建国期に働いた**千葉豊治**（第三章第二節3　千葉豊治のジレンマ）は二〇代に、自らを人間として成長させようという志をもって朝鮮半島やカリフォルニアに渡った青年でした。しかし発展する満鉄組織のなかで、自らの志とゆがんでいく国益の板挟みに直面していきます。宮部は、この路線は自分のめざす道とは違うと判断した時決然と満鉄を辞め帰国しました。しかし戦時下の本土でさらにジレンマは深まります。またカリフォルニアから満州に渡った千葉の煩悶は深く、「満州国はむずかしい」との言葉を遺し、敗戦一年前に亡くなりました。二人は「これからどうするか」を問い続けました。

満州国ができて四カ月半後、霞が関の大蔵省官僚（国有財産課長）の**星野直樹**は、新国家の財政担当者となるため若手官僚たちを率いて、新京に渡りました。建国までのプロセスに大いなる疑問を持ちつつも、「東亜争闘の揺籃《ようらん》」（オーウェン・ラティモア）と呼ばれていた満州を、「東亜和平の揺籃《ゆりかご》」に変えようとする志を抱いていました。モノ・カネの利欲無く官場（官界）を清潔に保つことを強く意識しつつ、近代統治の初期的システムの構築に努めました。ところが一九三七年七月に盧溝橋で起きた日中間の衝突から、日中は全面的交戦状態に入りました。満州国は兵站《へいたん》基地化せざるをえず、国務院長官になっていた星野の理念と実践は乖離《かいり》していきます。そこに突然、本国日本は有能な星野に助けを求め、内閣の企画院（重要政策の企画立案機関）に呼び戻します。星野は、百万二百万と働き盛りの男性が徴兵されていく銃後で、日本の社会秩序を崩壊させぬように、国家総動員体制のシステムを緻密に機能させました。民政を崩壊させない。これが文官（武官ではない官吏）の戦時最大の使命です。日本敗北後、文官であるのに重要戦争犯罪人（A級戦犯）として極東軍事裁判に付され、結果的に巣鴨プリズンに収監されました。戦後に、戦争責任を背負わぬ者が満ちる日本で、重大責任の結果を背負い、配所の月を見、そして社会から忘れられました。子息の正一さんは、次のようにコメントしています。父は満州《マンチュリア》の長い長い歴史から生まれ出た国への正確な評価を後世に期待し、歴史の証言として『見果てぬ夢』（一九六三年、執筆時七一歳）をまとめたのであり、日本帝国主義のただの傀儡《かいらい》であるというように断定されることは気にしていた、と。それほどに、東北アジアに出現した「満州国」には、「近代」という未知との遭遇が凝縮されていました。

賀川豊彦が、「キリスト教開拓団」をぜひとも満州に送り出してほしいと、名指しで要請されたのは一九三八年でした。三七年七月に始まった日中戦争は短期決着とはならず、食糧を大量供給するために、日本中の都会の住民さえも開拓団員として狩り出しました。賀川は貧しい人の救済の社会運動を次々に立ち上げ、その実践力で日本中に名を知られていたので、旗振りに最適でした。日本基督教団と賀川は、全国の教会からキリスト教徒を集め、満州に送り込みました。国策移民への迎合でした。入植者たちは自分たちが入植した地が誰のものであったか。彼らは現地に入って事実を知ります。しかしすでに内地の土地財産を処分していています。深い懊悩のなかで他国民を傷つけつつ生きたのでした。敗戦後キリスト教開拓団のほぼ半数は死亡か消息不明となりました。加害者となり被害者となって帰国した者たちのために、賀川は北海道に再入植地を探します。しかし、東京大空襲や横浜大空襲で全てを失った者たちが「拓北農兵隊」として先に送り込まれていました。彼らのなかで脱落した者たちが、無一文のままで去った、不毛地しか残ってはいませんでした（開高健『ロビンソンの末裔』中央公論社、一九六〇年。石井次雄『拓北農兵隊――戦災集団開拓者が辿った苦闘の記録』旬報社、二〇一七年、など）。

もし、戦後四半世紀が経った一九七〇年代に、日本基督教団史資料集作成のため、さまざまな資料を集める作業を引き受けられた戒能信生牧師が、「キリスト教開拓団？　これはいったい何なのだ！」と疑問を持ち、バラバラの資料を時系列に並べ、その全体像を立ち上げるために調査し、国策に迎合した経緯を社会に伝えなければ（「知られざる教団史の断面」『福音と世界』一九八一年）、現在何が残っていたでしょうか。筆者が一九九五年に戒能牧師にお話を伺い、その後第一・第二次キリスト教開拓団の帰国者たちから、戦時体験と戦後体験をお聞きする機会を得たのは、これ以上遅らせると正確な日時や場所や出来事を話せる人がいなくなる、という二〇世紀が終わろうとする頃からでした。長い沈黙を破ると、敗戦時の悲惨な記憶がほとばしり出てくるのでした。書きとどめていくのは使命であり私の役割なのだと自然に感じられました。戦争が他人事ではなく、不穏な足音が聞こえる時代が再び迫ってきました。戦争を回避するためにこれからどうするか――考える補助線としていただけることを切に願っています。

課題4　女性と戦時の性的暴行について

海外からの引揚女性たちがいちばん語りづらく書きづらかったのは、性的暴行を受けた体験についてでした。日本人女性が書いた自らの被害と告発の記録は稀です。一人の人間として奈落に突き落とされ、虫けらのような扱いを受けました。戦争や紛争と性的暴行はほぼ不可分と言えますが、個人としては体験記録は書けませんでした。しかし第二次大戦後、各国の学校で、「世界人権宣言」（一九四八年に国際連合で採択された）をもとにした、「すべて人は、生命と、自由及び身体の安全に対する権利を有する」という、画期的な人権教育が始まりました。いのちの尊重を説く教育の成果は大きく、五〇年ほどで世界中で人権の概念が意識化されるようになりました。近年はさらにインターネットを使って人権擁護の国際的連帯が急速にひろがっています。性的虐待告発の社会運動（「＃Ｍｅ　Ｔｏｏ」など）で、男女共同で性について考える時代の端緒がやっと開けたように思います。

本書で書かせていただいたのは、ソ連ウスリー州（沿海州）との国境まで直線距離でたった六キロの地点（満州東部）で、現地民の村に混住させられた秋田県からの開拓団で起きた事実です。花嫁として渡った方が、一九八三年に公民館の文集に勇気をふるって体験記を書かれました（終章第三節「開拓の花嫁」の記憶）。そのなかに貴重な記録があります。団員たち（男性）が召集されたあとの八月九日、ソ連軍が侵攻してきます。日本人の若い妻たちが兵隊の餌食になります、何日も。日本の降伏も知らず。そんな時、同じ村の現地民に「お前たちはまだよい。中国人の女性は満州事変当時、日本兵に強姦されたあげく殺されたんだ。生かしておかれるだけよいではないか」と言われました。彼女はその言葉に驚愕しました。現地民女性の犠牲など考えたことがなかったからです。当時、日本軍兵士がそのような悪行《あくぎょう》をしたとは想像もしていなかったのでした。海を隔てた内地では、女性たちは満州獲得をただ無邪気に大喜びしたのです。彼女は、悲憤をしぼりだした現地住民のその言葉をずっと記憶し、自らの痛みと相手方の痛みを、三八年後に証言として書き残す気概を見せたのです。

それからさらに三五年が経ち、岐阜県では、年老いた女性元開拓団員や遺族たちが指導者を動かし、負の歴史を公的に碑文として刻みました（「乙女の碑」。二〇一八年一一月一八日除幕）。自分たちの自治体が送りだした開拓団が、団員の未婚の女性たちをソ連兵への「性接待」に差し出したことを明記した碑文です（いわゆる慰霊塔ではありません）。農地を奪われた中国人の逆襲を恐れて、ソ連兵に守ってもらうための「性接待」でした。日本社会が直視することを避けてきた暗い過去を後世に伝えるために、やっと地方自治体が責任主体として動いたのです。性的暴行に対する男性たちの意識の変化が何より重要であることを示したニュースでした。近代の歴史を再考し、再解釈し、語り継ごうという方向性が汲み取れ、新時代到来の足音を感じました。

しかし人間は戦争を繰り返します。時代が激変する時、人間たちの意思と行為によって振り落とされていく者や瓦礫の山と化していく地域が増大することを、過去の歴史は語っています。今も生々しい現実を日々、目の当たりにしています。移民や難民の急増と、生きるための移住は避けられません。過去から現代を見通さないで、どのように未来を見通す思考回路を作りだすことができるでしょうか。

これから日本の各地で、元からの住民の文化や習慣と、新来の住民の文化や習慣が軋轢を生む時が生じるでしょう。その時「郷に入れば郷に従え」とねじ伏せるのではなく、「世界がいまだ見たこともない多様性《ダイバーシティ》の花を咲かそう、地域創生をともに担おう！」との共創の心意気で接し合えれば、希望が湧いてくるでしょう。さらに倫理性において、温もりがありバランスのとれた心ゆたかなつながり方をめざす努力は、片時も忘れてはならないはずだと思います。

本書の執筆にあたりましては、証言・分析・助言・確認などで、キリスト教開拓団のメンバーと親族・遺族の方々、キリスト教教会関係者・研究者・ジャーナリストの方々、賀川豊彦記念松沢資料館（二〇〇六年に「満州基督教開拓村と賀川豊彦」特別展を開催。第一次資料を展示し、全貌を明らかにし、批判的に検証）、及び日本各地の図書館司書の方々にたいへんお世話になりました。また多くの友人知人から、情報収集のご協力と励ましをいただきました。さらにこの主題を描くことをご提示くださった南里知樹さんに、大いに支えられたことを特に記させていただきます。資料リサーチャーの本領を、目を丸くして見る経験をいたしました。原稿から書籍への道は長かったのですが、電子書籍が広がるなかで、手で触れられる造本であったことをたいへんうれしく思います。書籍化にあたりましては、開拓団調査でご縁をいただいた、日本キリスト教団牧師の戒能信生さんのお取り次ぎにより、日本キリスト教団出版局のご決断をいただきました。編集をご担当くださった伊東正道さんには、知られていない事実を間違いなく読者に届けたいという筆者の想いを深く汲み、多大なご尽力をいただきました。また熊谷博人さんには、力強く訴える装幀をしていただきました。公益財団法人賀川事業団雲柱社より出版助成を受けられましたことはまことに僥倖でございました。あの時代を生き、今は亡き方たちを含め、みなさまに心からの感謝と御礼を申し上げます。

本書に記したことは戦時の公的な流れと交錯した歴史的な事実ではありますが、ご本人またはご遺族の方が不快に思われる点があるかもしれないとの気がかりもありました。「庶民には庶民の生活があり、生涯もあるわけで、それを残して置くことにも意味があると思う」（室野玄一）と筆者も強く思っております。どうぞご容認の上、ご宥恕くださいますようお願い申し上げます。

なお文献リストには、章をかえて何度も使わせていただいた書物は、初出の章だけに書名を掲載いたしました。またあまりに多くの文献であったため、本文のなかにだけ書名を書かせていただいた書物もあります。ご容赦くださいますようお願いいたします。

二〇二四年一月

石浜　みかる

文献リスト

はじめに

伊藤一男『北米百年桜』日貿出版社、一九七三年
河合雅司『未来の年表——人口減少日本でこれから起きること』講談社現代新書、二〇一七年

序章

杉山公子『哈爾賓物語——それはウラジオストクからはじまった』地久館、一九八五年
満洲と日本人編集委員会編〈季刊誌〉『満洲と日本人』大湊書房、一九七九年七月号
角田房子『墓標なき八万の死者——満蒙開拓団の壊滅』番町書房、一九六七年
宮本憲一『戦後日本公害史論』岩波書店、二〇一四年
陳野守正『凍土の碑——痛恨の国策満州移民』教育報道社、一九八一年
石光真清『石光真清の手記』(子息石光真人による編集)、中央公論社、一九八八年
愛新覚羅溥儀『わが半生——「満州国」皇帝の自伝　上』筑摩書房、一九七七年
『新満洲国写真大観：満洲事変　上海事変』大日本雄弁会講談社、一九三二年
星野直樹『見果てぬ夢——満州国外史』ダイヤモンド社、一九六三年
広川佐保「日本の満洲・内モンゴル支配」『東北アジア』朝倉世界地理講座2、二〇〇九年
小林英夫『満鉄調査部——「元祖シンクタンク」の誕生と崩壊』平凡社新書、二〇〇五年
武藤富男『私と満州国』文藝春秋、一九八八年
倉橋正直『阿片帝国・日本』共栄書房、二〇〇八年
安倍源基『昭和動乱の真相』原書房、一九七七年
笠原十九司『通州事件——憎しみの連鎖を絶つ』高文研、二〇二二年、冀東地区の地図あり
岡田芳政他編『続　現代史資料　阿片問題』みすず書房、一九八六年
中田晃『燈影荘物語』一燈園出版部、一九七二年

第一章

堀井順次『敗戦前後――満州キリスト教開拓団長の手記』静山社、一九九〇年
劉含発「満洲移民の入植による現地中国農民の強制移住」『現代社会文化研究』新潟大学大学院現代社会文化研究科紀要編集委員会、二〇〇一年八月
木島三千男編『満州　1945年』地久館、一九八六年
今井良一『満洲農業開拓民――「東亜農業のショウウィンドウ」建設の結末』三人社、二〇一八年
中村雪子『麻山事件』草思社、一九八三年
西田勝・孫継武・鄭敏編『中国農民が証す「満州開拓」の実相』小学館、二〇〇七年
指紋なんてみんなで〝不〟の会『抗日こそ誇り――訪中報告書』（ブックレット）中国東北地区における指紋実態調査団、一九八八年
細谷亨「工業県における「満洲」農業移民の展開と行政村の対応」『村落社会研究』第18巻、第1号、日本村落研究学会、二〇一一年
神奈川県立津久井高等学校社会部『青根「満州」開拓団』ブックレット、一九八〇年
柏林戦後開拓50周年記念事業実行委員会『とこしえの徴――柏林戦後開拓五十周年記念誌』（ブックレット）、一九九七年
野添憲治・上田洋一『小作農民の証言――秋田の小作争議小史』秋田書房、一九七五年
朝日新聞長野版「国策を拒んだ村長」『土の戦士』シリーズ全一〇回、二〇〇九年五月二日―一四日、担当記者田中洋一
沖縄女性史を考える会『沖縄と「満洲」「満洲一般開拓団」の記録』明石書店、二〇一三年
三上綾子『匪賊と共に――チチハル脱出記』第二書房、一九五六年（同書は一九七二年に、小出綾子著『秘録女虜囚記――匪賊と共に』の題名で、番町書房から再出版されている）

第二章

宮崎市定「東洋的近世」『アジア史論』中公クラシックス、二〇〇二年
易顕石『日本の大陸政策と中国東北』六興出版、一九八九年
堀内稔「熊本利平と朝鮮」『むくげ通信二七四号』神戸学生青年センター、二〇一六年
「回想 宮部一郎」刊行会『回想　宮部一郎』家の光協会、一九九二年
布施辰治「朝鮮農村と農民問題」『新朝鮮』第三号、一九二七年三月一五日

第三章

満蒙資料協会『満州人名辞典』日本図書センター、一九八九年
關岡一成「海老名弾正と天皇制」、土肥昭夫教授退職記念論文編集委員会編『キリスト教と歴史』新教出版社、一九九七年
木村健二「戦前期の海外雄飛と思想的系譜――千葉豊治の足跡と著作をめぐって（含　千葉豊治著作リスト）」東北大学大学院経済学研究科、一九九二年
伊藤卓二『天開の驥足――千葉豊治物語』大崎タイムス社、一九八七年
蝦名賢造『札幌農学校――日本近代精神の源流・復刻版』「札幌農学校」復刻刊行会、二〇一一年
半藤一利『ソ連が満洲に侵攻した夏』文藝春秋、一九九九年
A・A・キリチェンコ『知られざる日露の二百年』現代思潮新社、二〇一三年
古海忠之『忘れ得ぬ満洲国』経済往来社、一九七八年
丹羽邦男『土地問題の起源』平凡社選書、一九八九年
天理教青年会本部『天理教青年会史　第四巻』、一九七〇年
桑島節郎『満州武装移民』教育社歴史新書、一九七九年
陳野守正『先生、忘れないで！――「満蒙開拓青少年義勇軍」の子どもたち』梨の木舎、一九八八年
小林秀雄「満洲の印象」一九三九年、『小林秀雄全作品11』新潮社、二〇〇三年
陳野守正『歴史からかくされた朝鮮人満州開拓団と義勇軍』梨の木舎、一九九八年
延辺人民出版編、高木桂蔵訳「抗日朝鮮義勇軍の真相――忘れられたもうひとつの満州」『朝鮮族簡史』新人物往来社、一九九〇年。『むくげ通信一四六号』、神戸学生青年センター、一九九四年
秋山淳子「第4章「満州国」成立以降における土地商租権問題」『日中両国から見た「満洲開拓」体験・記憶・証言』御茶の水書房、二〇一四年

第四章

南京大学編『この事実を…②――「南京」難民に仕えた宣教師証言集』南京大学出版社、二〇〇五年、日本語訳加藤実、発売＝㈱ストーク、二〇〇六年
ケネス・ルオフ『紀元二千六百年――消費と観光のナショナリズム』朝日新聞出版、木村剛久訳、二〇一〇年
陳野守正『大陸の花嫁――「満州」に送られた女たち』梨の木舎、一九九二年

加藤陽子『それでも、日本人は「戦争」を選んだ』朝日出版社、二〇〇九年
梅田正己『日本のナショナリズムの歴史　Ⅲ神国史観の全面展開と軍国主義』高文研、二〇一七年
文部省『国體の本義』、一九三七年（社会科学研究所出版部による再発行版がある。一九八一年）
同志社大学人文科学研究所・キリスト教社会問題研究会編『特高資料による——戦時下のキリスト教運動1〜3』新教出版社、一九七二—七五年
武藤富男『満洲国の断面——甘粕正彦の生涯』近代社、一九五六年
鍋谷由美子『賀川ハルものがたり』日本キリスト教団出版局、二〇一四年
賀川豊彦全集刊行会編『賀川豊彦全集　第24巻』キリスト新聞社、一九八三年
渡辺祐子「満州国におけるキリスト教教育と国民道徳」『現人神から大衆天皇制へ——昭和の国体とキリスト教』刀水書房、二〇一七年
愛新覚羅溥儀『わが半生——「満州国」皇帝の自伝　下』筑摩叢書、一九七七年
楊紅「満州族におけるシャーマニズムと女性たち——愛新覚羅王族後裔の村の事例研究から」名古屋大学文学研究科紀要、二〇一五年、ネットより
嵯峨井建『満洲の神社興亡史——日本人の行くところ神社あり』芙蓉書房出版、一九九八年
武田清子「賀川豊彦と現代」『雲の柱』20号、賀川豊彦記念松沢資料館、二〇〇六年
賀川豊彦『協同組合の理論と実際』（復刻版）日本生活協同組合連合会出版部41、二〇一二年
土肥昭夫「日本キリスト教史における賀川豊彦の位置と役割」『資料集「賀川豊彦全集」と部落差別』キリスト新聞社、一九九一年
賀川豊彦『死線を越えて』（一九二〇年刊）、復刻版上中下・今吹出版社、二〇〇八年
榎本和子『エルムの鐘——満州キリスト教開拓村をかえりみて』石浜みかる監修、暮しの手帖社編集、二〇〇四年
治安維持法犠牲者国家賠償要求同盟神奈川県本部『不屈　神奈川版特別号第5集』初版一九九四年

第五章

倉橋正直「賀川豊彦と満州キリスト教開拓団」『季刊 at』15号、太田出版、二〇〇九年
戒能信生「知られざる教団史の断面——満州開拓基督教村」『福音と世界』新教出版社、一九八一年
日本基督教団野辺地教会『野辺地教会百年誌』野辺地教会、二〇一一年
ホーリネス・バンド弾圧史刊行会『ホーリネス・バンドの軌跡——リバイバルとキリスト教弾圧』新教出版社、一九八三年
賀川豊彦記念松沢資料館『満州基督教開拓村と賀川豊彦』（ブックレット）、二〇〇六年
室野玄一『伝記・室野玄一』室野耕治（編）、奥付なし

石浜みかる「朝鮮は解放されたんです」『変わっていくこの国で――戦争期を生きたキリスト者たち』日本キリスト教団出版局、二〇〇七年
秋山ハルノ「私の半生記」『平和の礎――海外引揚者が語り継ぐ労苦(XI)』平和祈念展示資料館、ネットより引用
石浜みかる『紅葉の影に――ある牧師の戦時下の軌跡』日本キリスト教団出版局、一九九九年

終章

島田俊彦『関東軍』中公新書、一九六五年
平野嶺夫「執政に謁するの記」『文藝春秋』一九三三年二月号
東京の満蒙開拓団を知る会『東京満蒙開拓団』ゆまに書房、二〇一二年
畑野喜一郎『どん底に探る』(社会問題パンフレット)若き時代社、一九三二年
池川玲子『「帝国」の映画監督　坂根田鶴子――「開拓の花嫁」・一九四三年・満映』吉川弘文館、二〇一一年
広瀬玲子「女性にとって一五年戦争とはなにであったのか――『満洲』認識を中心に」『アジア女性史国際シンポジウム――多様性と共通性を探る――報告論文集』アジア女性史国際シンポジウム実行委員会、一九九六年三月一六日・一七日、中央大学駿河台記念館
伊藤正編著『満洲開拓団雄勝郷の最後』二〇〇七年
田原和夫『ソ満国境15歳の夏』築地書館、一九九八年
板谷英生『満州農村記』大同印書館、一九四三年
武田繁太郎『沈黙の四十年――引き揚げ女性強制中絶の記録』中央公論社、一九八五年
下川正晴『忘却の引揚げ史――泉靖一と二日市保養所』弦書房、二〇一七年

あとがきにかえて――日本の半分しか知らない現代日本人

松野尾裕編『希望の経済――賀川豊彦生活協同論集』賀川豊彦記念松沢資料館監修、緑蔭書房、二〇一八年
ミカエル・ライリー他著、前川一郎訳『イギリスの歴史【帝国の衝撃】――イギリス中学校歴史教科書』世界の教科書シリーズ34、明石書店、二〇一二年

石浜みかる（いしはま みかる）

作家。1941 年、兵庫県神戸市に生まれる。終戦を疎開先だった瀬戸内海の周防大島で迎える（4 歳）。神戸女学院大学文学部卒。在学中の 63 年にイスラエルに 1 年間留学。キブツ（集団農業共同体）体験および協同組合について学習。卒業後、出版社勤務、専門学校非常勤講師。カリフォルニアに 1 年 3 か月滞在。現在、神奈川県藤沢市在住。

著書・監修・論文

『シャローム　イスラエル』（オリオン社、1965 年）
『あの戦争のなかにぼくもいた』（国土社、1992 年）
『紅葉の影に――ある牧師の戦時下の軌跡』（日本キリスト教団出版局、1998 年）
『変わっていくこの国で――戦争期を生きたキリスト者たち』（日本キリスト教団出版局、2007 年）
『エルムの鐘――満州キリスト教開拓村をかえりみて』（榎本和子著、石浜みかる監修、暮しの手帖社編集、2004 年）
「父から聞いた原爆の話」『原子野からの旅立ち』（女子パウロ会、2005 年）
「『戦時』を通ったキリスト者たち」『十五年戦争期の天皇制とキリスト教』（富坂キリスト教センター編、新教出版社、2007 年）

訳書

『イスラエル』（「目で見る世界の国々」国土社、1991 年）、『ヨルダン』（同、1992 年）、『レバノン』（同、1992 年）、『シリア』（同、1992 年）

写真
表紙　開拓地の長嶺子に立つ聖丘教会と団員たち（宮崎暁氏提供、賀川記念館松沢資料館所蔵）
裏表紙　賀川豊彦と渡満準備中の開拓団員たち（賀川記念館松沢資料館所蔵）

本著作は公益財団法人賀川事業団雲柱社より出版助成を受けた。

証言・満州キリスト教開拓村――国策移民迎合の果てに

2024年 1月25日　初版発行
2024年 6月 6日　再版発行

著者　石浜みかる

発行　日本キリスト教団出版局
〒169-0051
東京都新宿区西早稲田 2-3-18
電話・営業 03（3204）0422
　　　編集 03（3204）0424
https://bp-uccj.jp

印刷・製本　ディグ

ISBN978-4-8184-1154-8 C0021　日キ販
Printed in Japan